Direito Autoral

Direito Autoral

NOVOS MODELOS NA SOCIEDADE DIGITAL

Estudo em homenagem a Sérgio Famá D´Antino, João Carlos Muller Chaves e Maria Cecília Garreta Prats Caniato

2024

Coordenadores

Larissa Andréa Carasso Kac
Maria Luiza de Freitas Valle Egea
Mariana Rodrigues de Carvalho Mello
Roberto Corrêa de Mello

ALMEDINA

DIREITO AUTORAL
NOVOS MODELOS NA SOCIEDADE DIGITAL
ESTUDOS EM HOMENAGEM A SÉRGIO FAMÁ D´ANTINO, JOÃO CARLOS MULLER CHAVES E MARIA CECÍLIA GARRETA PRATS

COORDENADORES: Larissa Andréa Carasso Kac, Maria Luiza de Freitas Valle Egea, Mariana Rodrigues de Carvalho Mello e Roberto Corrêa de Mello

DIRETOR ALMEDINA BRASIL: Rodrigo Mentz
EDITORA-CHEFE: Manuella Santos de Castro
EDITOR PLENO: Aurélio Cesar Nogueira
PRODUTORA EDITORIAL: Erika Alonso
ASSISTENTES EDITORIAIS: Laura Roberti, Tacila da Silva Souza e Patrícia Romero

DIAGRAMAÇÃO: Almedina
DESIGN DE CAPA: FBA

ISBN: 9788584936977
Abril, 2024

Dados Internacionais de Catalogação na Publicação (CIP)
(Câmara Brasileira do Livro, SP, Brasil)

Direito autoral : novos modelos na sociedade digital : estudos em homenagem a Sérgio Famá D'Antino, João Carlos Muller Chaves e Maria Cecília Garreta Prats / coordenação Larissa Andréa Carasso Kac...[et al.]. -- São Paulo : Almedina, 2024.

Vários autores.
Outros organizadores: Maria Luiza de Freitas Valle Egea, Mariana Rodrigues de Carvalho Mello, Roberto Corrêa de Mello.
ISBN 978-85-8493-697-7

1. Direitos autorais 2. Direito do autor 3. Tecnologia - Aspectos jurídicos 4. Tecnologia - Aspectos sociais I. Kac, Larissa Andréa Carasso. II. Egea, Maria Luiza de Freitas Valle. III. Mello, Mariana Rodrigues de Carvalho. IV. Mello, Roberto Corrêa de.

24-196714 CDU-347.78

Índices para catálogo sistemático:

1. Direitos autorais 347.78

Eliane de Freitas Leite - Bibliotecária - CRB 8/8415

Este livro segue as regras do novo Acordo Ortográfico da Língua Portuguesa (1990).

EDITORA: Almedina Brasil
Rua José Maria Lisboa, 860, Conj.131 e 132, Jardim Paulista | 01423-001 São Paulo | Brasil
www.almedina.com.br

SOBRE OS COORDENADORES

Larissa Andréa Carasso Kac
Pós-graduada em Propriedade Imaterial – Direitos Autorais – Propriedade Industrial – Direito da Personalidade e Comunicação pela Escola Superior de Advocacia da OAB/SP.
Professora em cursos de pós-graduação (lato sensu) e de curta duração.
Coordenadora e coautora da obra "Atividade Publicitária no Brasil: Aspectos Jurídicos" publicada pela Editora Almedina (2021).
Autora da Coluna "Entretenimento no cenário jurídico" da Revista da Associação Paulista da Propriedade Intelectual – ASPI.
Integrante do Corpo de Árbitros da Câmara Nacional de Arbitragem e Mediação na Comunicação.
Reconhecida entre as advogadas mais admiradas do Brasil pela Análise Advocacia Mulher – 2021.
Diretora da Associação Brasileira de Direito Autoral – ABDA.
Diretora Editorial da Associação Paulista da Propriedade Intelectual – ASPI.
Membro das Comissões de Entretenimento e Fashion Law do IASP e das Comissões de Propriedade Intelectual da OAB/SP, OAB/Santos e OAB/Guarujá.
Integrante da Comissão de Estudos de Publicidade e Direitos Autorais da Associação Paulista da Propriedade Intelectual - ASPI.
Advogada.

Maria Luiza de Freitas Valle Egea
Advogada formada pela Pontifícia Universidade Católica de São Paulo – PUC – Faculdade Paulista de Direito.
Especializada em Direitos Autorais.
Sócia do Escritório de Advocacia FREITAS VALLE EGEA ADVOGADOS ASSOCIADOS. Diretora da ABDA – Associação Brasileira de Direito Autoral. Membro das seguintes Comissões: Comissão Especial de Propriedade Imaterial da Ordem dos Advogados do Brasil. Comissão de Entretenimento do Instituto dos Advogados de São Paulo. Comissão de Propriedade Imaterial do Instituto dos Advogados de São Paulo. Professora da Escola Superior de Advocacia da OAB/SP – Cursos de Propriedade Imaterial e do Entretenimento.

Mariana Rodrigues de Carvalho Mello
Graduada em Direito pela Faculdade de Direito da Universidade de São Paulo. Graduada em Letras Português e Francês pela Faculdade de Filosofia, Letras e Ciências Humanas da Universidade de São Paulo.
Cursou Direitos Autorais e Conexos na Organização Mundial da Propriedade Intelectual. Fellow do Draper Hills / Fisher Family Summer Fellows Program do Center on Democracy, Development and the Rule of Law da Universidade de Stanford.
É diretora da Associação Brasileira de Direito Autoral. É membro da Comissão de Direitos Autorais, Direito Imateriais e Entretenimento da OAB/RJ. Foi membro da Comissão de Direito do Entretenimento da OAB/SP e da Comissão de Propriedade Intelectual do IASP.
Advogada.

Roberto Corrêa de Mello
Advogado.
Presidente da ABDA - Associação Brasileira de Direito Autoral.
Graduado pela Faculdade de Direito da Universidade de São Paulo (Largo de São Francisco) em 1977. Cursou formação de empresas na Universidade Louvain-la-Neuve, na Bélgica.
Foi Professor Assistente de Direito Comercial da Pontifícia Universidade Católica de São Paulo. Foi Conselheiro do Conselho

Nacional de Direito Autoral, vinculado ao Ministério da Cultura, por nomeação do Presidente José Sarney, até a sua extinção. Fundador e Diretor Geral da ABRAMUS – Associação brasileira de Música e Artes. Presidente da AUTVIS – Associação Brasileira dos Direitos de Autores Visuais. Diretor da SCAPR (Confederação Internacional de Sociedades de Gestão Coletiva de Direitos de Intérpretes); vice-presidente do Comitê Latinoamericano e do Caribe da CISAC (Confederação Internacional de Sociedades de Autores e Compositores); Executivo do Comitê Técnico de Dramaturgia, Literatura e Audiovisual da CISAC; membro dos comitês jurídicos da FILAIE (Federação Ibero-latinoamericana de Artistas Intérpretes e Executantes) e Comitê Latinoamericano e do Caribe da CISAC. Titular da Sociedade de Advogados Mello Advogados Associados, fundada em 1952.

SOBRE OS AUTORES

Andrea Savastano Tognollo
Advogada graduada pela Universidade Presbiteriana Mackenzie, especialista em Propriedade Intelectual, Direito do Entretenimento e Mídia, com atuação no contencioso e consultivo civil, direito autoral, Fashion law e direito do entretenimento.

Carolina Arid Rosa Brandão
Advogada, sócia do escritório Rodrigues Barbosa, Mac Dowell de Figueiredo, Gasparian Advogados

Christophe Geiger
Professor de direito da Universidade Luiss Guido Carli, em Roma

Eduardo de Freitas Straumann
Doctor en Derecho y Ciencias Sociales, egresado de la Universidad de la República en el año 1980.
Director General de la Asociación General de Autores del Uruguay (AGADU), Miembro del Comité Jurídico de la Cisac y Presidente del Comité Jurídico Regional de la CISAC (Confederación Internacional de Sociedades de Autores y Compositores – Comité Latinoamericano). Secretario Latinautor.
Especialista y Consultor en Propiedad Intelectual y Nuevas Tecnologías.
Vicepresidente del Instituto Interamericano de Derecho de Autor y del Instituto Uruguayo de Derecho de Autor.

Profesor de la Facultad de la Cultura (CLAEH).
Expositor y docente invitado en cursos y seminarios organizados por Universidades del Exterior y la Organización Mundial de la Propiedad Intelectual.
Publicación de artículos en revistas especializadas en propiedad intelectual
Libro referido a derecho de autor.
Autor entre otros trabajos de "Temas de Derecho Autoral, Su Tutela Jurídica y Régimen Sancionatorio", junto al Dr. P. Borggio

Eduardo Lycurgo Leite
Doutor em Direito Civil pela American University – Washington College of Law
Mestre em Direito Civil pela American University – Washington College of Law
Presidente do Instituto dos Advogados do Distrito Federal

Hildebrando Pontes
Mestre em Direito de Empresa pela FDMC.
Ex - Presidente da Associação Brasileira de Direito Autoral (ABDA).
Membro do Instituto dos Advogados de Minas Gerais.
Professor de Propriedade Intelectual.

Ivana Có Galdino Crivelli
Mestre e Doutora em Direito Civil pela FDUSP.
Especialista em Direito de Autor e Direitos Conexos pela Universidade de Buenos Aires. Autora da obra Direitos Autorais na Obra Cinematográfica, Letras Jurídicas, São Paulo, 2008.
Advogada.
Ex-presidente da Associação Paulista da Propriedade Intelectual.

José Carlos Costa Netto
Desembargador do Tribunal de Justiça de São Paulo

Leonardo Machado Pontes
Doutor e mestre em direito da propriedade intelectual pelo Centre d'études internationales de la propriété intellectuelle (CEIPI), Strasbourg, França.

Advogado especializado em propriedade intelectual do Escritório Hildebrando Pontes & Associados. Membro da Associação Brasileira de Direito Autoral e da Associação Brasileira da Propriedade Intelectual.

Liliane Agostinho Leite
Advogada. Especialista em Direito Contratual pela COGEAE-PUC/SP e em Propriedade Intelectual e Novos Negócios pela Fundação Getúlio Vargas (FGV).
Coordenadora do Núcleo de Estudos em Direitos Autorais, Entretenimento e Publicidade da Associação Paulista de Propriedade Intelectual –ASPI.
Membro Efetivo da Comissão de Propriedade Intelectual da OAB/SP e OAB/Guarujá. Membro da Comissão de Fashion Law do IASP.

Luciano Oliveira Delgado
Advogado
Especializado e atuante na área de Propriedade Intelectual
Pós-graduado em Direito Processual Civil – PUC/SP
Pós-graduado em Direito Digital pela PUC/PR
Extensão em Propriedade Intelectual pelo CEU/SP
Extensão em Direitos Autorais pela FGV/RJ

Maria Eliane Rise Jundi
Advogada, graduada pela Universidade Mackenzie. Fez Curso de Extensão Universitária em Direito Civil na Universidade Mackenzie. Especializada e atuante em Direitos de Autor. Sócia do Escritório de Advocacia Jundi Advogados Associados S/C. Diretora e Fundadora da Associação Brasileira de Direito Autoral - ABDA, membro da Comissão de Propriedade Intelectual da OAB- São Paulo, advogada e consultora jurídica de autores, artistas, editoras de música, produtoras de audiovisuais e editoras literárias. Presta assistência técnica e faz mediação de conflitos de direitos de autor e conexos aos de autor. Coautora dos livros Revista de Direito Autoral Ano I, Número I e Ano II, Número III; Propriedade Intelectual no Cinema; Estudos de Direito Autoral em homenagem ao Desembargador Dr. José Carlos Costa Netto; Estudos de Direito Autoral em homenagem ao Jurista Hildebrando Pontes; e Mulheres no Direito do Entretenimento.

Mônica Galvão
Advogada, sócia do escritório Rodrigues Barbosa, Mac Dowell de Figueiredo, Gasparian Advogados

Monica Walter Rodrigues
Mestre em Direito na Sociedade da Informação (UniFMU), Especialista em Direito do Entretenimento e da Comunicação Social, Professora de Direito no Centro Universitário Fundação Santo André, Fatec Barueri e escolas técnicas em cursos nas áreas da economia criativa, autora do livro Tecnologia na Sociedade da Informação para a Educação: recursos educacionais abertos e desafios ao direito de autor.

Raquel Alexandra Romano
Advogada
Formada pela Universidade de Taubaté - UNITAU
Especialista em Direito Civil e Processual Civil pela PUC/SP
Especialista em Arbitragem pela Escola Paulista de Direito - EPD
Membro da Associação Brasileira de Direitos Autorais - ABDA
Árbitra – Câmara Nacional de Arbitragem e Mediação na Comunicação - CNA

Rodrigo Moraes
Doutor em Direito Civil pela USP.
Professor de Direito Civil, Direito Autoral e da Propriedade Industrial da Faculdade de Direito da Universidade Federal da Bahia (graduação e pós-graduação)
Diretor da Associação Brasileira de Direito Autoral (ABDA)
Advogado.

Tais Gasparian
Advogada, mestre em Filosofia e Teoria Geral do Direito pela USP, sócia do escritório Rodrigues Barbosa, Mac Dowell de Figueiredo, Gasparian Advogados e fundadora do Instituto Tornavoz.

Vanisa Santiago

Ocupou cargos executivos em associações de gestão de direitos autorais no Brasil e atuou como Diretora da Delegação no Brasil da SGAE - Sociedad General de Autores y Editores da Espanha. Membro do CNDA - Conselho Nacional de Direito Autoral do Ministério da Cultura (1989); da Comissão Jurídica e de Legislação da CISAC (1990/1997) e do Conselho de Administração da CISAC (1998/2000); Vice-presidente do Comitê Ibero-americano da CISAC (1996/1998); Secretária do Grupo ad-hoc da Seção Nacional da Comissão Temática de Propriedade Intelectual do SGT-7 do Mercosul (1994); Membro da CPAGC (Comissão de Aperfeiçoamento da Gestão Coletiva do Ministério da Cultura (2016/2017). Conferencista e palestrante em cursos internacionais sobre Direito de Autor e Conexos, Seminários e Congressos sobre Direitos Autorais organizados pela OMPI, pela CISAC em diversos países. Consultora da OMPI para a discussão da "Lei Tipo sobre Direitos Autorais"; integrante da Delegação Brasileira no Comitê de Especialistas convocado pela OMPI para a discussão de um Eventual Protocolo à Convenção de Berna, que deu origem aos Tratados WPT e WPPT de 1996. Autora dos "Estudos Técnicos sobre a Gestão Coletiva no Brasil", encomendado pela UNESCO e direcionado ao MinC (2013/2014). Agraciada com a Ordem do Mérito Cultural – 2015. Vice-presidente e Consultora Jurídica da Associação Procure Saber; Sócia Gerente de V.Santiago Consultores Associados.

NOTA DOS COORDENADORES

Prezado leitor,

É com grande satisfação que apresentamos o livro "Direito autoral: novos modelos na sociedade digital". Este trabalho representa uma importante análise feita por renomados especialistas das questões que envolvem o direito autoral no contexto atual, considerando os desafios e oportunidades que surgem em um mundo cada vez mais digital e globalizado.

Ao mergulhar nas páginas deste livro, você encontrará uma ampla gama de perspectivas, debates e insights que ajudarão a compreender a vibrante interação entre o direito autoral e a contemporaneidade.

Esperamos que essa obra contribua para o enriquecimento do seu conhecimento sobre o tema e inspire reflexões profundas sobre o futuro do direito autoral.

Agradecemos sua leitura e esperamos que este livro seja uma fonte valiosa de informações e ideias sobre um dos campos mais dinâmicos e desafiadores do direito.

Larissa Andréa Carasso Kac
Maria Luiza de Freitas Valle Egea
Mariana Rodrigues de Carvalho Mello
Roberto Corrêa de Mello
Coordenadores

PREFÁCIO

A ABDA – Associação Brasileira de Direito Autoral retoma suas atividades literárias, trazendo à apreciação dos leitores temas que tocam às relações sociais atuais, inerentes à contemporaneidade, com suas feições inovadoras e que, por certo, afetam os negócios jurídicos entre criadores intelectuais e usuários.

O cenário atual, com o incremento dos usuários digitais e da utilização de novas ferramentas, altera a forma de utilização das criações intelectuais, determinando comportamentos socioeconômicos interativos, sendo que o exercício dos direitos de autor toma novas feições.

A modalidade audiovisual, seja nos formatos tradicionais, seja com o protagonismo crescente das plataformas digitais, com o "vídeo *on demand*", determina um cuidado ainda maior com a documentação que embasa os cadastros e registros de obras, fonogramas, *cue sheets* e demais instrumentos.

As repercussões no jornalismo, a rapidez da comunicação, a educação e a cultura, merecem toda atenção dos advogados, juízes, jornalistas, pensadores que agora lidam com a imediatidade crescente.

Nesse sentido, a obra "Direito autoral: novos modelos na sociedade digital" trata de tais questões, trazendo ao público um acervo de opiniões diversas, apreciadas por nossos associados, visando uma contribuição à formação da convicção dos leitores.

Termos atuais e complexos estão inseridos neste livro, tais como (i) As relações contratuais no âmbito do Direito de Autor (Maria Eliane Rise Jundi); (ii) a proteção dos jogos eletrônicos (Ivana Có Galdino Crivelli); (iii) a violação do direito moral, ou o não apontamento da autoria (Rodrigo Moraes); (iv) a responsabilidade das empresas de marketplace por violações a direitos autorais ocorridas em suas plataformas (Eduardo Lycurgo Leite); (v) novas tecnologias na execução pública musical (Luciano Oliveira Delgado); (vi) o advento do sistema "stay down" para os conteúdos em linha, na apreciação do Tribunal de Justiça da União Europeia (Leonardo Machado Pontes); (vii) as consequências da inteligência artificial e o direito fundamental à pesquisa (Christophe Geiger); (viii) a educação e o direto de autor (Monica Walter Rodrigues); (ix) O Direito Autoral e o Metaverso (Raquel Alexandra Romano); (x) a aplicação do Direito de Autor nas contratações com influenciadores digitais (Larissa Andréa Carasso Kac e Liliane Agostinho Leite); (xi) NFTs e o Direito Autoral (Tais Gasparian, Carolina Arid Rosa Brandão e Mônica Galvão); (xii) a destruição das obras de arte (Hildebrando Pontes); (xiii) o autor da obra literária (Maria Luiza de Freitas Valle Egea e Andrea Savastano Tognollo); (xiv) os negócios jurídicos com repertórios autorais e conexos – Fundos de investimentos (Roberto Corrêa de Mello), (xv) Domínio público. Natureza jurídica. Domínio público pago (Eduardo de Freitas Straumann), (xvi) O ambiente digital e seu impacto no direito de autor e direitos conexos (Vanisa Santiago), (xvii) direito de sequência no Brasil (Mariana Rodrigues de Carvalho Mello), e (xviii) A reparação em violação de direitos morais de autor: dois acórdãos recentes do Tribunal de Justiça de São Paulo (José Carlos Costa Netto).

A variedade de temas abordados pelos autores, no espectro atual dos negócios jurídicos, certamente premia o leitor com a abordagem clara e objetiva das preocupações dos juristas em face das novas tecnologias e da realidade fática, para não dizer virtual.

A obra homenageia três queridos amigos, fundadores da ABDA – Associação Brasileira de Direito Autoral, que tanto contribuíram para a associação ao longo destes anos e que não mais estão presentes no plano material: João Carlos Müller Chaves, Sérgio Famá D'Antino e Maria Cecília Garreta Prats Caniato.

João Carlos Müller Chaves, grande advogado e jurista. Trabalhou desde sempre para os maiores produtores fonográficos e para a Rede Globo de Comunicação. Nunca deixou de defender a classe artística, ainda que, inúmeras vezes, atuasse como advogado dos contratantes de trabalhos que buscavam encetar contratos empresariais, sem, em momento algum, deixar que os músicos, compositores, intérpretes, atores e demais artistas deixassem de receber o que lhes era devido. Foi um grande Diretor da ABDA, sempre atuando em prol dos titulares de direito. Deixou-nos em 13 de janeiro de 2021.

Sérgio Famá D'Antino, um dos percursores do Direito de Autor; defensor intransigente da classe artística. Foi inarredável na conquista dos direitos de atores, produtores e músicos. Empresariou os grandes atores em seus trabalhos em todos os veículos de comunicação, em todas as mídias, pugnando pela dignidade dos artistas em suas relações com contratantes no Brasil e no Exterior. Criou uma das melhores salas de teatro de São Paulo, onde se apresentaram grandes nomes do cenário artístico nacional. Foi um dos fundadores da ABDA. Sérgio D'Antino deixou-nos em 28 de junho de 2021.

Maria Cecília Garreta Prats Caniato, a quem devoto minha grande amizade ao longo de 40 anos. Advogada tenaz e aguerrida, com quem compartilhei atuação jurídica em favor dos artistas brasileiros. Nos grandes embates com parlamentares que criavam projetos teratológicos contra os direitos dos titulares, nunca se furtou ao debate, com inteligência, sensatez e extrema obstinação. Uma grande advogada, que nos deixa todos carentes de sua personalidade generosa e combatida. Minha querida amiga Maria Cecília deixou-nos no dia 09 de julho de 2023.

A homenagem da ABDA a estes advogados, cujas vidas prestaram-se à defesa do Direito de Autor.

Boa leitura a todos.

Roberto Corrêa de Mello
Presidente da Associação Brasileira de Direito Autoral

SUMÁRIO

Sobre os Coordenadores 5

Nota dos Coordenadores 15

Prefácio 17

1. NEGÓCIOS JURÍDICOS COM REPERTÓRIOS AUTORAIS E CONEXOS – OS FUNDOS DE INVESTIMENTO. 25
Roberto Corrêa de Mello

2. A APLICAÇÃO DO DIREITO AUTORAL NA CONTRATAÇÃO DE INFLUENCIADORES DIGITAIS 33
Larissa Andréa Carasso Kac
Liliane Agostinho Leite

3. A PROTEÇÃO DO ESCRITOR NA ATUALIDADE 49
Andrea Savastano Tognollo
Maria Luiza de Freitas Valle Egea

4. O IMPACTO DOS NFTs E OUTROS TOKENS SOBRE O DIREITO AUTORAL. 61
Carolina Arid Rosa Brandão
Mônica Galvão e Taís Gasparian

5. CONTRATOS DE DIREITOS AUTORAIS 71
Maria Eliane Rise Jundi

6. DIREITO AUTORAL X METAVERSO: A PROTEÇÃO LEGAL DOS CONTRATOS DE LICENÇA DE USO E CESSÃO DE DIREITOS . . 81
Raquel Alexandra Romano

7. OS ARTILHEIROS QUE ESTÃO FALTANDO NO TIME DA INTELIGÊNCIA ARTIFICIAL: DO *BIG DATA*, DO DIREITO FUNDAMENTAL À PESQUISA, DAS LIMITAÇÕES AO *DATA MINING* E DO TEXTO FALHO DA DIRETIVA DAMUN 93
Christophe Geiger

8. EXECUÇÃO PÚBLICA MUSICAL E AS NOVAS TECNOLOGIAS DIGITAIS 111
Luciano Oliveira Delgado

9. A PROTEÇÃO DE VIDEOGAMES (JOGOS ELETRÔNICOS) 123
Ivana Có Galdino Crivelli

10. QUESTÕES ATUAIS SOBRE O ART. 108 DA LEI 9.610/1998 E A VIOLAÇÃO DO DIREITO MORAL À DESIGNAÇÃO DE AUTORIA PELAS PLATAFORMAS DE STREAMING MUSICAL . . . 149
Rodrigo Moraes

11. EDUCAÇÃO E DIREITO AUTORAL: O NOVO PAPEL DO PROFESSOR-AUTOR 179
Monica Walter Rodrigues

12. A DESTRUIÇÃO DAS OBRAS DE ARTES 201
Hildebrando Pontes

13. O ACÓRDÃO C-401/19, DO TRIBUNAL DE JUSTIÇA DA UNIÃO EUROPEIA: O ADVENTO DO SISTEMA "*STAY DOWN*" PARA OS PRESTADORES DE SERVIÇOS DE PARTILHA DE CONTEÚDOS EM LINHA – A FILTRAGEM AUTOMATIZADA E OS DIREITOS AUTORAIS 215
Leonardo Machado Pontes

14. DIREITO DE SEQUÊNCIA NO BRASIL: UM RETRATO ATUAL E PROPOSTAS PARA O SEU APRIMORAMENTO 229
Mariana Rodrigues de Carvalho Mello

15. A RESPONSABILIDADE DAS EMPRESAS DE MARKETPLACE POR VIOLAÇÕES A DIREITOS AUTORAIS OCORRIDAS EM SUAS PLATAFORMAS 243
Eduardo Lycurgo Leite

16. DOMINIO PÚBLICO. NATURALEZA JURÍDICA. DOMINIO PÚBLICO PAGO. 253
Eduardo de Freitas Straumann

17. EL AMBIENTE DIGITAL Y SU IMPACTO EN EL DERECHO DE AUTOR Y DERECHOS CONEXOS 273
Vanisa Santiago

18. A REPARAÇÃO EM VIOLAÇÃO DE DIREITOS MORAIS DE AUTOR: DOIS ACÓRDÃOS RECENTES DO TRIBUNAL DE JUSTIÇA DE SÃO PAULO. 289
José Carlos Costa Netto

1. NEGÓCIOS JURÍDICOS COM REPERTÓRIOS AUTORAIS E CONEXOS –OS FUNDOS DE INVESTIMENTO

Roberto Corrêa de Mello

Fundos de investimento têm forte apetite para negócios ousados, sempre buscando criar novas frentes de negócios, estruturando investimentos em vários campos da economia mundial. Procuram inserir-se nas atividades industriais, comerciais, no agronegócio, comercio internacional, aplicações, em bancos e outras estruturas financeiras. Essa ousadia não é irresponsável e sempre tem um lastro cognitivo do negócio bastante acentuado, exatamente buscando minimizar perdas ou insucessos. Os fundos as vezes são mais ousados quando se fala em derivativos, trocando perspectivas, em atividades de risco, mas sempre lastreados no melhor cenário que puderem aferir e lastreados em ativos financeiros que possam minimizar eventuais perdas ou insucessos.

Há cerca de três ou quatro anos, os fundos de investimentos se aperceberam de uma característica muito própria dos ativos autorais e conexos que permeiam as relações artísticas, com muita estabilidade e continuidade. Do quê falamos? Ora, investidores se aperceberam que autores, intérpretes, músicos e editoras recebem de maneira continuada e segura seus direitos autorais e conexos, denotando até mesmo um equilíbrio histórico de seus rendimentos, quando tais repertórios são longevos e caracterizam-se por uma aceitação junto ao público. Todos acompanhamos negócios importantes com artistas famosos, principalmente nos territórios anglo-americanos. Valores elevados e significativos mensuraram as transações com artistas de longa história, demonstrando que o apetite por negócios com o mundo artístico exige continuidade e seriedade tanto dos titulares dos direitos quantos das entidades de gestão coletiva a quem cabe o constante pagamento de verbas decorrentes de direitos de comunicação pública, de reprodução, de disponibilização ao público ou aos provedores de serviços e outros meios de comunicação.

O mundo jurídico não poderia (e não pode) ficar alheio a esta movimentação de investidores junto ao mundo artístico, devendo os juristas criar mecanismos aptos a recepcionar tais negociações, bem como emprestar seriedade e protetividade legal aos titulares de direitos autorais e conexos. Por certo, o direito repercute aquilo que o mundo material transpira, ou em entras palavras, primeiro surgem as ideias, depois materializam-se os negócios e, por fim, o direito ampara, solidifica e estrutura a relação negocial, sob a ótica da legalidade. Aliás, não é outro o espírito do direito, se não reverberar e traduzir em linguagem jurídica aquilo que emana do meio social.

Os princípios gerais do direito demonstram que as normas legais provem de círculos concêntricos, sendo a esfera jurídica o círculo menor, estando contido nos círculos maiores, a saber o círculo da ética e da moral. Como acentua o filosofo Aristóteles em sua obra "Metafisica" – IX, 1049 b-1050a, 3: *o que se move é movido por outro – "omne quod movetur ab alio movetur"*.

Como o mundo dos fatos está em constante movimento, os fatos jurídicos tendem a repercuti-los, dando-lhe formato, estrutura e conteúdo adequados. Não se pode cogitar do direito nascendo antes do movimento social, o que significa que a repercussão jurídica decorre do mundo das coisas e das peculiaridades dos fatos sociais, em constante inovação, a demonstrar o contínuo aperfeiçoamento da vida social, obedecida a ética e a moral vigentes de sorte a projetar na legalidade aquilo que está em ação.

Goffredo da Silva Telles Junior em sua obra "Direito Quântico – Ensaio sobre o Fundamento da Ordem Jurídica" – 8ª Edição, página 221, esclarece o seguinte:

> "o que o homem encontra, invariavelmente, no mundo da natureza é o individual e o concreto. Encontra coisas e fatos, seres individuais, fenômenos perceptíveis pelos órgãos sensórios. Não encontra leis. Não encontra princípios abstratos e gerais. O homem vê a pedra solta cair. Mas não vê a lei da gravidade.

> A inteligência humana com sua irresistível tendência para a abstração, é que trabalha sobre as imagens das coisas e dos fatos, e as despoja, desembaraçando-as de tudo o quanto as individualiza, ficando com as representações do que é sempre o mesmo de cada tipo dos seres.
> (...) a inteligência, pela abstração, se eleva do real, que é sempre individual e concreto ao ideal, ao reino das ideias, que é o sempre o reino do geral e do abstrato".

E segue, às folhas 223:

> "diferente das lei físicas, as leis éticas não revelam o ser das coisas, mas o que as coisas devem ser. São enunciados do dever-ser (fórmulas do dever-ser).
> Evidentemente, as coisas, a que estas leis se referem, são os comportamentos humanos, únicos movimentos susceptíveis de se ordenar segundo imposições de dever".

Postas estas premissas e partindo-se da presunção de que o mundo jurídico vai retratar e ordenar os negócios que antecipam o desenvolvimento da protetividade legal, há que se tratar, em específico, sob a ótica deste artigo, da formatação jurídica que sobreveio nos últimos anos para dar amparo aos contratantes que voltaram suas atenções aos negócios autorais e conexos.

Por quê os fundos de investimentos buscaram os direitos autorais?

O fato é que nenhum investidor projetaria seus negócios sem estar alicerçado em fatos de continuidade indelével e inequívoca, projetados no tempo e no espaço, a garantir um bom retorno das pretensões financeiras. Ora, nesse sentido, artistas consagrados que têm uma história longeva ou uma ascensão continuada, podem garantir excelentes negócios para aqueles que projetam investimentos nos direitos autorais e conexos gerados pelos titulares. E mais, a gestão coletiva gera perspectivas seguras, com base no histórico de distribuições geradas aos artistas, ao longo de anos, permitindo projetar o futuro médio razoável de receitas que serão auferidas pelos autores e artistas.

Basta que se consulte o histórico dos referidos titulares, ao longo de anos, para determinar qual investimento que pode ser feito com os repertórios gerados por eles. Nessa seara, importante frisar que as receitas são geradas de várias fontes, como as seguintes: (i) direitos autorais e conexos gerados pela execução pública (ou comunicação pública); (ii) direitos de reprodução gerados pelos meios de comunicação e pelas plataformas digitais; (iii) direitos fonomecânicos e digitais, gerados pela venda de produtos físicos ou pela inserção em plataformas digitais ao público em geral; (iv) direitos editoriais – inserção de obras ou interpretações em meios físicos e digitais, aferidos pelo volume de público alcançado; (v) direitos pela disponibilidade de conteúdos gerados pelos arquivos de conteúdo e à faculdade de pô-los à disposição do público.

Toda esta gama de direitos gera receitas interessantes, contínuas e razoáveis, para investidores de maior ou menor porte que queiram estar lastreados num cenário predeterminado, forjado exatamente pela continuidade de recebimento de valores pelos titulares de direitos, criando a expectativa de recebimento pelos investidores. Ao início deste artigo, frisamos que investidores são ousados, mas não irresponsáveis, estando sempre lastreados num cenário preexistente que lhes permita ponderar a razão e o dimensionamento do investimento que realizam.

Para valorar o *quantum* a ser investido, os investidores simulam recebimentos futuros, com base na história de recebimentos passados, exercitando uma multiplicação por número variável de anos, configurando um cenário propositivo e seguro do investimento a ser realizado em relação aos resultados projetados. A realidade brasileira, hoje com a extirpação da projeção inflacionária, retrata um ambiente favorável aos investimentos em direitos autorais e conexos, garantida a estabilidade da moeda corrente nacional, de tal sorte que, mantido o panorama de recebimentos em viés comparativo, resultará em bom retorno a eles investidores.

Posto isso, sempre respeitados os princípios da boa fé objetiva, da isonomia, da equidade e da função social dos contratos, cumpre-nos analisar as modalidades de negócio que podem nortear os contratos entre titulares de direitos e investidores, para o fim de estabelecer o equilíbrio contratual, dando protetividade para ambas as partes na relação que se estabelece a partir dos contratos que celebram. Com efeito, aos investidores interessa dar guarida ao investimento e projetar seu retorno com as perspectivas lucrativas determinadas pela configuração preexistente; aos artistas, autores, intérpretes e demais participes da cadeia produtiva, importa dar-lhes guarida, não somente pelo retorno financeiro que têm de imediato, como projetar alternativas de receitas do repertório que possam, ainda que parcialmente, usufruir.

Aí está o equilíbrio contratual e o dimensionamento dos interesses de cada qual, de tal sorte que se possa gerar benefícios a ambos num ambiente de curto, médio e longo prazo. Agora, neste momento, passamos à análise das modalidades de contrato que podem ser gerados em tais relações negociais. Vamos a elas.

Tipos de contratos celebrados entre investidores e titulares de direitos

Para bem delimitar as relações contratuais e emprestar efetiva protetividade às partes contratantes, ilustramos alguns tipos de contratos que podem ser celebrados entre titulares e investidores, estabelecendo regras firmes, sem despojar cada qual do seu interesse financeiro e negocial.

Há que se ressaltar que, por força dos cenários de remuneração hoje existentes, tais contratos englobam direitos autorais e direitos conexos, exatamente para buscar uma repercussão financeira que conjugue as duas modalidades de direitos e suas respectivas remunerações. Vamos a eles.

a) Contrato de licenciamento por prazo certo

Umas das modalidades bem aceitas de contrato entre investidores e titulares de direito é o de **licenciamento por prazo certo.** Nesse tipo de negócio jurídico, o fundo investe determinado valor, garantido pelos direitos do artista, estabelece um prazo certo para término da relação, retribui na integridade o capital investido e estabelece uma margem de ganho financeiro em consonância com capital investido.

A grande vantagem deste tipo de contrato é que o titular não se despoja de seu repertório, mantendo-o na sua integralidade consigo, somente transferindo ao fundo investidor as receitas advindas de todas as modalidades de uso (*execução pública, reprodução, fonomecânicos, sincronização e demais*).

Este tipo de relação contratual garante ao fundo o reembolso ao capital investidor acrescido à margem de lucratividade estimada para o negócio jurídico, no prazo estipulado em contrato.

b) Contrato de cessão de direitos por prazo certo ou em caráter definitivo

O contrato de cessão de direitos do repertório do titular pode ser feito (i) por prazo certo ou (ii) em caráter definitivo. Se o for por prazo certo, ao final do contrato, todo o repertório autoral e conexo é devolvido ao titular, garantido-se ao fundo um valor de remuneração sobre o capital investido até o término da contratação.

Se a contratação tiver caráter de cessão em definitivo, a relação que se estabelece é completamente diferente, pois que o titular não mais receberá qualquer valor pela utilização de seu repertório, por si ou por seus herdeiros. Nessa modalidade, forçoso convir que o titular deve buscar uma justa reciprocidade financeira pela cessão de todo o seu repertório autoral e conexo, uma vez que nada mais receberá por tal repertório. Este é um negócio jurídico para se celebrar com extremo cuidado, pois a vantagem financeira que refletirá no momento da contratação, se projetará por toda a vida do cedente dos direitos e de seus sucessores.

Difícil recomendar que os titulares de direitos cedam todo o seu repertório em caráter definitivo, uma vez que, ao longo de sua vida, poderão visualizar oportunidades que foram perdidas por não mais deter direitos sobre suas criações. Cautela neste tipo de contratação.

c) Contrato de cessão parcial de direitos por prazo ou em caráter definitivo

Esta é uma modalidade bastante utilizada e que acaba por convergir os interesses das suas partes. O titular pode ceder uma parte de seus direitos (a percentagem varia entre 20% e 30%, sem estar adstrita a qualquer porcentagem exata), remanescendo com as receitas relativas ao percentual que deteve em seu poder. Parece-nos mais razoável que se faça desta forma, na medida em que os cedentes dos direitos recebem um valor compatível com o percentual cedido e permanecem com os resultados do percentual que reservaram para si.

Tudo quanto disser respeito ao valor investido deve guardar compatibilidade com o percentual cedido de acordo com os critérios de conveniência, oportunidade e projeção idealizados por ambas as partes.

d) Contratos mistos, que conjugam parcial licenciamento e amortização em tempo certo

Neste tipo de contrato, pode se estabelecer um licenciamento parcial do repertório do cedente, com amortização em tempo certo, além de um adiantamento, pelo restante do repertório, sendo certo que a somatória das duas remunerações não desabriga o titular que, ao final, remanescerá com seu repertório na integralidade.

e) Contrato de representação e mandato

Os contratos de representação e mandato praticamente repetem uma relação antiga que existia à época do início das edições musicais, ou seja, o mandatário (o fundo) representaria o repertório do titular para coleta de receitas em todas as suas modalidades, prestaria contas de tais receitas ao titular e seria remunerado com percentual compatível com o seu investimento.

Neste modelo de contrato, há claramente uma simplificação da relação do fundo de investimento, que se limita a atuar como mandatário e percebe uma remuneração para tal função, que deve corresponder ao trabalho que lhe foi gerado e, eventualmente, ao adiantamento que fez o titular.

Questões relativas à prestação de contas pelos pagadores do direito

É preciso salientar que todas estas modalidades de negócios jurídico que advieram com os interesses dos fundos nos repertórios autorais e conexos são estranhos aos tipos de lançamentos contábeis tradicionais que são feitos pela gestão coletiva, pelas editoras e pelos produtores fonográficos.

Quando há uma cessão parcial, por exemplo, há que se estruturar um modelo de partilhamento que obedeça precipuamente àquilo que foi estipulado em contrato, o que muitas vezes refoge aos modelos tradicionais da gestão coletiva e das prestações de contas de editores e produtores. Todos esses aspectos devem ser levados em conta no momento em que se celebra a contratação, de tal sorte que não venha a causar um empecilho para os recebimentos de titulares e fundos de investimento.

Conclusões

Em conclusão a todo este conjunto de negócios jurídicos aqui articulados, não restam dúvidas de que podem ser formas de negociação bastante interessantes e que podem resultar em ganhos financeiros para ambas as partes, uma vez mensurados com exatidão o valor investido, o tempo de retorno de capital e os ganhos financeiros para os titulares cedentes de direitos.

Não há uma regra geral, mas uma negociação que deve se aperfeiçoar com tranquilidade e em simetria com as expectativas de ambas, de tal sorte que não resulte em frustração para um ou para outro lado, ao longo do tempo. Por certo, todos os elementos subjetivos dos titulares devem ser levados em conta para garantir a não frustração pelo tempo que perdurar o negócio, guardando plausibilidade com a importância do repertório e o relevo do capital investido.

Eram estas nossas considerações.

2. A APLICAÇÃO DO DIREITO AUTORAL NA CONTRATAÇÃO DE INFLUENCIADORES DIGITAIS

LARISSA ANDRÉA CARASSO KAC[1]
LILIANE AGOSTINHO LEITE

Introdução

Com o surgimento das redes sociais, o processo criativo de uma campanha publicitária tornou-se cada vez mais dinâmico e competitivo. Se no contexto convencional o Anunciante, por meio de sua agência de publicidade, desenvolve, cria e estrutura a forma adequada para a divulgação de seus produtos

[1] Apaixonado pelo direito e pelas artes, Sérgio Famá D' Antino foi um grande defensor dos direitos autorais e direitos conexos. Nesta jornada, fez muitos amigos.
Estar presente nas reuniões da Associação Brasileira de Direito Autoral - ABDA sempre foi um motivo para estar entre amigos e debater sobre este tema tão instigante em sua vida.
Costumava-se dizer que ele tinha talento e vocação para as negociações . Como grande mediador, sentava -se à mesa, fechava negócios e conquistava novas amizades.
Grande contador de histórias e casos, encantava os colegas em reuniões e brilhava nos olhos de seus alunos. Seu envolvimento na advocacia inspirava aqueles que o ouviam.
Seu legado será sempre lembrado com sua alegria de viver. Sérgio Famá D' Antino nasceu com *Fama* em seu nome e trilhou um caminho de muito sucesso. O destino concentrou o exercício de tantos papéis importantes para o artista na mesma pessoa: advogado, agente artístico, produtor cultural e proprietário de espaço cultural. Ele era completo. Fez história e será lembrado de geração em geração também através desse livro que é parte de seu legado. Gratidão!

ou serviços, podendo, esta última, por conta e ordem de seu cliente, subcontratar os serviços de terceiros para a produção de vídeos e/ou sessão de fotos, envolvendo profissionais especializados em cada um dos setores, hoje a figura do Influenciador Digital pode ocupar as diversas funções por meio de uma única contratação.

Os usuários de redes sociais com movimento contínuo de publicações, sejam fotos, vídeos gravados ou ao vivo, texto e/ou outros formatos, em razão do potencial de engajamento com seus seguidores, passam a ser uma aposta atrativa para Anunciantes.

Nesse passo, uma vez desempenhado o papel criativo que resulte em conteúdo publicitário passível de proteção no âmbito dos direitos autorais, o tratamento adequado deve ser conferido pelas partes no momento da negociação e formalização da contratação para participação em materiais dessa natureza.

1. Da contratação de influenciadores digitais

O poder da influência sempre foi um aspecto relevante na escolha de parceiros comerciais para os Anunciantes em razão da assertividade de público. Por efeito da dimensão da visibilidade, as celebridades, principalmente aquelas com abrangência nacional, tornaram-se uma alternativa para potencializar as vendas e criar valor agregado aos produtos e serviços. Assim, além da participação em campanhas publicitárias de maneira a protagonizar anúncios e atestar a qualidade do produto ou serviço anunciado, o licenciamento do nome para assiná-los também se tornou comum.

Com o surgimento das redes sociais, esse formato de negociação passou a não ser mais restrito aos apresentadores de televisão e atores de forte repercussão em mídias de massa, mas propagou-se para as mídias digitais.

Nesse sentido esclarece Larissa Andréa Carasso Kac:

> O público consumidor está cada vez mais presente e conectado na Rede e, a partir do surgimento das mídias digitais, a publicidade vivencia um novo momento. Estas novas ferramentas de comunicação se apresentam em meio ao contexto multiplataforma e inovam a forma de acesso e disponibilização de conteúdo, pois além de garantirem

> maior assertividade do público-alvo e interação ao consumidor e as marcas, se destacam em razão da flexibilidade para novos formatos. Com esta evolução, surgiu uma nova figura no cenário publicitário, os chamados influenciadores digitais, que são pessoas ou personagens que criam conteúdo, por meio da publicação de fotos, textos e vídeos, ao vivo ou gravados, em perfis e páginas de redes sociais, sobre temas, com um grande alcance de público. A proximidade ainda maior com seus seguidores gera credibilidade à imagem, razão pela qual, estas personalidades são procuradas por marcas para divulgação de seus produtos e serviços em busca de engajamento, envolvimento com fãs e exploração da ferramenta *curtir* disponíveis na plataforma.[2]

Nessa realidade, além do modelo de parceria anteriormente conhecido, a negociação com influenciadores digitais não está mais engessada somente na associação do nome ou imagem a determinados conteúdos publicitários, e, sim, poderá contemplar também a participação estratégica no desenvolvimento da campanha, assim como o compromisso no processo criativo do material a ser divulgado na rede social, incluindo a sua efetiva produção.

Dessa forma, uma vez assumido o papel de criador e produtor de conteúdo, afora os cuidados necessários para a preservação dos direitos de imagem, nome e som de voz para atender o negociado entre as partes, os direitos autorais oriundos da criação também deverão ser objeto contratual.

2. Do desenvolvimento do conteúdo publicitário e da liberdade criativa do influenciador digital

A dinâmica de contratação de um Influenciador Digital é um processo que envolve diversas etapas, desde a cautela, de início, com a curadoria dos trabalhos e seleção de parceiros comerciais, até, por consequência, a negociação e formalização de contratos que representem os termos e condições ajustados entre as partes, assim como os direitos e obrigações de cada um dos envolvidos.

[2] KAC, Larissa Andréa Carasso. A relação entre influenciadores digitais e os anunciantes: aspectos legais pertinentes a esta contratação na indústria da moda. *In*: SOUZA, Regina Cirino Alves Ferreira de. *Direito da Moda:* Fashion Law. Belo Horizonte: D'Plácido, 2019. p. 393.

> O anunciante, na qualidade de beneficiário final da campanha publicitária que visa a promover seus produtos e/ou serviços, pode contatar diretamente o influenciador, ou, comumente, envolver a agência de publicidade, responsável pela criação e estratégia publicitária, que atuará, por conta e ordem de seu cliente anunciante, durante as negociações. De outra parte, existe a possibilidade de todo o processo ser conduzido diretamente pelo influenciador digital, ou esse último poderá indicar seu empresário ou, até mesmo, agência de influenciadores que o represente. Por vezes, existe ainda a possibilidade de o anunciante buscar uma agência especializada em Marketing de Influência que preste assessoria para a escolha do influenciador que se enquadre ao perfil de sua marca[3].

O desempenho do Influenciador Digital requer a estrutura de conteúdo que corresponda à realidade de seu dia a dia, potencializando sua autenticidade, essência e credibilidade perante seus seguidores.

Com base nessa premissa, embora não seja uma regra, esse aspecto costuma ser preservado desde o início das tratativas com o parceiro comercial, ocupando, o Influenciador, quando estabelecido o trabalho dessa forma, o papel de protagonista no processo criativo do material a ser publicado, assegurando, assim, a sua identidade. Por outro lado, apesar de ser um ponto de relevância em negociação, não se descarta a possibilidade de a Agência de Publicidade e/ou o próprio Anunciante participar ativamente da atividade criativa. Recomenda-se, portanto, que se observe, caso a caso, a participação de cada um presente na cadeia com o intuito de prever corretamente a titularidade de direitos e sua exploração. Isso porque, demonstrado o desempenho artístico, uma vez preenchidos os requisitos de originalidade e anterioridade da criação, passa a ser esta última, portanto, passível de proteção autoral[4].

[3] KAC, Larissa Andréa Carasso. A contratação de influenciadores digitais para participação em publicidade. *In*: KAC, Larissa Andréa Carasso. *Atividade Publicitária no Brasil*: aspectos jurídicos. São Paulo: Almedina, 2021. p. 198.

[4] BRASIL. Lei n. 9.610/98, de 19 de fevereiro de 1998. Altera, atualiza e consolida a legislação sobre direitos autorais e dá outras providências. Disponível em http://www.planalto.gov.br/ccivil_03/leis/l9610.htm, acesso em 01 ago. 2022. Capítulo I. Das Obras Protegidas. [...] Art. 7º São obras intelectuais protegidas as criações do espírito, expressas por qualquer meio ou fixadas em qualquer suporte, tangível ou intangível, conhecido ou que se invente no futuro,

Nos ensinamentos do mestre José Carlos Costa Netto:

> O objeto do direito de autor – ou bem jurídico protegido – é a criação ou obra intelectual, "qualquer que seja seu gênero, a forma de expressão, o mérito ou destinação". Ainda segundo Henry Jessen, deverá preencher os seguintes requisitos: "a) pertencer ao domínio das letras, das artes ou das ciências; b) ter originalidade; c) achar-se no período de proteção fixada pela Lei".[5]

Nota-se que ao objeto do direito de autor, independentemente de seu propósito, seja editorial ou com fins publicitários, reserva-se o acolhimento pelo diploma legal. Nesse passo, diante de eventual participação de Influenciador Digital, seja como criador e/ou produtor de conteúdo, fundamental regular os seus direitos por meio de contrato de forma a estabelecer a titularidade da propriedade intelectual do conteúdo por si concebido, bem como fazer os termos refletirem o uso ajustado pelas partes.

Além dessa prerrogativa, diligência adicional deve ser conduzida para assegurar que eventuais direitos de terceiros inseridos ou sincronizados com

tais como: I - os textos de obras literárias, artísticas ou científicas; II - as conferências, alocuções, sermões e outras obras da mesma natureza; III - as obras dramáticas e dramático-musicais; IV - as obras coreográficas e pantomímicas, cuja execução cênica se fixe por escrito ou por outra qualquer forma; V - as composições musicais, tenham ou não letra; VI - as obras audiovisuais, sonorizadas ou não, inclusive as cinematográficas; VII - as obras fotográficas e as produzidas por qualquer processo análogo ao da fotografia; VIII - as obras de desenho, pintura, gravura, escultura, litografia e arte cinética; IX - as ilustrações, cartas geográficas e outras obras da mesma natureza; X - os projetos, esboços e obras plásticas concernentes à geografia, engenharia, topografia, arquitetura, paisagismo, cenografia e ciência; XI - as adaptações, traduções e outras transformações de obras originais, apresentadas como criação intelectual nova; XII - os programas de computador; XIII - as coletâneas ou compilações, antologias, enciclopédias, dicionários, bases de dados e outras obras, que, por sua seleção, organização ou disposição de seu conteúdo, constituam uma criação intelectual. § 1º Os programas de computador são objeto de legislação específica, observadas as disposições desta Lei que lhes sejam aplicáveis. § 2º A proteção concedida no inciso XIII não abarca os dados ou materiais em si mesmos e se entende sem prejuízo de quaisquer direitos autorais que subsistam a respeito dos dados ou materiais contidos nas obras. § 3º No domínio das ciências, a proteção recairá sobre a forma literária ou artística, não abrangendo o seu conteúdo científico ou técnico, sem prejuízo dos direitos que protegem os demais campos da propriedade imaterial.

[5] COSTA NETTO, José Carlos. *Direito Autoral no Brasil*. 3. ed. São Paulo: Saraiva Jur, 2019. p. 159.

o conteúdo tenham sido previamente liberados por seus respectivos criadores e/ou titulares para a finalidade pretendida.

Ao criador da obra intelectual conferem-se os direitos autorais de dupla ordem, quais sejam: patrimoniais e morais. A respeito, José Carlos Costa Netto nos ensina:

> [...] a obra intelectual, como criação de espírito, vincula-se essencialmente à personalidade do autor.[6]

E continua:

> Em decorrência de sua natureza, portanto, o direito moral de autor é perpétuo, inalienável e imprescritível. Nossa legislação acrescenta, ainda, a característica da irrenunciabilidade, catalogando-o, de acordo com os parâmetros internacionais sobre a matéria, como os atributos do autor de:
>
> (a) Incisos I a IV:
> (I) reivindicar, a qualquer tempo, a paternidade da obra;
> (II) ter seu nome, pseudônimo ou sinal convencional indicado ou anunciado como sendo o autor, na utilização de sua obra;
> (III) conservar a obra inédita;
> (IV) assegurar a "integridade" da obra, opondo-se a quaisquer modificações, ou á prática de atos que, de qualquer forma, possam prejudicá-la, ou atingi-lo, como autor, em sua reputação ou honra.[7]

Ao lado dos direitos de ordem moral, o autor passa a ter direitos de ordem patrimonial e, sobre o tema, a ilustre Maria Luiza de Freitas Valle Egea esclarece que

> A complexidade da realização da obra publicitária pode gerar dificuldade no entendimento sobre a titularidade dos direitos autorais dela

[6] COSTA NETTO, José Carlos. *Direito Autoral no Brasil*. 3. ed. São Paulo: Saraiva Jur, 2019. p. 229.
[7] COSTA NETTO, José Carlos. *Direito Autoral no Brasil*. 3. ed. São Paulo: Saraiva Jur, 2019. p. 232.

> resultantes. A agência de publicidade poderá ser considerada titular originária da obra publicitária, nos casos em que as participações criativas de autores sejam indefinidas e fundidas na obra publicitária. Neste caso, admite-se o regime de obra coletiva, desde que haja por parte do organizador um trabalho intelectual relevante no tratamento das participações individuais de forma a que o resultado venha ser considerado uma criação autônoma, cabendo ao organizador a titularidade dos direitos patrimoniais sobre o conjunto da obra coletiva. Em relação aos autores participantes da obra coletiva, a Constituição Federal assegura a proteção às suas participações individuais, inclusive, no exercício de seus direitos morais, podendo os autores proibir que se indique seu nome na obra coletiva, sem o prejuízo de haver a remuneração contratada, na forma da lei, conforme disposição infraconstitucional prevista na Lei n. 9.610/98.Eventuais obras divisíveis e identificáveis, no corpo da obra coletiva, não podem integrar a obra coletiva no sentido jurídico, como se viu da doutrina apresentada, mantendo seus autores o exercício de seus direitos exclusivos, que poderão ser transferidos por força da relação contratual, na forma de autorização, mediante certas condições ou de cessão de direitos patrimoniais de autor, estritamente nos termos do contrato. Havendo participação de produtores de fonogramas e de obras audiovisuais na obra publicitária, esta poderá se dar na forma de coparticipação junto à agência de publicidade, conservando aqueles seus direitos, na forma do contrato.[8]

Nesse cenário, o desempenho do Influenciador requer diversas aplicações jurídicas compostas pela observância dos cuidados para se fazer cumprir as normas relativas a direitos autorais de ordem moral e estar em consonância com o ajuste contratual para exploração do material, de acordo com sua participação. Ademais, zelo deve ser destinado à atuação de modo que esteja de acordo com os termos e condições de uso da plataforma[9] na qual a postagem

[8] EGEA, Maria Luiza de Freitas Valle. A titularidade dos direitos autorais na obra publicitária. *In*: KAC, Larissa Andréa Carasso. *Atividade Publicitária no Brasil*: aspectos jurídicos. São Paulo: Almedina, 2021. p. 52-53.

[9] A atuação do usuário das plataformas requer atenção quanto aos termos e condições de uso que governam a plataforma escolhida para a postagem. Dentre os tópicos destinados a

e /ou campanha se estabelecerá, cumprimento das normas legais e éticas para o desenvolvimento de anúncios, assim como observância e respeito de direitos de propriedade intelectual pertencentes a terceiros, com o olhar de atenção aos direitos autorais, objeto deste estudo.

3. O controle da publicidade no Brasil e os direcionamentos éticos do CONAR para a preservação de direitos autorais de conteúdo publicitário

O controle da publicidade no Brasil é exercido de maneira mista, ou seja, pelo Estado, por meio da promulgação de leis e fiscalização de cumprimento das normas, assim como pelo Conselho Nacional de Autorregulamentação Publicitária no Brasil – CONAR[10].

Assim sendo, embora a atividade publicitária seja protegida constitucionalmente por meio dos princípios da liberdade de expressão e livre iniciativa, esse Direito não é absoluto, devendo todos os envolvidos na criação e desenvolvimento de conteúdo dessa natureza estarem cientes dos limites éticos e legais para a sua construção.

Dentre os diversos aspectos que merecem atenção, a proteção dos direitos autorais está presente na legislação pertinente e no diploma de autorregulamentação.

O Código de Autorregulamentação Publicitária em seu artigo inaugural dispõe sobre a importância de a mensagem publicitária ser honesta, verdadeira e conformar-se às leis do país. Nesse passo, reforça-se a importância de

cuidados com relação a conteúdo, as plataformas costumam orientar a não publicação de conteúdo protegido por direitos de propriedade intelectual (a fim de evitar, por exemplo, violação de direitos autorais, de marca comercial, bem como veiculação de falsificação ou de bens pirateados) sem a devida permissão e, para essa finalidade, normalmente buscam requerer a declaração do usuário, mediante sua inscrição, de que possui ou que obteve todos os direitos necessários referentes ao conteúdo que publica ou compartilha. Confiram-se os termos de uso da Plataforma Instagram. Disponível em *https://www.facebook.com/help/instagram/581066165581870.* Acesso em 01 ago. 2022.

[10] O Conselho Nacional de Autorregulamentação Publicitária – CONAR, organização não governamental criada em 1980, atua de forma complementar e estipula diretrizes éticas, por meio de seu Código Brasileiro de Autorregulamentação Publicitária, para impedir a publicidade enganosa, abusiva e antiética, como forma de preservar os direitos dos consumidores e relação concorrencial saudável entre empresas.

cumprimento dos direcionamentos e conceitos dispostos na Lei n. 9.610/98 para a estruturação da publicidade.

Entre os princípios gerais com direcionamentos éticos para a publicidade, destaca-se o capítulo reservado para tutelar os direitos autorais, objeto deste estudo, que parte do artigo 38 e estende-se pelos artigos seguintes. As normas demonstram o cuidado necessário para respeitar os direitos desse âmbito e aqueles que são conexos aos direitos de autor.

Com essa finalidade, o diploma protege a criatividade e a originalidade e condena expressamente a prática do plágio e da imitação.

O Código ainda dispõe além e prescreve que será igualmente condenado o anúncio que configure confusão proposital com qualquer peça de criação anterior. Esse aspecto inclusive é levado em consideração para evitar que o consumidor se confunda ao ser impactado por peças muito parecidas de concorrentes, preservando-se, assim, a estruturação da campanha publicitária como um todo.

Sobre o tema, o Código Brasileiro de Autorregulamentação Publicitária aponta a necessidade de preservação de direitos de terceiros quando da construção de conteúdo publicitário. Assim sendo, caso eventualmente seja uma opção utilizar elementos passíveis de proteção e de titularidade de terceiros em conteúdo publicitário, imperioso obter a liberação para uso com previsão expressa de modalidade de exploração, prazo e território para veiculação.

Nesse diapasão, há menção clara e expressa quanto à impossibilidade de utilização de música de fundo, "vinhetas" ou trechos de composições de autores nacionais ou estrangeiros sem o devido respeito aos respectivos direitos autorais, salvo se eventualmente estiverem em regime de domínio público de acordo com a legislação e preservados os direitos de gravação.[11]

O Guia de Publicidade por Influenciadores Digitais[12], publicado pelo mencionado órgão em dezembro de 2020, apresenta orientações para cumprimento das normas do CONAR no ambiente das redes sociais, especialmente destinadas aos seus usuários, introduzindo, dentre outros aspectos de relevância, a definição de Publicidade por Influenciadores. Quando configurado

[11] CONAR. Código Nacional de Autorregulamentação Publicitária (1978). Artigo 39. Disponível em http://www.conar.org.br, acesso em 01 ago. 2022.

[12] CONAR. Guia de Publicidade por Influenciadores Digitais (2020). Disponível em http://www.conar.org.br, acesso em 16 ago. 2022.

o conteúdo dessa maneira, aplica-se ao seu teor as recomendações do órgão, devendo o Anunciante e/ou a Agência envidar os maiores esforços e adotar as melhores práticas para informar o Influenciador sobre os cuidados que devem acompanhar a divulgação e zelar pelo cumprimento das regras, ficando também o Influenciador incumbido do conhecimento e conformidade com as normas aplicáveis.

Levando-se em conta a interpretação restritiva de contratos sobre direitos autorais, os negócios jurídicos que versem sobre o tema devem ser cautelosamente redigidos de maneira a prever a responsabilidade de cada um dos envolvidos na tutela desses Direitos, assim como a forma permitida para uso do conteúdo desenvolvido, que será detalhadamente estudada no tópico a seguir.

4. Aspectos jurídicos aplicados a contratos com influenciadores digitais

Os Influenciadores Digitais estão ocupando cada vez mais espaço nos planos de mídias e, diante da flexibilidade da dinâmica de contratação, atuam cada vez mais no âmbito estratégico das campanhas publicitárias. Diante dessa perspectiva, há muito o ajuste do combinado, em grande maioria dos casos, deixou de ser informal e converteu-se em contratos detalhados por meio de cláusulas que tratam sobre diversas particularidades da relação.

A dinâmica dos trabalhos poderá ser ajustada caso a caso a depender do acordo. Pedro Henrique Ramos elucida a complexidade da contratação de Influenciadores:

> A questão de como contratar influenciadores para campanhas publicitárias é bem mais complexa do que parece. À primeira vista, este tipo de contrato seria similar aos contratos de talentos, típicos no mercado de produção audiovisual: contrata-se uma atriz, um modelo, uma famosa para tirar fotos, atuar em uma campanha, ou participar de um evento de marca.
>
> Todavia, há um outro aspecto relevante nesta análise: um influenciador digital também é criador de conteúdo, seja de texto, vídeo ou foto. Ou seja, diferente de uma mero modelo fotográfico, há um aspecto de produção de conteúdo. Por fim, soma-se a esta quimera uma

> terceira cabeça: diferentemente de uma produtora – que tipicamente irá ceder ou licenciar um conteúdo para ser utilizado por uma marca em suas próprias plataformas -, a principal razão de contratação de influenciadores é aproveitar-se de sua valiosa rede de seguidores e fãs em redes sociais. Ou seja, o conteúdo não é necessariamente criado para ser utilizado externamente, mas sim pelo próprio influenciador em suas próprias redes, tornando-o também um meio de divulgação de conteúdos.[13]

Nos termos da Lei de Direitos Autorais, a ideia não é passível de proteção. Contudo, a partir dela é possível criar conceitos publicitários e formas inusitadas de obras intelectuais, sendo passíveis de proteção quando exteriorizadas e preenchidos os requisitos definidos em Lei.

Daí a importância da autonomia existente entre a conteúdo imaterial da criação intelectual (*corpus mysticum*) e o meio pela qual a obra será exteriorizada (*corpus mechanicum*), cuja propriedade é passível de transmissão nos moldes do art. 49 e seguintes da Lei n. 9.610/98.

No panorama dos contratos com os Influenciadores, conforme visto neste estudo, a criação do conteúdo poderá ser originária do próprio Influenciador, que assim assume a autoria para fins da Lei n. 9.610/98, por terceiro contratado pelo Influenciador, Agência de Publicidade e/ou Anunciante, ou, ainda, poderá nascer a partir da criação conjunta entre essas figuras, podendo caracterizar-se como uma coautoria.

Ressalta-se que a edição ou o trabalho técnico aplicado ao resultado do processo criativo não implica necessariamente a caracterização da coautoria, pois conforme determinado no § 1º do art. 15 da Lei de Direitos Autorais, não se considera coautor quem *simplesmente auxiliou o autor na produção da obra literária, artística ou científica, revendo-a, atualizando-a, bem como fiscalizando ou dirigindo sua edição ou apresentação por qualquer meio.* Nesse sentido, recomenda-se que as participações sejam discriminadas e devidamente previstas em documento que reflita a realidade.

Existe também a possibilidade de as partes contratantes ajustarem em conjunto o *briefing* com direcionamentos para as postagens, que poderá ser parte

[13] RAMOS, Pedro Henrique. *Direito e mídia digital.* Belo Horizonte: Dialética, 2021. p. 163.

de anexo ao Contrato[14], concedendo, dessa forma, liberdade de criação para o autor indicado e ressaltando as regras legais e éticas enquadradas à situação.

A liberdade criativa para o desenvolvimento do conteúdo é um dos aspectos contratuais dos mais controversos nas negociações, pois deverá ser precedida dos cuidados inerentes à construção da mensagem publicitária.

Pelo exposto, é imperiosa a cautela ao dispor sobre a forma de prestação de serviços e os direitos advindos das obras criadas, tendo em conta cada função, daí a importância das relações contratuais individuais e secundárias que derivam do envolvimento para sua criação. Nota-se, portanto, nesse complexo contexto, que se faz importante estabelecer a dinâmica do processo criativo, assim como o tratamento adequado da autoria da criação intelectual e sua respectiva titularidade, de forma a atender o negociado entre as Contratantes, sendo certo que a omissão quanto a tais aspectos poderá levar à interpretação de que os direitos patrimoniais decorrentes da exploração econômica da obra pertencerão exclusivamente ao autor, criador do conteúdo.

Outrossim, no universo dos contratos com os Influenciadores Digitais é necessário estabelecer o regime do direito autoral do conteúdo, podendo a relação contratual ser regida pelo negócio jurídico da licença ou da cessão.

Na licença haverá a concessão para uso temporário da obra originada e, na cessão, a transferência definitiva da titularidade dos direitos patrimoniais de autor, conforme os termos e ajustes acordados. Seja na modalidade da licença ou da cessão, deve ser estabelecido o território pelo qual o conteúdo será veiculado, o prazo para sua veiculação, a permanência no rolo histórico do Influenciador e Anunciante, as modalidades quanto à utilização e as mídias ou, ainda, especificação de plataformas de veiculação. Em atenção à interpretação restritiva aplicada, aconselha-se que tais tópicos sejam descritos de forma detalhada no Contrato, seja sob o ponto de vista dos interesses do Anunciante ou do Influenciador, observando o ajuste estabelecido entre as partes.

[14] Uma vez que, na realidade de contratação de influenciadores, prevalece, em sua maioria, a relação sem vínculo empregatício, este artigo trata da análise sob o âmbito da prestação de serviços regulada pelo Código Civil. Confira-se KAC, Larissa Andréa Carasso. A contratação de influenciadores digitais para participação em Publicidade. *In*: KAC, Larissa Andréa Carasso. *Atividade Publicitária no Brasil*: aspectos jurídicos. São Paulo: Almedina, 2021. p. 185-203.

Se Contratante e Contratada condicionarem a prévia e expressa aprovação de cada uma das peças ou postagens antes de eventual veiculação ou publicação, recomenda-se que a dinâmica de aprovação esteja devidamente estipulada entre as partes e redigida de forma clara no Contrato.

Cláusulas sobre remuneração, forma de pagamento, obrigações de cada uma das partes, envio de relatórios de resultados em métricas, quando disponíveis pela plataforma utilizada para fins de campanha, comprometimento de confidencialidade e/ou penalidades em caso de descumprimento contratual também costumam ser parte do documento[15].

Em razão da restrição ao trabalho que decorre da aplicação da cláusula de exclusividade, esta deve ser tratada de forma objetiva no documento a ser firmado entre as partes, devendo ser acordada no âmbito de negociação da remuneração.

Em respeito ao direito moral de autor, recomenda-se que seja estabelecida de forma determinada a possibilidade de o Anunciante executar a montagem de todo o material publicitário, quando por si publicado, realizando a edição, adaptação do conteúdo, podendo proceder aos cortes, enquadramentos, tratamento de imagens, fixações e/ou reproduções necessárias, bem como retoques necessários (para obter e veicular a versão tratada das imagens), ampliações e reduções, utilizando-os somente para os fins dispostos no Contrato.

Caso eventualmente o Anunciante opte por utilizar o conteúdo gerado pelo Influenciador em seus canais, tal uso deverá ser formalmente permitido, isso é, deverá ser autorizado pelo detentor dos direitos.

Liliane Agostinho Leite lembra que:

> Tratando-se de obra publicitária, é inegável que a depender da notoriedade da pessoa, sua exploração econômica pode gerar boas receitas. Portanto, a utilização da imagem de uma pessoa na promoção de um produto ou serviço, revela o aspecto econômico produzido pela exploração da imagem.

[15] As autoras esclarecem que se trata de cláusulas normalmente presentes em contratos desse gênero, sendo certo que tais possibilidades não se esgotam, sendo possível variar conforme a negociação.

> Dado o caráter mercadológico de persuasão ao consumidor, o uso da imagem de personalidades ou até mesmo de influenciadores digitais torna-se um grande atrativo.[16]

Em razão da associação de direitos da personalidade de Influenciadores, tais como direito de imagem, nome e som de voz, ao anúncio de produtos e serviços, deve ser pactuado entre as partes, no próprio Contrato que regerá a relação, a autorização e os limites quanto à sua exploração. Nas negociações contratuais esse não é o único aspecto tratado pelos contratantes, quando contemplada a licença de uso de direitos de personalidade em conteúdo dessa natureza. Outro ponto normalmente presente nas negociações é a gestão de crise, quando o Influenciador e/ou o Anunciante se envolve em situações que possam prejudicar, de alguma maneira, a respectiva imagem e reputação, impactando a outra parte. Embora seja um aspecto polêmico, torna-se cada vez mais presente nas cláusulas contratuais.

Conclusões

São diversos os pontos que reclamam atenção durante os trâmites de contratação de um Influenciador Digital. Em razão da natureza artística de sua atuação, os materiais decorrentes dos serviços por ele prestados podem resultar em obras passíveis de proteção.

Uma vez configurada essa natureza, zelo deve ser tomado para preservar as disposições legais relativas a direitos autorais e os direcionamentos éticos presentes no Código Brasileiro de Autorregulamentação Publicitária.

Os contratos costumam ser a ferramenta adequada para a exposição dos termos e condições acordados, sejam no que se refere à prestação de serviços propriamente dita, assim como a forma adequada e em consonância ao ajuste das Partes. Diante de tal importância, reserva-se o cuidado para tratar adequadamente da exploração dos materiais oriundos da relação a serem veiculados

[16] LEITE, Liliane Agostinho. Direito à imagem na obra publicitária. *In*: KAC, Larissa Andréa Carasso. *Atividade Publicitária no Brasil*: aspectos jurídicos. São Paulo: Almedina, 2021. p.177.

na Rede, atendendo restritivamente o previsto em documento, assim como determina a Lei n. 9.610/98.

Referências

ASCENSÃO. José de Oliveira. *Direito Autoral*. Rio de Janeiro: Renovar, 2007.

BITTAR, Carlos Alberto. *Direito de autor na obra publicitária*. São Paulo: Revista do Tribunais, 1981.

COSTA NETTO, José Carlos. *Direito Autoral no Brasil*. 3. ed. São Paulo: Saraiva Jur, 2019.

KAC, Larissa Andréa Carasso. *Atividade Publicitária no Brasil*: aspectos jurídicos. São Paulo: Almedina, 2021.

RAMOS, Pedro Henrique. *Direito e mídia digital*. Belo Horizonte: Dialética, 2021.

SOUZA, Regina Cirino Alves Ferreira de. *Direito da Moda:* Fashion Law. Belo Horizonte: D'Plácido, 2019.

3. A PROTEÇÃO DO ESCRITOR NA ATUALIDADE

MARIA LUIZA DE FREITAS VALLE EGEA
ANDREA SAVASTANO TOGNOLLO

A figura do Autor, como pessoa natural que tenha criado uma obra literária, artística ou científica, é fruto da modernidade e coincide com o período da invenção da imprensa, no século XVIII.

A produção do livro em escala fortaleceu a noção de autoria como criação individual. Em diferentes momentos da história essa condição não tinha relevância e muitas vezes, a autoria resultava de colaborações, reinterpretações, tradições orais e até de adulterações de obras preexistentes, isto porque os textos eram tidos como mutáveis e até originados por inspirações divinas.

O reconhecimento autoria encerrou com a mutabilidade dos textos, diante das faculdades que vieram a ser reconhecidas aos autores nas legislações, ao mesmo tempo em que se estabeleceu um dos maiores dogmas: o de que somente uma pessoa natural poderia realizar um trabalho intelectual de criação e expressá-lo em um suporte perceptível aos sentidos humanos.

Somente a pessoa natural, portanto, poderia dar nova forma de expressão às ideias pertencentes ao patrimônio comum da humanidade.

A invenção da prensa de Gutemberg, ou melhor dizendo, a reinvenção[1], que possibilitou a circulação dos livros e o desenvolvimento da economia,

[1] "Gutenberg não foi a primeira pessoa que pensou em usar letras móveis e combiná-las para compor páginas que poderiam ser impressas; (...) Essa técnica de xilografia viera do Extremo

terminou por inspirar as bases do direito de autor, definindo-se de vez, uma nova concepção de autoria, de forma que:

> "O autor deixa de ser visto como um artesão movido por uma inspiração transcendental para ganhar um outro patamar: o de gênio criador. A inspiração, nesse sentido, não é mais tida como algo que vem de um ente exterior, as musas ou Deus, mas sim da interioridade do próprio escritor, que passa a ser valorizado, portanto, por suas capacidades criativas subjetivas. Não há mais uma transcendência onde buscar inspiração, ao contrário, a fonte da criação agora é a alma do escritor.[2]

Para Foucault, o gênio criador é transformado em função-autor, pois, ele considera o autor o indivíduo real que ficará rigorosamente fora do campo, sendo a função autor o que caracteriza o modo de existência, de circulação e de funcionamento de certos discursos no interior de uma sociedade, de forma que o autor se constitui para além de sua obra, como "instaurador de discursividade" (Marx é muito mais do que o autor de *O capital*, e Freud é bem mais que o autor de *Interpretação dos sonhos)*"[3].

Nos dias de hoje a qualidade de autor é atribuível àqueles que mantém uma relação com o objeto, que é a obra como expressão de sua individualidade e

Oriente através da Rota da Seda, que ligava a China aos mongóis e aos uigures, que por sua vez mantinham comercio com a distante Constantinopla e assim, indiretamente, com o resto da Europa. Em Mainz, Gutenberg também estava em boa posição para ouvir rumores de que os chineses agora estavam produzindo livros impressos, não apenas esculpindo texto página por página em blocos inteiros, mas também fazendo letras individuais e depois montando-as para formar frases. Essas letras eram às vezes feitas de materiais mais duros, mais precisos, como cerâmica e ligas metálicas. (...) O Museu Gutemberg, que costumava celebrá-lo como inventor da impressão com tipos móveis, também corrigiu sua narrativa. Acrescentou um anexo dedicado à impressão no Leste Asiático, para reconhecer que o que aconteceu em Mainz foi uma reinvenção, uma adaptação de técnicas já desenvolvidas em outros lugares. Cf. Martin Puchner. *O Mundo da Escrita*. Tradução Pedro Maia Soares, 1ª. ed. – São Paulo: Companhia das Letras, 2019, p. 185.

2 Martins, Beatriz Cintra – citando Woodmansee, in O modelo produtivo do Software Livre como novo paradigma autoral. Microsoft Word – O modelo produtivo do Software Livre-REV_revautor_final.doc (wordpress.com) acesso em 05/02/2023

3 CF Giorgio Agamben. *"Profanações"*, *"O AUTOR COMO GESTO"* tradução Selvino J. Assmann. Boitempo Editorial, 2007 p. 559 e-book

como consequência, o autor adquire um direito exclusivo sobre suas criações, investindo-se de direitos patrimoniais e morais.

Em 09 de setembro de 1886, foi promulgada a Convenção de Berna, relativa à proteção das obras literárias e artísticas, instaurando-se uma nova ordem internacional, econômica e cultural para o direito de autor.

Embora a Convenção de Berna não tenha tratado especificamente do autor – como pessoa natural – a ela reconheceu-lhe os direitos morais, ao lado das prerrogativas de ordem pecuniária ou patrimonial, justamente porque esses direitos são reflexos da personalidade do autor, tal qual pessoa natural.

Tanto que a Convenção de Berna conservou ao autor o direito de reivindicar a paternidade da obra e de se opor a toda deformação, mutilação ou outra modificação da obra, ou a qualquer dano à mesma obra, prejudiciais à sua honra ou à sua reputação, mesmo após ter havido cessão de seus direitos patrimoniais.[4]

Ademais, a Convenção de Berna orientou todos os países da União a estabelecerem em suas leis internas as proteções mínimas como um fator decisivo de proteção da propriedade literária e artística para o Autor visando o desenvolvimento e a promoção cultural dos países.

No Brasil, a Lei nº 9.610/98, internalizou os direitos exclusivos do autor, de ordem patrimoniais e moral[5] e preceituou peremptoriamente que a autoria se deve à pessoa física criadora de obra literária, artística ou científica.[6]

[4] Convenção de Berna. Artigo 6 bis 1) Independentemente dos direitos patrimoniais do autor, e mesmo depois da cessão dos citados direitos, o autor conserva o direito de reivindicar a paternidade da obra e de se opor a toda deformação, mutilação ou outra modificação dessa obra, ou a qualquer dano à mesma obra, prejudiciais à sua honra ou à sua reputação.
2) Os direitos reconhecidos ao autor por força do parágrafo 1 antecedente mantém-se, depois de sua morte, pelo menos até à extinção dos direitos patrimoniais e são exercidos pelas pessoas físicas ou jurídicas a que a citada legislação reconhece qualidade para isso.
Entretanto, os países cuja legislação, em vigor no momento da ratificação do presente Ato ou da adesão a ele, não contenha disposições assegurando a proteção, depois da morte do autor, de todos os direitos reconhecidos por força do parágrafo 1 acima, reservam-se a faculdade de estipular que alguns desses direitos não serão mantidos depois da morte do autor.
3) Os meios processuais destinados a salvaguardar os direitos reconhecidos no presente artigo regulam-se pela legislação do país onde é reclamada a proteção.

[5] Lei nº 9.610/98: Art. 22. Pertencem ao autor os direitos morais e patrimoniais sobre a obra que criou.

[6] Lei nº 9.610 de 19/02/1998 – Artigo 11. Autor é a pessoa física criadora de obra literária, artística ou científica.

O autor passou a ser reconhecido como um grupo social particular, com direitos inalienáveis e irrenunciáveis,[7] na ordem moral. Ainda nessa esfera, a lei garantiu ao autor o direito a paternidade e integridade de sua obra, mesmo no caso de que este viesse a desvincular-se patrimonialmente dos direitos de exploração da obra, mantendo-o espiritualmente ligado à sua criação.

Na esfera da criação, a autoria atribuída à pessoa natural, admitiu as figuras da coautoria e da autoria em forma de colaboração, sempre sob o arquétipo da pessoa física. À pessoa jurídica, estabeleceram-se direitos de titularidade, no caso de que não se pudesse atribuir autoria à pessoa física em consideração ao tipo de obra criada.

Tal é o caso da obra coletiva[8], na qual a titularidade dos direitos patrimoniais de autor tanto pode ser atribuída à pessoa física como à pessoa jurídica, como organizador de obra autônoma, criada com a participação de diferentes autores. [9]

A titularidade da pessoa jurídica, entretanto, não atribui ao organizador os direitos morais que são garantidos aos autores como pessoas físicas. O que a lei garantiu a esses titulares de direitos foi a proteção em relação à exploração de seus direitos patrimoniais sobre a obra[10], podendo, tais titulares socorrerem-se também de outros institutos jurídicos em sua defesa, conforme o caso, como se dá com o instituto da concorrência desleal.

No que se refere à autoria e ao direito à integridade da obra, destacados direitos morais de autor previstos em nossa legislação[11], é certo que, na atualidade, diversas modelos de inteligência artificial têm se revelado preocupantes em relação ao aproveitamento de conteúdos autorais disponibilizados na internet.

[7] Art. 27. Os direitos morais do autor são inalienáveis e irrenunciáveis.

[8] Lei nº 9.610/98 – Art. 5º, VIII – h) coletiva – a criada por iniciativa, organização e responsabilidade de uma pessoa física ou jurídica, que a publica sob seu nome ou marca e que é constituída pela participação de diferentes autores, cujas contribuições se fundem numa criação autônoma;

[9] Lei nº 9.610/98 – Art. 17 § 2º Cabe ao organizador a titularidade dos direitos patrimoniais sobre o conjunto da obra coletiva

[10] Art. 11. Parágrafo único. A proteção concedida ao autor poderá aplicar-se às pessoas jurídicas nos casos previstos nesta Lei.

[11] Lei nº 9.610/08. Art. 24. São direitos morais do autor: IV – o de assegurar a integridade da obra, opondo-se a quaisquer modificações ou à prática de atos que, de qualquer forma, possam prejudicá-la ou atingi-lo, como autor, em sua reputação ou honra;

Os modelos de inteligência artificial, conhecidos como IA, sempre existiram de várias formas. Entretanto, alguns deles são totalmente transformadores porque são modelos de geração de conteúdo que podem escrever, reescrever textos, poesias, música, resumir, criar material publicitário, construir todo o tipo de material, praticar uma infinidade de ações.

São os chamados "chatbot" ou robô de conversas com inteligência artificial que simulam o comportamento humano. Existem numerosos modelos dessa natureza, com interface de texto, de imagem, de voz, gráficos.

No que se refere à interface de texto, o "chatbot" é um sistema codificado para se tornar competente em juntar e construir um texto, conforme lhe foi solicitado, a partir de bilhões de conteúdos disponíveis na internet.[12]

Esse tipo de modelo de IA de geração de conteúdo é semântico, o que permite que, uma simples pergunta gere uma resposta correlacionada trazida de uma massa de dados disponível na internet, incluindo trabalhos protegidos por direitos autorais, o que, poderá atingir a esfera do autor de qualquer tipo de obra, especialmente, os textos no que concerne à própria autoria, a utilização adulterada de obra que poderá resultar em uma reelaboração de texto qualificando-se como plágio.

Em relação à autoria, nos idos de 1979, um Comitê de Expertos formado pela OMPI/UNESCO discutia sobre a existência ou não de autoria em trabalhos musicais gerados inteiramente por um programa informático que pudesse ser acionado por qualquer pessoa para gerar (e não criar) um número indefinido de obras musicais novas.[13]

As obras musicais seriam totalmente determinadas pelo programa que não dependeria do criador do programa e nem da pessoa que lhe pusesse em funcionamento.

O exemplo trazido para estudo referia-se a um programa criado por um Professor de Teoria da Música da Universidade da Califórnia em Santa Cruz David Cope. Esse programa era capaz de criar peças musicais por si só e

[12] "ChatGPT: A sua desenvolvedora, a OpenAi, diz que treinou sua inteligência artificial com 300 bilhões de palavras obtidas da internet – o que inclui livros, artigos, websites e postagens." Como chatbots aprendem? De onde vêm as respostas que eles dão? (uol.com.br) acesso em 10/02/2023

[13] Pérez, Raquel de Roman. Obras musicales, compositores, intérpretes y nuevas tecnologias" Editorial Réus, S.A. Madrid 2003, pg. 68.

"compor" com estilo próprio de cada compositor uma nova sinfonia de Beethoven, outro requiém de Mozart, uma valsa de Strauss ou uma peça para órgão de Bach.

Para conseguir tal resultado Cope introduziu em base de dados as partituras de mais de 50 compositores de música culta, que o programa analisava na medida que lhe desse o comando, extraindo as regras compositivas particulares de cada músico, com o fim de produzir uma "obra musical" com idênticas características e estilo dos compositores solicitados.

No caso de Cope, a capacitação do programa utilizou obras musicais em domínio público, o que não infringia direitos autorais, para que novas peças musicais ao estilo daqueles grandes compositores fossem geradas, restando a questão final de saber se o trabalho resultaria em autoria de forma a desfrutar das faculdades legais em benefício do autor.

A conclusão foi a de que o simples comando do programa na geração do conteúdo não era suficiente para se atribuir autoria ao executante, por inexistência de aporte criativo vindo do executante, sendo essa uma atividade meramente técnica, ainda que, o resultado pudesse apresentar originalidade e interesse econômico ou cultural.

E essa conclusão se aplicaria nos países cujas legislações compreendem a autoria como aquela originada por pessoa natural, como é a legislação brasileira, não obstante alguns países reconhecerem a autoria para quem tenha tomado as disposições necessárias para a criação da obra.[14]

A outra questão de igual relevância é a que resulta na apropriação da obra com omissão da autoria e reelaboração ou alteração de textos que dependeriam de autorização prévia e expressa para sua utilização ou adaptação, na forma da lei brasileira.[15]

As citadas hipóteses atingem gravemente a esfera moral do direito de autor, sem dizer do prejuízo à própria faculdade exclusiva deste em explorar

[14] A Lei Inglesa Copyright. Designs and Patents Act, 1988, no artigo 9.3 atribui a autoria das obras literárias, dramáticas, musicais ou artísticas geradas por computador, em circunstâncias nas quais não se pode determinar a existência de um criador humano, para a pessoa que tenha tomado as disposições necessárias para a criação da obra.

[15] Lei nº 9.610/98. Art. 29. Depende de autorização prévia e expressa do autor a utilização da obra, por quaisquer modalidades, tais como: I – a reprodução parcial ou integral; (...) III – a adaptação, o arranjo musical e quaisquer outras transformações;

o resultado de seu trabalho, direitos esses reconhecidos como direitos patrimoniais de autor.

Carlos Alberto Bittar ensina que os direitos autorais de obra intelectual devem ser visualizados sob uma dualidade de atributos: direito de natureza patrimonial e direito de caráter extrapatrimonial, isto é, detém o autor a titularidade de direitos material e moral [16], devendo:

> "cada bloco de direitos cumprir funções próprias: os direitos de cunho moral se relacionam à defesa da personalidade do criador, consistindo em verdadeiros óbices a qualquer ação de terceiros com respeito à sua criação; já os direitos de ordem patrimonial se referem à utilização econômica da obra, representando os meios pelos quais o autor dela pode retirar proventos pecuniários" [17]

Destacadas a proteção aos blocos de direitos como faculdades exclusivas do Autor, acrescente-se que os trabalhos gerados por meio de modelos de inteligência artificial, simulando o processo discursivo humano, com base no acesso a um gigantesco banco de dados, nem sequer poderá apoiar-se nas limitações aos direitos autorais, mais especificamente, o recurso de "citação", ou de utilização de pequenos trechos de obras.

A Lei de regência faculta a citação em livros, jornais, revistas ou qualquer outro meio de comunicação, passagens de qualquer obra, para fins de estudo, crítica ou polêmica, observadas as regras de que a citação se dê "na medida justificada ao fim a atingir" e desde que indicados o nome do autor e a origem da obra, assim como a reprodução de pequenos trechos de obras preexistentes em outra obra, nas condições estritas dispostas em lei.[18]

[16] LDA artigo 22. Pertencem ao autor os direitos morais e patrimoniais sobre a obra que criou.

[17] Carlos Alberto Bittar, Direito de autor. Rio de Janeiro: Forense, 2015, p. 68.

[18] Art. 46. Não constitui ofensa aos direitos autorais: (...)
III – a citação em livros, jornais, revistas ou qualquer outro meio de comunicação, de passagens de qualquer obra, para fins de estudo, crítica ou polêmica, na medida justificada para o fim a atingir, indicando-se o nome do autor e a origem da obra; (...) VIII – a reprodução, em quaisquer obras, de pequenos trechos de obras preexistentes, de qualquer natureza, ou de obra integral, quando de artes plásticas, sempre que a reprodução em si não seja o objetivo principal da obra nova e que não prejudique a exploração normal da obra reproduzida nem cause um prejuízo injustificado aos legítimos interesses dos autores.

Em quaisquer dos casos, há que se observar a regra dos três passos, estabelecida pela Convenção de Berna, do qual o Brasil é signatário, usada para definir as limitações aos direitos patrimoniais dos autores que permite a reprodução não autorizada de pequenos trechos de obras de terceiros, quando preenchidos cumulativamente os seguintes requisitos: (a) apenas em certos casos; (b) não podendo a reprodução conflitar com a exploração normal da obra; (c) sem que prejudique injustificadamente os legítimos interesses do autor.

Os textos gerados pelo modelo de inteligência artificial não atendem a quaisquer dessas regras, o que poderá resultar na ocorrência de violação dos direitos autorais pelo cometimento de contrafação, plágio e outros tipos.

A contrafação consiste na reprodução não autorizada de obra intelectual, bastando a reprodução integral de trechos de obras anteriores para a sua configuração. [19]

O plágio se remete à usurpação de autoria, no qual o texto novo terá ajustes, em uma espécie de falsificação intelectual, para disfarçar o aproveitamento indevido da obra intelectual original.

Segundo Delia Lipszyc o plágio se caracteriza como o "*apoderamento ideal de todos ou de alguns elementos originais contidos na obra de outro autor, apresentando-os como próprios*"[20].

Eduardo Lycurgo Leite ensina que:

> "(...) o plágio pode ser definido como a cópia, dissimulada ou disfarçada, do todo ou de parte da forma pela qual um determinado criador exprimiu as suas ideias, ou seja, da obra alheia, com a finalidade de atribuir-se a autoria da criação intelectual e, a partir daí, usufruir o plagiador das vantagens da autoria de uma obra".[21]

Tem-se, então, por plágio, a conduta ativa de ter, utilizar e/ou desfrutar como própria a obra autoral de terceiro.

Sendo assim, se uma inteligência artificial se apropria de elementos criativos de obras intelectuais disponíveis em rede, mediante a combinação de

[19] Lei nº 9.610/98 – artigo 5º, VII – contrafação – a reprodução não autorizada.

[20] Lipszyc, Delia. Derecho de Autor y Derechos Conexos. Argentina, 1993 pág.567

[21] Lycurgo Leite, Eduardo. Plágio e Outros Estudos em Direito de Autor. Rio de Janeiro: Lumen Juris, 2009, pág. 21.

diversos elementos que a diferenciem no mercado, mesmo não copiando trechos integrais, é possível a configuração do plágio.

O plágio ainda pode se dar em decorrência de os algoritmos utilizarem obras autorais existentes como fonte de inspiração. Nesse contexto, explica-se: muito embora o estilo literário não seja protegido pela Lei, e a inspiração em si não configure violação – caso não ultrapasse o limite do razoável – pode ser que o texto novo: i) se aproprie de elementos únicos que constituam a obra original; ii) utilize as partes mais relevantes da obra original (base criativa, narrativa, elementos-chave e motivação); iii) reproduza o conjunto da exteriorização concreta da ideia original.

E por mais que possam existir referências culturais que antecedam a obra original, deve-se sopesar que diversas referências pré-existentes, somadas, podem caracterizar uma obra inédita. Essa situação não se confunde com as escritas de tendências do mercado ou com clichês e coincidências, pois repita-se, o que torna a obra passível de proteção é exatamente o conjunto criativo que a constituiu. Elementos esparsos anteriormente utilizados em outras obras não retiram daquela plagiada a sua singularidade.

Caso identificada essa situação, é imprescindível a realização de perícia-técnica, na qual um estudo comparativo sopesará os seguintes fatores:

1. Se a obra analisada se aproveita das características e conjunto de elementos que compõem a expressão do conteúdo, organização e disposição da obra original – se as construções das obras são parecidas em sua forma de expressão e, principalmente, na realização da concepção da ideia;
2. Se a obra analisada repete a mesma estrutura e sequência lógica da forma de expressão da obra original;
3. Se a parcela de inspiração excede o limite do razoável;
4. Se há reprodução direta e indireta de trechos, frases, exemplos, vocabulários, sequência, gramáticas e expressões, além de haver semelhanças de estrutura, concepção, roteiro e orações entre as obras.
5. Se há citação ou referência da obra original;
6. Se a obra analisada é elaborada com uma roupagem diferente, mediante o acréscimo de alguns elementos diferenciadores, mas mantendo a estrutura da obra original.

É comum, ainda, que as perícias judiciais sejam realizadas mediante análise semiótica, com a utilização do modelo francês denominado "Percurso Gerativo do Sentido", criado por Algirdas J. Greimas (Livros Semântica Estrutural e do Dicionário de Semiótica), que tem auxiliado os linguistas e técnicos a verificarem em quais pontos duas ou mais obras se assemelham e em quais pontos são idênticas.

Com o uso da técnica, o expert cotejará o discurso dos textos em etapas, que contemplam: (i) Nível profundo (semântico); (ii) Nível de superfície (narrativo); e, (iii) Nível discursivo (concreto e visível).

Não se espera que a integralidade dos textos seja idêntica, pois a configuração do plágio se dá exatamente pelas diferenças inseridas para mascarar o uso da obra original, sendo suficientes as semelhanças nos níveis narrativo e discursivo.

Identificando-se no texto produzido por modelo de inteligência artificial contrafação ou plágio ou qualquer outro tipo de infração, haverá a responsabilização por violação aos direitos autorais, cuja consequência será a aplicação de sanções civis, sem prejuízo das penas cabíveis.[22]

As sanções pelas violações dos direitos autorais, seja em decorrência de usurpação de paternidade, deformidade da obra ou ainda os usos qualificados fora dos limites aos direitos autorais, estão previstas na LDA e poderá acarretar ao infrator a suspensão, a retirada de circulação da publicação, além de indenização, normalmente cabível.[23]

Em relação à indenização, os critérios que vem sendo reconhecidos nos precedentes judiciais para a satisfação de violação notadamente sob o aspecto moral de autor, levam em conta a gravidade da infração e as circunstâncias do caso para a aferição do grau de culpa, o nível socioeconômico do autor e o porte econômico do réu de forma que o valor final da indenização seja tal que desestimule a prática futura.[24]

[22] Art. 101. As sanções civis de que trata este Capítulo aplicam-se sem prejuízo das penas cabíveis.

[23] Art. 102. O titular cuja obra seja fraudulentamente reproduzida, divulgada ou de qualquer forma utilizada, poderá requerer a apreensão dos exemplares reproduzidos ou a suspensão da divulgação, sem prejuízo da indenização cabível.

[24] EDcl no Recurso Especial nº 1.558.683 – SP (2015/0253997-2) – Relator: Ministro Moura Ribeiro.

No caso das violações de direitos autorais que venham a ser constatadas no uso de IA, no sistema de responsabilidade civil brasileiro, as empresas de tecnologia que disponibilizam o uso dessas ferramentas, poderão ser responsabilizadas civilmente pelos prejuízos causados aos Autores, com base nos regramentos e parâmetros existentes para a satisfação do direito.

Não é por outra razão que as grandes empresas de tecnologia que disponibilizam conteúdos a usuários, alertem para inibir a violação dos direitos autorais.[25] Tal como se deu com o Marco Civil da Internet, surgiu o debate sobre a necessidade de regramento específico da matéria, o que resultou no despontar do PL nº 21-A/2020, "Marco legal do desenvolvimento e uso da Inteligência Artificial", que estabelece princípios, direitos e deveres para o uso de inteligência artificial no Brasil, e dá outras providências.[26]

Ainda que a matéria do PL nº 21 não destaque a questão relativa aos direitos autorais, esta prevê a responsabilização das empresas de sistema de IA tal como ocorre hoje no Marco Civil da Internet.

Por esse viés, é possível analisar as consequências das violações dos direitos autorais em duas vertentes: i) aquelas cometidas diretamente pela IA; ii) aquelas cometidas por particulares que atribuem para si a autoria de texto criado por uma IA.

No primeiro caso, a responsabilidade civil recai sobre o titular do modelo de IA. Existe uma corrente que entende que a IA se assemelharia ao animal na lógica do Código Civil, em que o detentor se responsabiliza pelos danos causados, em decorrência do risco criado.[27]

[25] Youtube: "... o material que você enviar não pode incluir propriedade intelectual de terceiros, como recursos protegidos por direitos autorais, a menos que tenha permissão dessa parte ou uma autorização legal para fazê-lo. Você é legalmente responsável pelo Conteúdo que envia ao Serviço." Políticas de direitos autorais e uso aceitável do YouTube – Como o YouTube funciona acesso em 05/02/2023
"A TikTok respeita os direitos de propriedade intelectual e solicita ao Utilizador que proceda de igual modo. Como condição para o acesso aos Serviços e para a utilização dos mesmos pelo Utilizador, este aceita não utilizar os Serviços para infringir direitos de propriedade intelectual. Por exemplo, o Utilizador não pode carregar conteúdos que sejam propriedade de outras pessoas para os Serviços." Termos de Serviço | TikTok acesso em 05/02/2023

[26] prop_mostrarintegra (camara.leg.br)

[27] C.C. Art. 936. O dono, ou detentor, do animal ressarcirá o dano por este causado, se não provar culpa da vítima ou força maior.

Como a inteligência artificial também se classifica como um produto, é possível a adoção do critério objetivo de culpa, de acordo com as normas do Código de Defesa do Consumidor.

No segundo caso, se houver atribuição de autoria no texto produzido pelo modelo de IA, a responsabilidade será daquele que a assumiu.

Conclusões

A criatividade é humana e os direitos autorais só existem em função da interferência do autor, pessoa natural, já que a proteção se pauta exatamente no conceito estabelecido em lei de que o autor é a pessoa física criadora de obra literária, artística ou científica.[28]

É de extrema importância que as ferramentas de IA se pautem em preceitos éticos, morais e legais para que seus limites e impactos sejam reconhecíveis e a lei cabível aplicável, sempre em prol da proteção do autor.

De qualquer forma, independentemente de uma legislação específica que venha regrar esses usos, é certo que a legislação vigente cuida de proteger o autor de obra literária, ou de qualquer outro tipo de obra, das violações que possam vir a ser perpetradas por terceiros, com ou sem o uso dos modelos de inteligência artificial, não importando o ambiente.

A sociedade entrou em uma nova realidade informacional, educacional, tecnológica e produtiva e a proteção aos autores de obras intelectuais, espectadores dessa evolução, encoraja a produção de conteúdos originais e de qualidade, sem o receio de que suas criações sejam copiadas e exploradas por terceiros sem permissão.

O sistema de proteção dos direitos autorais beneficia a sociedade em geral, contribui para o enriquecimento cultural, avanço científico e desenvolvimento social.

[28] LDA: Art. 11. Autor é a pessoa física criadora de obra literária, artística ou científica.

4. O IMPACTO DOS NFTs E OUTROS TOKENS SOBRE O DIREITO AUTORAL

Carolina Arid Rosa Brandão
Mônica Galvão
Taís Gasparian

Com a recente ascensão e queda do mercado de NFTs, há um intenso debate sobre o conteúdo que vem sendo registrado e comercializado com esse ativo digital e sobre os preços multimilionários pagos por "simples" certificados.

A sigla NFT significa Non Fungible Token (em tradução livre, Token Não Fungível), uma espécie de "certificado de autenticidade" que se vale da tecnologia *blockchain* para sinalizar a propriedade de um ativo digital, único e imutável e, por isso, não fungível. Essa tecnologia tem funcionamento semelhante ao de um livro contábil virtual e público, auditado por milhares de usuários, em que ficam registradas tanto a emissão do NFT como suas posteriores transações. É também com a tecnologia *blockchain* que operam as criptomoedas, como o bitcoin, cujas transações são feitas diretamente entre os usuários e validadas pelo próprio sistema.

O primeiro NFT foi criado em 2014 pelo artista Kevin McCoy e pelo empresário Anil Dash, durante um evento no Museu de Arte Contemporânea de Nova York que era palco de novas ideias que conectavam tecnologias inovadoras e arte. Para aquele evento, Anil Dash trabalhou em um projeto que pretendia conceder aos artistas fontes de renda adicionais e maior controle sobre os seus trabalhos. Como demonstração, juntamente com McCoy, criou o primeiro NFT chamado Namecoin, para registrar um videoclipe que sua esposa fez.

Nestes poucos anos que separam a sua criação dos tempos atuais o mercado de NFT cresceu exponencialmente e, apenas no ano de 2021, movimentou inimagináveis US$24,9 bilhões segundo o DappRadar, a plataforma que monitora os dados armazenados em tecnologia *blockchain*. Fato é que diversos artistas, jornalistas, personalidades e investidores já se aventuraram nesse novo mercado.

Como exemplo, Edward Snowden, ex-funcionário da CIA e responsável pelo vazamento de arquivos secretos do Governo Norte Americano, comercializou seu único NFT – uma montagem do seu rosto sobreposto à sentença que condenou a Agência de Segurança Nacional dos Estados Unidos pelos crimes que cometeu – por mais de US$5,5 milhões.

Jack Dorsey, CEO do Twitter, vendeu seu primeiro tweet como NFT por US$2,9 milhões. O prestigiado jornal norte americano New York Times emitiu um NFT de uma coluna jornalística, escrita pelo repórter de tecnologia Kevin Roose, e o vendeu por cerca de US$564 mil. O NFT foi nomeado de "*Buy This Column on the Blockchain!*" (ou "Compre essa coluna no Blockchain!") e todo o dinheiro arrecadado pela venda foi direcionado para o fundo social do jornal.

Sendo um código numérico registrável, um NFT é capaz de assegurar qualquer ativo como um bem não-fungível, permitindo a autenticação de arquivos digitais imateriais com valor artístico, como GIFs, tweets, memes, imagens e MP4. Com isso, o NFT solucionou uma demanda antiga dos criadores de obras digitais, facilmente replicáveis, ao estabelecer um sistema de registro e autenticação que lhes confere exclusividade e imutabilidade, qualidades naturalmente encontradas nas obras de arte não digitais.

Atualmente, dois tipos de NFTs são mais utilizados no mundo das artes: (a) **NFT incorporado**, quando a obra em si é digitalizada, carregada e/ou incorporada no *blockchain*, e (b) **NFT simples**, quando a obra de arte não está digitalizada e não é carregada, e o proprietário recebe apenas um certificado de propriedade.

Em se tratando de tokens como NFTs e artes, duas premissas são importantes para o domínio completo dessa novidade: a primeira delas, a de que o proprietário de um NFT não terá direitos autorais sobre a obra, salvo em casos em que a transferência seja explícita, na qual ele poderá revender o bem, respeitando as regras de revenda e eventuais pagamentos de *royalties* decorrentes dessas vendas; a segunda premissa, a de que o comprador não recebe objetos físicos, mas um arquivo digital e registrado que atribui a ele a propriedade do bem. Ou seja, quem adquire um NFT ou outro tipo de token de uma obra de arte não compra a imagem ou um fragmento dessa obra, mas o **padrão de código** que a identifica. E é com essa garantia de que o produto é exclusivo, escasso e único no mundo, que os criadores de NFTs e seus investidores têm se fiado para a realização de transações.

Outra particularidade que deve merecer a atenção de juristas e advogados é o conceito de propriedade das obras convertidas em tokens como NFT, porque existem diversas possibilidades de arranjos, com diferentes consequências. Uma possibilidade ocorre quando uma mesma obra tem sua titularidade compartilhada por um conjunto de pessoas. Isso foi feito com a obra *Love is in the Air* (2005) do artista inglês Banksy, que foi comprada por uma startup por US$ 12,9 milhões em um leilão. Em seguida, a obra foi segmentada em 10.000 NFTs, cada um representando uma seção única da pintura, e colocados à venda no início de 2022[1]. São inúmeras as questões que podem envolver esse tipo de comercialização, a começar pelo fato de que cada fragmento da obra pode ter oscilação de valor que independe do restante, porque poderá ser comercializado livremente no volátil mercado de NFTs. O valor da obra, então, não é o mesmo para a coletividade de proprietários, mas individual, e obedecerá ao interesse pessoal de cada um. Em relação à propriedade: no mundo físico, uma obra geralmente pertence a uma única pessoa, na arte criptográfica, como na obra de Banksy, existe a possibilidade de haver uma comunidade de proprietários com benefícios nos NFTs adquiridos, algo que beneficia o criptoartista com mais renda.

Sites especializados noticiam que, até esta data, o NFT mais caro da história está vinculado à obra de arte digital The Merge, que teve suas 312 mil cotas vendidas a 28.983 investidores por extraordinários US$91,8 milhões e fizeram do seu criador, conhecido apenas como Pak, o artista vivo com a obra de arte mais valiosa da história, superando a escultura em aço "Rabbit",

[1] Cf. https://hypebeast.com/2021/12/banksy-love-is-in-the-air-10k-nfts-info, acesso em 06.09.22.

de Jeff Koon, vendida por US$ 91 milhões em maio de 2019 (esta que, pouco meses antes, havia acabado de superar o preço histórico de US$90 milhões alcançado pelo quadro "Retrato de um Artista (piscina com Duas Figuras)" do britânico David Hockney).

Mais recentemente, o artista e designer gráfico Beeple vendeu sua arte com a colagem de 5.000 imagens, chamada *Everydays: the First 5000 Days,* em NFT por US$69,3 milhões na respeitada casa de leilões Christie's que, após mais de 250 anos de atividade, se rendeu ao mundo das obras digitais e dos NFTs e intermediou a sua primeira venda de um ativo digital.

Em janeiro de 2022, o jogador de futebol Neymar adquiriu por valor equivalente a R$6,48 milhões NFTs da série de imagens digitalmente criadas de macacos entediados intitulada *"Bored Ape Yacht Club (BAYC)"*, considerada, até então, a coleção de NFT mais importante e valiosa do mercado.

Na música brasileira o uso de NFTs já se popularizou e diversos artistas fizeram uso desse token para movimentar sua base de fãs, possibilitar experiências únicas e lucrar com a sua comercialização, como os cantores Supla, Pablo Vittar, e Nando Reis. Para sua turnê de despedida dos palcos em 2022, o cantor Milton Nascimento também aderiu aos NFTs e colocou 400 ativos digitais à disposição dos fãs. O primeiro show da turnê, inclusive, não teve venda de ingressos comuns, apenas dos tokens.

Como mostram os exemplos acima, a emissão de NFTs no mercado das artes encontrou grande adesão de seus players, apesar de sua nítida volatilidade, com a consequente diversificação de questões relativas aos direitos autorais.

Dados mais recentes mostram o declínio do mercado de NFTs, criptomoedas e tokens digitais em geral. De toda forma, essa novidade trouxe benefícios claros e tangíveis aos artistas digitais, ao permitir que a comercialização de suas obras seja feita de maneira segura e sem a intermediação de terceiros. Por outro lado, trouxe alguma preocupação aos mais afeitos ao mercado tradicional das artes, como pintores, escultores, galeristas, produtores e cineastas, no sentido de garantir o reconhecimento e a proteção dos seus direitos de autor tanto frente a eventuais utilizações desautorizadas por terceiros das obras protegidas sob a forma de NFT, como frente aos eventuais adquirentes dos NFT que venham a ser licitamente emitidos atrelados a suas obras.

Não há dúvida de que é benéfico que obras de arte tangíveis e materiais sejam vertidas para o mercado digital: além de ser um modo de protegê-las e eternizá-las, também é uma forma de democratizar seu acesso. No caso da fragmentação, por exemplo, um universo infinitamente maior de pessoas será proprietário de uma fração de uma obra, tornando-a mais acessível financeiramente quando comparada ao seu original físico.

Além disso, o NFT traz um alento real aos artistas com relação à possibilidade de estabelecer controle sobre a exploração comercial das obras de sua titularidade no mundo digital, notoriamente conhecido como "uma terra de ninguém" dos direitos autorais. Através dos NFTs e da tecnologia *blockchain* é possível registrar de forma fidedigna e auditável a propriedade e transferência de obras de arte, inclusive digitais, e mapear os seus proprietários, o que antes parecia impossível nesse meio. É possível ainda aos artistas fazer isso diretamente, praticamente sem a necessidade de intermediários, o que reforça sua posição de controle sobre a obra.

De fato, a Lei nº 9.610/98 não deixa margem a dúvida quando estabelece que "são obras intelectuais protegidas as criações do espírito, expressas por qualquer meio ou fixadas em qualquer suporte, tangível ou intangível, conhecido ou que se invente no futuro". As obras de arte digitais, e mesmo especificamente aquelas obras nato-digitais – criadas e existentes originalmente no ambiente digital – são, portanto, obras protegidas pelos direitos autorais, tanto quanto quaisquer outras obras produzidas em suportes e mídias tradicionais.

O mundo digital se imiscuiu em todas as áreas da vida humana e com a arte não poderia ser diferente. Para além dos memes, Gifs e tweets que já se tornaram corriqueiros em nosso cotidiano, a arte digital, em sentido amplo, é toda aquela produzida em ambiente computacional. São espécies desse gênero as pinturas digitais, as digigravuras, as animações digitais entre tantas outras que a imaginação humana possa criar. A respeito da arte digital, ensina Marcelo Andrade Rodrigues:

> "A Arte Digital usa a tecnologia digital sob a forma de um processo. Por seu lado, a tecnologia funciona como uma ferramenta ao serviço da capacidade artística e criativa, é um veículo que potencializa o aparecimento de novas formas de expressão artística. Nesta ambivalência, se autorrealiza uma arte de âmbito especificamente tecnológico,

somente entendida e fazendo unicamente sentido no panorama da arte contemporânea[2]."

Obras digitais merecem ampla proteção dos direitos autorais, o que, por consequência, garantem aos autores dessas obras o exercício das prerrogativas previstas na Lei nº 9.610/98, em outras leis e tratados internacionais sobre o tema, especialmente as prerrogativas naturais de exploração econômica de uma obra protegida pelo direito autoral.

Ainda, na qualidade de únicos titulares dos direitos de natureza moral que incidem sobre a sua obra, os autores de obras digitais possuem o direito exclusivo e inalienável de reivindicar, a qualquer tempo, a autoria da obra; o de ter seu nome ou pseudônimo indicado como sendo o do autor, e o de conservar a obra inédita, entre outros.

Não se ignora, contudo, que os direitos do autor, do artista e os direitos de propriedade em geral no ambiente digital demandam adaptações e novas formas de garantias e proteção.

Por exemplo, o direito do autor previsto no art. 24, inc. VII, da Lei de Direitos Autorais de ter acesso a exemplar único e raro da obra parece de utilidade improvável no mundo digital. Outros direitos ainda são de aplicação prática bastante difícil como, por exemplo, o de assegurar a integridade da obra (inc. IV), inclusive opondo-se a modificações e o direito de retirá-la de circulação (inc. V e VI), quando a circulação ou utilização implicarem afronta à sua reputação e imagem. Tais direitos simplesmente parecem ir na contramão da natureza das obras digitais e sua aplicação deve ser vista com *grano salis*. Qualquer advogado que atue com questões ligadas ao mundo digital sabe que excluir ou mesmo controlar o que é feito com um arquivo em circulação no mundo digital é extremamente custoso e pouco efetivo.

O que parece ser claro, de toda forma, é que a associação de uma obra de arte quer nato-digital, quer vertida para o ambiente digital, a um NFT ou outro suporte imaterial, tem como regra de ouro a necessidade de prévia e expressa autorização do titular dos direitos autorais que incidem sobre essa

[2] Rodrigues, Marcelo Andrade, "Arte Digital", Faculdade de Ciências Sociais e Humanas da Universidade Nova de Lisboa (https://run.unl.pt/bitstream/10362/8734/1/ARTE%20DIGITAL.pdf).

obra. Caso contrário, haverá violação ao disposto no art. 29 da Lei nº 9.610/98, que concede ao autor, com exclusividade, o direito de explorar economicamente a sua obra de arte por qualquer meio legítimo. De fato, a utilidade mais evidente de associar uma obra a NFT é possibilitar sua exploração comercial, ou, monetizá-la, para utilizar a expressão corrente no mundo digital.

Por exemplo, a associação de uma obra a um NFT certamente poderá garantir ao autor o exercício do direito de sequência, na forma do artigo 38 da Lei 9.610/98. Para essa finalidade, e na forma do parágrafo único desse mesmo artigo, os sites que realizam leilões de NFT – que é a forma mais comum de venda desses ativos – devem atuar como depositários do valor devido ao autor na revenda da obra, podendo, eventualmente, ser demandados neste sentido.

Por outro lado, ainda que os direitos autorais não sejam forçosamente transferidos a um terceiro adquirente do NFT, nada impede que a emissão desse token atrelado a uma obra de arte contemple uma cessão de direitos ou, no limite, até a vedação ao exercício de um, como o de revenda ou de exibição. Em se tratando de partes legítimas e de direitos disponíveis, não há empecilhos para a fixação de regras vinculadas a cada NFT emitido por um artista, que deverão ser respeitadas pelo adquirente original do NFT e por todos os que lhe sucederem na titularidade do token.

Importante que se diga, ainda, que o sistema de NFTs e tecnologia *blockchain* não impede a emissão, por quem quer que seja, de um *token* atrelado a uma obra de arte sobre a qual não exerça direito algum – ou seja, é possível, tecnologicamente, a emissão de um NFT à revelia do autor ou do titular dos direitos sobre uma obra. O que faltará a esse "falso NFT" é expressão financeira e relevância artística pois o valor de um NFT está direta e intimamente associado à credibilidade de seu emissor – além, é claro, de sujeitar o infrator às penalidades prescritas na Lei n. 9.610/98 e nos sistemas de punição e reparação cível e criminal vigentes.

Conforme forem chegando ao Tribunais casos envolvendo o mercado artístico e tokens como os NFTs, será interessante acompanhar os entendimentos jurisprudenciais, sobretudo no que diz respeito à condenação solidária dos participantes de atos de contrafação. Indaga-se, nesse sentido, se seriam condenados por esses atos apenas o emissor do *token*, ou também as plataformas em que ele foi disponibilizado e comercializado. Além disso, deverá sofrer evolução o entendimento do Superior Tribunal de Justiça[3] de que a condenação solidária de agentes contrafatores prevista no art. 104 da LDA é admitida apenas nos casos em que a reprodução não autorizada se dá de "obras tangíveis", conceito que, a *priori*, exclui por completo a arte digital.

Resguardada a necessidade de se considerar as características inerentes à circulação das obras digitais e sopesadas as dificuldades relativas a eventuais plágios e fraudes, o fato é que os mecanismos associados a tokens como o NFT e à tecnologia *blockchain* possibilitam aos artistas mais agilidade no exercício dos direitos que lhes são legalmente garantidos. Veja-se que a tecnologia *blockchain* impõe regras para a atribuição de autoria, uso, fruição e alterações da obra original e permite o registro das transações e transferências de titularidade que envolvem a obra. Essas características conferem ao artista segurança e controle das obras produzidas, sem a necessidade de intermediários. Na verdade, a tecnologia não apenas beneficia o artista como o mercado todo ao possibilitar, de modo público e imediato, a identificação e a cadeia de transações de uma obra.

Da mesma forma que cabe ao titular o direito de autorizar ou mesmo realizar a associação de uma obra protegida a um token, cabe também ao titular o direito de opor-se a esse procedimento, intimamente ligado aos exercícios de seus direitos.

No início de 2022 foi noticiado o primeiro processo envolvendo NFT e o mercado de arte, no estado de Nova York, nos EUA[4]. Trata-se do caso Hermès International v. Mason Rothschild, que tem por objeto a criação do artista a partir de um modelo de bolsa da Hermès. Mason criou e lançou no mercado a coleção "MetaBirkins", de 100 NFTs, e foi processado pela Hermès pelo uso da marca "Birkin", que considera indevido. De acordo com a Hermès, as intervenções que o artista fez a partir do modelo de bolsa constituem infração por uso indevido de marca e de desenho industrial, geram confusão do produto e diluem a posição da marca, tudo em desacordo com a legislação marcária. A empresa que fabrica produtos de luxo também alega que Mason Rothschild só lançou os NFTs com o nome "*metabirkins*" porque Birkin é um

[3] cf. REsp n. 979.379/PB, relatora Ministra Nancy Andrighi, Terceira Turma, julgado em 21/8/2008, DJe de 5/9/2008

[4] Vf. em https://www.documentcloud.org/documents/21181175-hermes-international-vs--mason-rothschild?responsive=1&title=1, acessado em 08.09.22

modelo de bolsa caríssimo no mundo físico – e o sobrenome da atriz britânica Jane Birkin, que a empresa diz ter pretendido homenagear. A acusação principal da Hermès é a de que o artista pegou carona no sucesso da marca construída com altíssimos investimentos para, em poucas semanas, depois de lançar nas mídias sociais a hashtag #metabirkins, faturar uma fortuna com a venda dos tokens.

O artista, por seu turno, defende que o processo criativo, apesar de ter tido inspiração na marca famosa, dela se distancia por ser uma obra em si, e que criações a partir de marcas famosas são largamente praticadas há décadas, citando as obras de Andy Warhol na série Campbell Soups Cans. No centro do argumento do artista está a ideia de que sua criação tem por base o mundo à sua volta e que, de acordo com a Primeira Emenda, que garante a liberdade de expressão nos EUA, esse "fair use" lhe protegeria.

O processo ainda está no início e seu resultado poderá influenciar o mercado de arte sob os NFTs e outros tipos de tokens. Mas o curioso nesse caso é que o nome Hermès – autora desse processo judicial contra o artista – remete à mitologia grega, especialmente ao deus olímpico Hermes da fertilidade, dos rebanhos, dos comerciantes, dos viajantes e também dos ladrões, da magia e da divinação, tal como os NFTs aparecem no imaginário de muitas pessoas.

5. CONTRATOS DE DIREITOS AUTORAIS

MARIA ELIANE RISE JUNDI

Introdução

Tenho a honra de participar desse livro organizado pela Associação Brasileira de Direito Autoral – ABDA, em homenagem aos festejados autoralistas Drs. Sergio Famá D'Antino, João Carlos Muller Chaves e Maria Cecilia Garreta Prats Caniato *in memoriam*.

O artigo tem por objetivo a análise da natureza jurídica dos contratos de direitos autorais previstos em nossa legislação, e em especial na Lei no. 9.610/98, que atualizou e regulou a lei sobre direitos autorais.

Inicialmente irei discorrer sobre o contrato de cessão de direitos autorais que, ultimamente, vem sendo debatido em nossos Tribunais.

1. A natureza jurídica do contrato de cessão de direitos autorais

Os direitos autorais patrimoniais de autor são considerados bens móveis e como bens móveis podem ser cedidos pelo autor, operando-se uma verdadeira compra e venda.

O Código Civil dispõe no inciso III, do art. 83, que se consideram bens móveis, para efeitos legais, *"os direitos pessoais de caráter patrimonial e respectivas ações"*.

Tanto o Código Civil de 1916 como o Código Civil de 2002 não vedaram a cessão dos direitos patrimoniais de autor. O Código Civil de 1916 inclusive previa a cessão do direito de autor de forma ampla, em seu artigo 667.[1]

A Lei no. 9.610/98, que regula os direitos autorais, dedica o Capítulo V à "Transferência dos Direitos de Autor" e o Capítulo VI à Edição, fazendo absoluta distinção entre os dois institutos.

Cabe aqui ressaltar que somente os direitos patrimoniais de autor são suscetíveis de alienação. Os direitos morais de autor são inalienáveis e irrenunciáveis, (art. 27 da Lei 9.610/98), portanto, quem adquirir os direitos patrimoniais de autor não poderá sem o consentimento deste, proceder a alterações na obra adquirida e ficará obrigado a dar crédito do nome do autor em cada utilização da obra.

O renomado jurista e autor do Código Civil de 1916, Clovis Beviláqua, já discorria a esse respeito: *"O que se transfere, na obra, é a parte real do direito, a face econômica da relação jurídica. A parte pessoal e íntima é, em rigor, intransmissível, por alienação ou herança, porque é uma expressão da própria personalidade do autor da qual não se desprende".*[2]

Como já dito, a Lei de direitos autorais anterior, a de no. 5.988/73, como a atual Lei, a de no. 9.610/98, previram um capítulo exclusivo à faculdade de cessão dos direitos patrimoniais de autor.

Na atual LDA a matéria de cessão de direitos é regulada pelos artigos 49 a 51, no capítulo V com o título "Da Transferência dos Direitos Autorais".

> "Art. 49 – Os direitos de autor poderão ser, total ou parcialmente transferidos a terceiros, por ele ou por seus sucessores, a título universal ou singular, pessoalmente ou por meio de representantes com poderes especiais, por meio de licenciamento, concessão, cessão ou por outros meios admitidos em direito, obedecidas as seguintes limitações:
>
> I – a transmissão total compreende todos os direitos de autor, salvo os de natureza moral e os expressamente excluídos em lei."

[1] Art. 667.É suscetível de cessão o direito, que assiste ao autor, de ligar o nome a todos os seus produtos intelectuais

[2] BEVILÁQUA, CLOVIS. Código Civil dos Estados Unidos do Brasil comentado. Livraria Francisco Alves, 1917, VIII, pág. 197.

A natureza jurídica do contrato de cessão de direitos autorais equipara-se à compra e venda, com algumas peculiaridades, e representa a própria alienação do exercício dos direitos patrimoniais de autor em favor da editora, que sucede os autores *inter vivos,* tal qual ensinou Pedro Vicente Bobbio: *"(...) podendo (o editor) exercer com plenitude o bem que entrou para o seu patrimônio e do qual pode usar e gozar legalmente".* [3]

O respeitável jurista Professor Carlos Alberto Bittar ensina: *"Na cessão de direitos opera-se a transferência de direitos que o autor faz ao editor, que, adquirindo direito real, torna-se sucessor dele".*[4]

O insigne jurista e Desembargador Dr. José Carlos Costa Netto, esclarece muito bem a matéria fazendo uma nítida distinção entre os dois institutos (edição e cessão de direitos):

> "Diversamente do negócio jurídico de edição em que há o ato de concessão do exercício de direitos autorais sobre determinada(s) obra(s), normalmente em caráter temporário, na cessão opera-se a transferência dos direitos patrimoniais de autor, adquirindo, assim, o cessionário (ou editor-cessionário) a titularidade (derivada) desses direitos. Ou seja, no primeiro caso (edição) o editor representa o titular originário) dos direitos patrimoniais de autor, exercendo, em nome e a título de representação do autor (ou seus sucessores legais), esses direitos perante terceiros; e no segundo caso (cessão), o editor-cessionário é o próprio titular (derivado) dos direitos patrimoniais de autor, exercendo-os, assim, em seu próprio nome."[5]

No contrato de cessão de direitos autorais a cessionária fica sub-rogada no exercício dos direitos patrimoniais de autor da obra que criou, para que o cessionário possa exercer o direito de propriedade nas formas estabelecidas no contrato e no prazo nele fixado.

A cessão presume-se onerosa, e a lei especial sobre a matéria obriga que a cessão seja feita de forma escrita e indique expressamente os direitos

[3] BOBBIO, Pedro Vicente. O Direito de Autor na Creação Musical, 1951. Editora Lex, pág. 40.

[4] BITTAR, Antonio Carlos. Direito de Autor na Obra Feita Sob Encomenda. RT, 1977, pág. 43.

[5] COSTA NETTO, José Carlos. Estudos e Pareceres de Direito Autoral. Rio de Janeiro: Ed. Forense, 2015, pag. 142.

patrimoniais cedidos pelo autor, que pode ser total ou parcial, a título universal ou singular.

A cessão total e definitiva dos direitos deve constar claramente no contrato e não havendo essa estipulação contratual, a cessão valerá somente para as modalidades expressas no contrato, e se houver omissão do prazo de duração da cessão, o prazo legal estabelecido na LDA será de cinco anos.[6]

O respeitável jurista e Desembargador Dr. Walter Moraes também ratificou o entendimento geral sobre a cessão de direitos autorais:

> "Para a Lei no. 5.988/73, toda pessoa que, não sendo o autor adquire direitos autorais, seja a título singular ou universal, seja a título oneroso ou gratuito, qualifica-se como sucessor. Esse negócio tem o nome próprio de cessão. Não se vendem direitos autorais, nem se doam, nem se permutam. Transferem-se por cessão".[7]

Os direitos patrimoniais do autor podem, portanto, ser alienados, dados em garantia, hipotecados e dispostos em testamento, criando-se novas rela*ções com novos titulares*, sejam credores, herdeiros ou sucessores.

2. O contrato de cessão de direitos sobre obras futuras

A legislação especial que trata da matéria prevê também o contrato de cessão de direitos autorais sobre obras futuras, desde que o prazo do contrato seja limitado a no máximo cinco anos. (art. 51 da LDA)[8].

Por esse contrato o autor se compromete, com exclusividade, e mediante um adiantamento da remuneração autoral, a ceder *à* editora as suas futuras obras.

[6] Lei 9.610/98 – Art. 49. II – somente se admitirá transmissão total e definitiva dos direitos mediante estipulação contratual escrita; III – na hipótese de não haver estipulação contratual escrita, o prazo será de cinco anos.

[7] MORAES, Walter. Questões de Direito de Autor, RT, 1977, pag. 74.

[8] Art. 51. A cessão dos direitos de autor sobre obras futuras abrangerá, no máximo, o período de cinco anos. Parágrafo único. O prazo será reduzido a cinco anos sempre que indeterminado ou superior, diminuindo-se, na devida proporção, o preço estipulado.

O adiantamento de direitos autorais será descontado do autor, através dos rendimentos das obras cedidas. Esses contratos são bastante comuns na área musical.

Costumeiramente, quando o autor quita o adiantamento através de seus rendimentos, inicia-se uma nova negociação entre o autor e a editora para um novo adiantamento e assinatura de novo contrato.

Essa foi uma maneira encontrada para fidelizar o autor *à determinada* editora, e que tem dado bons resultados tanto para o autor, que normalmente recebe um vultuoso adiantamento, como para a editora, por manter em seu catálogo obras de seu interesse.

3. A natureza jurídica do contrato de edição

O contrato de edição de obras intelectuais estabelece uma relação jurídica entre o autor e a editora, ficando essa obrigada a public*á-las* e a divulg*á*-las através de uma concessão do autor, que não transfere a titularidade patrimonial da obra, mas apenas concede o direito exclusivo *à editora* de reproduzi-las e divulgá-las, com exclusividade, por um certo tempo e mediante uma remuneração autoral.

Ao contrário do contrato de cessão em que o autor transfere a titularidade patrimonial da obra, tornando a editora, titular derivada, no contrato de edição não há a transferência da titularidade, mas apenas uma concessão.

No contrato de edição a editora atua como um agente do autor e em nome desse, e não em nome próprio, como no caso do contrato de cessão de direitos autorais.

O exercício da edição é exclusivo da editora que publica, divulga e autoriza o uso da obra, arrecada os rendimentos de sua exploração e os repassa ao autor, de acordo com os percentuais avençados contratualmente, conforme estabelece o art. 53 da Lei Autoral brasileira.[9]

[9] Art. 53. Mediante contrato de edição, o editor, obrigando-se a reproduzir e a divulgar a obra literária, artística ou científica, fica autorizado, em caráter de exclusividade, a publicá-la e a explorá-la, pelo prazo e nas condições pactuadas com o autor.

A editora, tanto no contrato de edição como no contrato de cessão, fica obrigada a resguardar o bom uso da obra intelectual, e fazê-la economicamente rentável.

Em cada exemplar da obra, a editora fica obrigada a mencionar o título da obra, o ano da publicação, o nome do autor e no caso de tradução, o título original e o nome do tradutor.

4. A remuneração nos contratos de cessão e de edição de direitos autorais

O insigne jurista Eduardo Vieira Manso examina muito bem a questão da remuneração dos contratos de cessão, em seu livro "Contratos de Direito Autoral": *"22. A cessão de direitos autorais tanto pode ser total como parcial, diz o art. 53 da LDA, no caput, dispondo que ela "se fará sempre por escrito" e que se presume ser onerosa, o que reclama alguma ponderação.... Assim, a cessão de direitos autorais é um contrato oneroso por excelência, por ser bilateral. Porém, tanto pode ser comutativo, como aleatório. Será comutativo quando a remuneração autoral for paga à fortait, como se fosse um verdadeiro preço fixo e irreajustável, supondo-se que o seu valor corresponda à exata vantagem que o cessionário obterá com a exploração da obra, em tese. Na verdade, tal modalidade de pagamento não corresponde ao valor da cessão, não somente porque não se trata, mesmo de um preço, como porque não é ele fixado com base em cálculo que prevejam uma efetiva equivalência entre esse preço e a vantagem alcançada pelo cessionário com a exploração da obra. Daí por que, na França, na hipótese em que a remuneração autoral pode ser paga forfetariamente, sempre será possível a revisão do preço pago, quando o "o autor tenha sofrido um prejuízo de mais de sete doze avos dos produtos da obra, seja por lesão ou por previsão insuficiente", conforme autoriza o art. 37 da Lei 1957. O contrato de cessão será aleatório quando a remuneração autoral for proporcional ao resultado da exploração econômica da obra."*[10]

Antigamente era usual que a remuneração autoral, no contrato de edição ou de cessão de direitos autorais, fosse paga ao autor por um preço fixo e irreajustável.

[10] VIEIRA MANSO Eduardo. Contratos de Direitos Autorais. Revista dos Tribunais, 1989.

No entanto, com o passar do tempo, o pagamento fixo pela edição ou cessão da obra foi substituído para uma remuneração mais justa, por percentuais calculados sobre o preço de comercialização da obra, atendendo às reivindicações dos próprios autores.

Como muito bem esclarece a doutrina, que mostra historicamente a evolução positiva da remuneração em pró do autor, a modalidade de pagamento de acordo com a exploração econômica da obra atendeu às aspirações dos próprios autores.

Foi extremamente benéfico aos autores o estabelecimento de uma remuneração continuada no tempo, tendo em vista que eles não recebem apenas uma vez pela cessão realizada, e podem participar dos ganhos obtidos com a divulgação e exploração da obra que criou.

O renomado jurista Pedro Vicente Bobbio, ao tratar da remuneração fixa ou recebimento pela exploração econômica, esclarece o seguinte:

> "A modalidade (de pagamento) tem variado com o fluir do tempo e com a intensificação do regime protetivo dos direitos autorais.
> À quantia fixa, paga de uma só vez por todas, que antigamente se ajustava, os autores têm substituído um sistema de pagamentos diretamente ligado ao êxito do empreendimento editorial, em correspondência com as vendas.
> (...)
> No caso de cessão, também deixou, há tempos, de ser ajustado o pagamento de um preço único, geralmente substituído por uma percentagem sobre o preço de venda ou, então por uma regalia fixa, por cada exemplar vendido pelo editor.
> Tanto numa como nas outras hipóteses, sempre se tratará de retribuição, preço, contraprestação devida pelo cessionário, sem que a forma de pagamento estipulada altere a relação jurídica criando para o credor autor direito diferente." [11]

Com efeito, não se pode confundir contrato de cessão de direitos autorais com contrato de edição de obras, em razão das remunerações autorais serem semelhantes ou idênticas.

[11] BOBBIO Pedro Vicente. O Direito de Autor na Creação Musical- 1951. Editora Lex, pág. 41.

Tanto a nossa doutrina como a nossa jurisprudência tem o mesmo entendimento de que a forma de pagamento estabelecida no contrato de cessão, semelhante ou idêntica ao contrato de edição, não altera a sua natureza jurídica, como em decisão recente do Tribunal de São Paulo, cujo trecho transcrevo abaixo:

"Ainda que essa forma de pagamento por reprodução ou execução da obra, possa guardar alguma semelhança com o que ocorre com o contrato de edição, salienta o Des. Costa Netto, com sua larga experiência na área do direito autoral, que "não descaracteriza o negócio jurídico de cessão ou transferência de direitos autorais a participação remuneratória, mesmo que majoritária, do autor-cedente nos resultados, advindos, posteriormente à celebração do negócio, da exploração econômica da obra (cujos direitos autorais foram transferidos) promovida diretamente pelo cessionário ou por terceiros licenciados por este". Transcreve a lição de Eduardo Vieira Manso de que: "a cessão de direitos autorais é um contrato oneroso por excelência, por ser bilateral. Porém, tanto pode ser comutativo, como aleatório. Será comutativo quando a remuneração autoral for paga à fortait, como se fosse um verdadeiro preço fixo e irreajustável, supondo-se que o seu valor corresponda à exata vantagem que o cessionário obterá com a exploração da obra, em tese. Na verdade, tal modalidade de pagamento não corresponde ao valor da cessão, não somente porque não se trata, mesmo de um preço, como porque não é ele fixado com base em cálculo que preveja uma efetiva equivalência entre esse preço e a vantagem alcançada pelo cessionário com a exploração da obra"..."O contrato de cessão será aleatório quando a remuneração autoral for proporcional ao resultado da exploração econômica da obra" [12]

5. Da função econômica e social da editora

A função da editora foi e continua sendo de suma importância para o melhor aproveitamento econômico da obra intelectual.

[12] ACÓRDÃO EM APELAÇÃO CÍVEL. Processo n.:0024958-46.2020.8.26.0100. Tribunal de São Paulo

A editora sempre teve um papel extremamente relevante na divulgação e arrecadação dos direitos autorais, reproduzindo, divulgando e controlando o correto uso da obra, fixando preços, autorizando o seu uso e exercendo uma permanente vigilância com o fim de coibir o uso indevido da obra intelectual.

Com o advento da internet, coube à editora trabalhar arduamente no sentido de regularizar a disponibilização da obra junto a inúmeros provedores, coibindo o uso desautorizado, com o fito de legalizar e remunerar o direito de autor, função essa que o autor, individualmente, não teria como exercer, dado a dificuldade no controle da disponibilização eletrônica da obra intelectual e das difíceis negociações com os grandes provedores de internet, que insistem, muitas vezes, em disponibilizar a obra eletronicamente, sem remuneração e sem obter a necessária autorização autoral do titular do direito de autor.

Vivemos em um mundo globalizado e sem o acompanhamento de empresas organizadas e estruturadas, o direito de autor fica prejudicado, daí a importância do trabalho realizado pela editora que busca potencializar o uso da obra, trazendo benefícios econômicos e sociais ao autor.

O interesse econômico da editora beneficia diretamente o autor, uma vez que está atenta às novas tecnologias criadas e exerce um controle sobre a utilização das obras nessas novas tecnologias, tornando a obra o mais rentável possível, o que a faz exercer uma verdadeira função econômica e social.

6. DIREITO AUTORAL X METAVERSO: A PROTEÇÃO LEGAL DOS CONTRATOS DE LICENÇA DE USO E CESSÃO DE DIREITOS

Raquel Alexandra Romano

Introdução

Não faz muito tempo que o mundo jurídico foi desafiado e forçado a adaptar-se a chegada da *world wide web,* rede de alcance mundial, a *internet.* Desde então, surgiram novas mídias, inovações em plataformas digitais nas redes, bem como tecnologias cada vez mais avançadas, que foram capazes de alterar abruptamente o modo de vida e a forma de ver do ser humano.

Na medida em que a humanidade consegue compreender e utilizar essas novas tecnológicas, outras ferramentas surgem rapidamente, como robôs interativos, inteligência artificial, jogos eletrônicos, novas redes sociais, e então, o Metaverso, que é a mistura da vida real com a realidade virtual aumentada, despertando o interesse de empresários no uso dessa plataforma virtual para divulgação de suas marcas, produtos e serviços, além de outras atividades e negócios que podem ser realizados neste novo ambiente.

O objetivo deste artigo não é esgotar o tema, mas sim trazer reflexões sobre o Metaverso e a regulamentação dos contratos de licença de uso e cessão de direitos autorais, haja vista que muitos questionamentos surgirão, e por certo, será necessário que os órgãos judiciais e legislativos atentem para essa nova realidade, regulamentando as práticas e os procedimentos, e, aos aplicadores do direito utilizar as leis vigentes, com o intuito de proteger os usuários e titulares de direitos neste mundo virtual, evitando-se o uso indiscriminado de recursos tecnológicos sem a devida proteção do Estado.

1. O direito de autor no ordenamento jurídico

A Lei de Direitos Autorais (Lei n. 9.610/98)[1], seguindo os princípios constitucionais, confere ao autor a propriedade sobre sua obra, direito este que perdurará, como regra geral, por toda a sua vida e por mais 70 anos após a sua morte.[2]

O artigo 5º, inciso XXVII da Constituição Federal dispõe de forma clara que:

> "aos Autores pertence o direito exclusivo de utilização, publicação ou reprodução de suas obras, transmissíveis aos herdeiros pelo tempo que a lei fixar".[3]

O objetivo da legislação é proteger o autor pessoa física e titular exclusivo dos direitos sobre sua obra, faculdade única que o coloca no centro de todo o sistema jurídico que envolve essa matéria. Já a pessoa jurídica pode ser titular do direito, mas não cria, nunca será autora de uma obra pela legislação.

Aquele que cria, portanto, é o ser humano, dotado de sensibilidade especial e vocação para desenvolver obras de arte e engenho.

Aos titulares de direitos autorais são garantidos os direitos patrimoniais e morais sobre suas criações[4], sejam elas literárias, artísticas ou científicas[5], independentemente de registro[6].

[1] Lei 9.610, de 19 de Fev. 1998. Disponível em http://www.planalto.gov.br/ccivil_03/leis/l9610.htm, acesso em 11 de Jul. 2022.

[2] BRASIL. Lei n. 9.610, de 19 de Fev. 1998. Art. 41. Os direitos patrimoniais do autor perduram por setenta anos contados de 1° de janeiro do ano subsequente ao de seu falecimento, obedecida à ordem sucessória da lei civil.

[3] Constituição da República Federativa do Brasil de 1988. Disponível em http://www.planalto.gov.br/ccivil_03/constituicao/constituicaocompilado.htm, acesso em 11 de Jul. 2022.

[4] BRASIL. Lei n. 9.610, de 19 de Fev. 1998. Art. 22. Pertencem ao autor os direitos morais e patrimoniais sobre a obra que criou.

[5] BRASIL. Lei n. 9.610, de 19 de Fev. 1998. Art. 11. Autor é a pessoa física criadora de obra literária, artística ou científica.

[6] BRASIL. Lei n. 9.610, de 19 de Fev. 1998. Art. 18. A proteção aos direitos de que trata esta Lei independe de registro.

O legislador definiu as obras intelectuais protegidas simplesmente como criações do espírito, expressas por qualquer meio ou fixadas em qualquer suporte, conhecido ou que seja no futuro criado, nos termos do artigo 7º da Lei de Direitos Autorais.[7]

Para a autoralista Eliane Y. Abrão, obras protegidas são:

> "Obras surgem em um lado histórico e geográfico, partindo de temas comuns ou temas originais: basta que uma obra seja criada, isto é, surja do espírito e da personalidade de uma ou de diversas pessoas, fixada em suporte tangível ou intangível, para ser protegida contra cópias ou outros usos não autorizados. O que a lei e os costumes vedam é que a obra posterior seja reprodução da obra anterior, ou que a alterem ou a deformem. Esse é o sentido da proteção: não um monopólio sobre a criação abstratamente considerada, mas um privilégio temporal, uma exclusividade na reprodução do suporte ou em qualquer outra forma de utilização pública."[8]

O colega, autoralista e desembargador do Tribunal de Justiça do Estado de São Paulo, Dr. José Carlos Costa Netto, esclarece que o rol do artigo 7º da

[7] BRASIL. Lei n. 9.610, de 19 de Fev. 1998. Art. 7º. São obras intelectuais protegidas as criações do espírito, expressas por qualquer meio ou fixadas em qualquer suporte, tangível ou intangível, conhecido ou que se invente no futuro, tais como:
I – os textos de obras literárias, artísticas ou científicas; II – as conferências, alocuções, sermões e outras obras da mesma natureza; III – as obras dramáticas e dramático-musicais; IV – as obras coreográficas e pantomímicas, cuja execução cênica se fixe por escrito ou por outra qualquer forma; V – as composições musicais, tenham ou não letra; VI – as obras audiovisuais, sonorizadas ou não, inclusive as cinematográficas; VII – as obras fotográficas e as produzidas por qualquer processo análogo ao da fotografia; VIII – as obras de desenho, pintura, gravura, escultura, litografia e arte cinética; IX – as ilustrações, cartas geográficas e outras obras da mesma natureza; X – os projetos, esboços e obras plásticas concernentes à geografia, engenharia, topografia, arquitetura, paisagismo, cenografia e ciência; XI – as adaptações, traduções e outras transformações de obras originais, apresentadas como criação intelectual nova; XII – os programas de computador; XIII – as coletâneas ou compilações, antologias, enciclopédias, dicionários, bases de dados e outras obras, que, por sua seleção, organização ou disposição de seu conteúdo, constituam uma criação intelectual.

[8] ABRÃO, Eliane Y. Comentários à lei de direitos autorais e conexos. Lei 9.610/98 com as alterações da Lei 12.853/2013, e Jurisprudências dos Tribunais Superiores. Rio de Janeiro: Lumen Juris, 2017. p.39.

Lei de Direitos Autorais é exemplificativo e não exaustivo[9], e reforça que se deve analisar a obra pelo aspecto criativo e original, bem como seu período de proteção fixado pela lei.

Neste sentido, as mídias sociais e novas plataformas digitais também são reconhecidas pela Lei de Direitos Autorais, justamente pela definição do próprio artigo 7º, quanto às obras intelectuais protegidas como as criações do espírito, expressas por qualquer suporte, tangível ou intangível, conhecido ou que se invente no futuro. A proteção inclui as criações publicadas a partir de qualquer suporte, incluindo o digital, e disponíveis em qualquer meio.

Portanto, reconhecendo que as novas plataformas digitais podem ser classificadas como um suporte intangível e conhecido, qualquer conteúdo nelas publicado, demandará autorização dos detentores e titulares de direitos autorais.

A legislação autoral ainda reserva um dispositivo para tratar dos direitos patrimoniais que se destinam à proteção da exploração econômica da Obra. Dessa forma, a decisão quanto à exploração comercial do resultado da criação, cabe tão somente ao seu titular de direitos, através das respectivas cessões, licenças e autorizações, dependendo, portanto, sempre de sua prévia e expressa autorização para qualquer modalidade de uso.

Dentre os diversos artigos que disciplinam os direitos patrimoniais do autor no Capítulo III da Lei Autoral[10], o artigo 28 estabelece o seguinte:

> "Cabe ao Autor o direito exclusivo de utilizar, fruir e dispor da obra literária, artística ou científica".

O artigo 29[11] da mesma legislação relaciona as modalidades de utilização de uma obra de forma exemplificativa, sendo que referidas formas deverão ser sempre permitidas por seu respectivo titular de direitos.

[9] COSTA NETTO, José Carlos. Direito Autoral no Brasil. São Paulo: Saraiva Educação, 2019. p.163.

[10] BRASIL. Lei n. 9.610, de 19 de Fev. 1998. Altera, atualiza e consolida a legislação sobre direitos autorais e dá outras providências. Disponível em http://www.planalto.gov.br/ccivil_03/leis/l9610.htm, acesso em 17 de Ago. 2022.

[11] BRASIL. Lei n. 9.610, de 19 de Fev. 1998. Art. 29. Depende de autorização prévia e expressa do autor a utilização da obra, por quaisquer modalidades, tais como: I – a reprodução parcial ou integral; II – a edição; III – a adaptação, o arranjo musical e quaisquer outras transformações; IV – a tradução para qualquer idioma; V – a inclusão em fonograma ou produção audiovisual;

Os negócios jurídicos envolvendo obras protegidas pelo diploma autoral são interpretados restritivamente[12], ou seja, eventual autorização de uso, licença, concessão ou cessão prevalecerá somente de acordo com as especificações quanto à modalidade de utilização, sendo que, caso não prescinda de documento ou manifestação neste sentido, jamais poderá ser considerada autorizada a exploração da obra.

Da mesma forma a obra criada ou divulgada em ambientes virtuais, para sua exploração depende de autorização expressa do seu titular ou titulares de direitos.

Em 1992, o grande mestre doutrinador Carlos Alberto Bittar já fazia uma previsão de futuro, trazendo em sua obra o impacto do computador no mundo das artes:

> "No plano da criação e da execução, o computador vem substituindo instrumentos de trabalho de artistas, como o cinzel, o pincel, o lápis, etc., onde as experiências já são mais antigas, atua como meio mecânico de transmissão de sons, ou seja, como verdadeiro instrumento musical. E mais: a capacidade de interação com o homem – que só o computador possui – confere-lhe posição impar no mundo artístico".[13]

VI – a distribuição, quando não intrínseca ao contrato firmado pelo autor com terceiros para uso ou exploração da obra; VII – a distribuição para oferta de obras ou produções mediante cabo, fibra ótica, satélite, ondas ou qualquer outro sistema que permita ao usuário realizar a seleção da obra ou produção para percebê-la em um tempo e lugar previamente determinados por quem formula a demanda, e nos casos em que o acesso às obras ou produções se faça por qualquer sistema que importe em pagamento pelo usuário; VIII – a utilização, direta ou indireta, da obra literária, artística ou científica, mediante: a) representação, recitação ou declamação; b) execução musical; c) emprego de alto-falante ou de sistemas análogos; d) radiodifusão sonora ou televisiva; e) captação de transmissão de radiodifusão em locais de frequência coletiva; f) sonorização ambiental; g) a exibição audiovisual, cinematográfica ou por processo assemelhado; h) emprego de satélites artificiais; i) emprego de sistemas óticos, fios telefônicos ou não, cabos de qualquer tipo e meios de comunicação similares que venham a ser adotados; j) exposição de obras de artes plásticas e figurativas; IX – a inclusão em base de dados, o armazenamento em computador, a microfilmagem e as demais formas de arquivamento do gênero; X – quaisquer outras modalidades de utilização existentes ou que venham a ser inventadas.

12 BRASIL. Lei n. 9.610, de 19 de Fev. 1998. Art. 4º Interpretam-se restritivamente os negócios jurídicos sobre os direitos autorais.

13 BITTAR, Carlos Alberto. Contornos do Direito de Autor. São Paulo: Revistas dos Tribunais, 1992. p.69.

Neste sentido, naquela época a doutrina já afastava a possibilidade de atribuir direitos a uma máquina, ainda que inteligente, era ela no mundo jurídico apenas uma coisa insuscetível de ter personalidade própria.

Com o computador chegou à *internet*, causando mais insegurança jurídica aos aplicadores do direito, no entanto, as leis vigentes, como a própria lei autoral teve sua utilização imediata, ou seja, obras intelectuais produzidas, divulgadas e comercializadas através de ferramentas digitais estavam resguardadas pela legislação. É o caso dos *e-books*, artigos científicos e acadêmicos, fotografias, vídeos, aulas para cursos de educação à distância, músicas, entre outros produtos, por se enquadrarem nas criações do espírito descritas na lei de Direitos Autorais, dependem de autorização expressa dos criadores e titulares de direitos, contando com a proteção aos direitos morais e patrimoniais.

Dessa forma, o direito eletrônico, as novas tecnologias e plataformas digitais também recebem a proteção da legislação brasileira vigente. O que significa que o conteúdo inserido na *internet* não pode ser alterado, plagiado, distribuído ou comercializado de nenhuma forma sem a expressa autorização do seu autor.

Portanto, para utilização, exploração ou licença/cessão de direitos decorrentes de obras intelectuais, o autor ou titular de um direito firmará contrato de cessão ou licença temporária com o terceiro interessado, sob pena de violação de direitos puníveis expressamente pela lei autoral, no artigo 101 e seguintes do título VII – das sanções às violações dos direitos autorais, capítulo II – das sanções civis.

2. Dos contratos de licença de uso e cessão de obras intelectuais

Diferentemente da maioria dos demais países, no Brasil somente os direitos de execução pública são geridos através de empresa de gestão coletiva, por força da lei de Direitos Autorais que dispõe no artigo 99 que, as associações devem manter um único escritório central objetivando arrecadar e distribuir os direitos relativos à execução pública das obras musicais, ficando certo que os demais direitos patrimoniais são geridos diretamente por seus titulares.[14]

[14] JUNDI, Maria Eliane Rise. "Os direitos autorais na mídia digital e a quem cabe autoriza o seu uso." In Direito Autoral Atual, coord. geral José Carlos C. Netto; coord. nacional Maria

Neste sentido, os autores e titulares de direitos poderão administrar os direitos relativos às suas criações intelectuais conforme desejar, através de autorizações, contratos de licença ou cessão de direitos.

Pela licença de direitos, o titular autoriza que um terceiro explore economicamente sua obra por prazo determinado, para fins específicos e para determinada forma de utilização. Significa que, se o autor concede a alguém licença de uso para determinada forma de reprodução, este não poderá, por presunção, valer-se dessa autorização para explorar a obra em outro formato, ou seja, a análise da autorização ou do contrato será sempre restritiva. Encerrado o prazo contratual, o terceiro não poderá mais utilizar a obra licenciada, somente através de renovação.

Pela cessão de direitos, diferentemente da licença de uso, o titular de direitos transfere definitivamente, de forma onerosa ou gratuita, os direitos patrimoniais de autor sobre a obra. Assim, determinada obra, quando cedida a um terceiro não mais retornará à titularidade do autor original. Passará a ser de propriedade do terceiro que adquiriu a obra.

Os artigos 49 e 50, seus incisos e parágrafos[15] estabelecem a forma e limitações relativas à transferência de direitos sobre uma obra intelectual:

> "Art. 49. Os direitos de autor poderão ser total ou parcialmente transferidos a terceiros, por ele ou por seus sucessores, a título universal ou singular, pessoalmente ou por meio de representantes com poderes especiais, por meio de licenciamento, concessão, cessão ou por outros meios admitidos em Direito, obedecidas as seguintes limitações:
> I – a transmissão total compreende todos os direitos de autor, salvo os de natureza moral e os expressamente excluídos por lei;
> II – somente se admitirá transmissão total e definitiva dos direitos mediante estipulação contratual escrita;
> III – na hipótese de não haver estipulação contratual escrita, o prazo máximo será de cinco anos;

Luiza F. V. Egea & Larissa A. Carasso; coord. internacional Anita Mates & Leonardo M. Pontes. 1ª ed. – Rio de Janeiro: Elsevier, 2015. p.162.

[15] BRASIL. Lei n. 9.610, de 19 de Fev. 1998. Altera, atualiza e consolida a legislação sobre direitos autorais e dá outras providências. Disponível em http://www.planalto.gov.br/ccivil_03/leis/l9610.htm, acesso em 20 de Ago. 2022.

> IV – a cessão será válida unicamente para o país em que se firmou o contrato, salvo estipulação em contrário;
> V – a cessão só se operará para modalidades de utilização já existentes à data do contrato;
> VI – não havendo especificações quanto à modalidade de utilização, o contrato será interpretado restritivamente, entendendo-se como limitada apenas a uma que seja aquela indispensável ao cumprimento da finalidade do contrato.
> Art. 50. A cessão total ou parcial dos direitos de autor, que se fará sempre por escrito, presume-se onerosa.
> § 1º Poderá a cessão ser averbada à margem do registro a que se refere o art. 19 desta Lei, ou, não estando a obra registrada, poderá o instrumento ser registrado em Cartório de Títulos e Documentos.
> § 2º Constarão do instrumento de cessão como elementos essenciais seu objeto e as condições de exercício do direito quanto a tempo, lugar e preço."

Como dito, a lei autoral determina que a interpretação dos contratos seja restritiva, ou seja, não há espaço para presunções. Todas as disposições devem estar devidamente expressas no instrumento contratual. Logo, no contrato precisa constar de forma muito clara e muito bem descrita quais são os direitos patrimoniais envolvidos e quais são as possibilidades de uso da obra intelectual.

Neste sentido, de acordo com o entendimento da ilustre colega Dra. Maria Eliane Rise Jundi:[16]

> "Ressaltamos que se faz necessária à autorização para cada modalidade de utilização da obra no ambiente virtual. A autorização concedida para determinada modalidade não serve para outra modalidade de utilização."

[16] JUNDI, Maria Eliane Rise. "Os direitos autorais na mídia digital e a quem cabe autoriza o seu uso." In Direito Autoral Atual, coord. geral José Carlos C. Netto; coord. nacional Maria Luiza F. V. Egea & Larissa A. Carasso; coord. internacional Anita Mates & Leonardo M. Pontes. 1ª ed. – Rio de Janeiro: Elsevier, 2015. p. 162.

Em caso de eventual omissão, entende-se que os direitos patrimoniais transferidos foram somente àqueles essenciais e indispensáveis para o cumprimento da finalidade do contrato, e não todos de forma universal. Além disso, só poderá ser objeto de negociação os direitos patrimoniais do autor, haja vista que os direitos morais não só são protegidos pela lei autoral, mas também intransferíveis.

Portanto, tendo em vista que os negócios jurídicos já são exercidos por meio da *internet* através de contratos eletrônicos protegidos por assinatura digital, deve-se considerar que com o surgimento das novas plataformas digitais, no aspecto contratual, os documentos de licenças de exploração e cessões de direitos autorais devem prever cuidadosamente todas as modalidades de uso, inclusive a nova realidade chamada Metaverso.

3. Metaverso

O que seria o Metaverso, uma nova modalidade de utilização, uma nova mídia ou um novo meio de comunicação?

Roberto Medina define em sua obra[17], que:

> "O Metaverso é uma rede massivamente dimensionada e interoperável de mundos virtuais 3D em tempo real que podem ser experimentados de forma síncrona e persistente por um número efetivamente ilimitado de usuários com um senso de presença individual e com continuidade de dados, tais como identidade, histórico, objetos, comunicações e pagamentos."

Do que se tem conhecimento, o universo virtual denominado Metaverso surgiu quando a indústria de games por volta dos anos 90 passou a investir e desenvolver jogos de realidade virtual.

[17] MEDINA, Roberto. Guia Definitivo do Metaverso: o Universo Virtual de Mark Zuckerberg que está revolucionando o mundo. Portuguese Edition, 2021. p.6.

Outro antecessor ao Metaverso foi o empresário Philip Rosedale[18], (*Linden Lab*) criador do *Second Life*, desenvolvido em 1999 e lançado em 2003, era um jogo de videogame, no qual, seus usuários podiam criar personagens em um ambiente virtual e tridimensional, simulando a vida real e social do ser humano através da interação entre avatares.[19]

Entretanto, combinar realidade virtual com redes sociais somente começou a ganhar destaque em outubro de 2021, com o anúncio da empresa *Facebook*, renomeada para *Meta Platforms, Inc.*[20] A Meta agora detentora de parcela expressiva da população mundial em suas plataformas *Facebook, Instagram* e *WhatsApp*, criou um programa de realidade virtual, objetivando inovar diante da crescente digitalização das mercadorias, produtos e serviços.

O Metaverso é a vida real ganhando praticamente uma representação digital em ambiente coletivo, é a interação externa dos usuários dentro do mundo virtual com avatares em 3D e em realidade aumentada, para desempenhar tarefas cotidianas como se estivessem no mundo físico.

Atualmente, já se fala em escola de Metaverso, compras pelo Metaverso, casamento no Metaverso, escritórios funcionando no Metaverso, vendas virtuais de imóveis pelo Metaverso, transações virtuais milionárias, dentre outros.

Quais os limites legais do Metaverso com relação aos direitos já consolidados em nosso ordenamento jurídico? É possível afirmar que o Metaverso não desafia a Lei de Direitos Autorais, considerando que há anos as atividades do ambiente convencional já foram transferidas para a *Internet*?

Para os operadores do direito o tema é ainda um desafio, no entanto, como já demonstrado a legislação autoral é abrangente, e seus dispositivos asseguram os autores e titulares de direitos nesta nova realidade.

[18] Disponível em: https://www.uol.com.br/tilt/noticias/redacao/2022/09/13/a-ascensao-e-queda-do-second-life-o-que-o-metaverso-pode-aprender-com-ele.htm, acesso em 13 de Set. 2022.

[19] Avatar, ícone gráfico escolhido para representar o usuário em determinados jogos e comunidades virtuais. Disponível em: https://dicionario.priberam.org/avatar, acesso em 15 de Set. 2022.

[20] Disponível em: https://g1.globo.com/tecnologia/noticia/2021/10/28/facebook-novo-nome-meta.ghtml, acesso em 10 de Set. 2022.

Afirma Jorge Antonio Barros Leal[21] em sua obra que:

> "ainda que não haja regulamentação específica para o Metaverso, às normas existentes são plenamente aplicáveis na proteção dos direitos autorais sobre obras que utilizem referida tecnologia, garantindo direitos morais e autorais ao verdadeiro criador da obra".

O Metaverso ainda é considerado por muitos uma tecnologia do futuro, mas já existe já há alguns anos, e no mundo dos negócios já é utilizado em outros países, entretanto, no Brasil a cada dia está mais próxima de se tornar realidade na vida dos profissionais do direito.

Aos aplicadores do direito será fundamental utilizar a mesma filosofia, ou seja, neste novo ambiente digital chamado Metaverso, o uso de obras intelectuais, marcas, técnicas, software, imagem, dentre outros direitos, deverão ser previamente autorizados, os quais a proteção tem lei própria. Deve haver a busca constante do equilíbrio entre a liberdade, criatividade, proteção dos direitos e a regulamentação.

Conclusões

Com este estudo, foi possível observar, embora de maneira não tão aprofundada, a importância de prever nos contratos de licença de uso e cessão de direitos todas as modalidades e plataformas que efetivamente serão exploradas, caso contrário, será considerada violação de direitos dos seus titulares, pois já entendemos que as leis existentes devem ser respeitadas por todos aqueles que pretendem exercer atividades ou realizar negócios originados a partir desta nova tecnologia, chamada Metaverso.

Por certo existirão várias questões sem resposta imediata no mundo do Metaverso, porém mesmo com essa complexidade, há solução tanto na Lei de Direitos Autorais, como nos usos e costumes, e na doutrina, e outras serão

[21] LEAL, Jorge Antonio Barros. NFT E METAVERSO – Limites Legais. Portuguese Edition. 2021. p.65.

resolvidas por meio das decisões dos nossos Tribunais, objetivando sempre proteger direitos e amparar o criador da Obra Intelectual e sua criação.

Dedico este artigo ao colega, sócio e amigo por mais de 16 anos, homenageado nesta obra, Doutor Sérgio Famá D'Antino, advogado, empresário artístico, produtor teatral, professor, coautor de obras, que dedicou sua vida a proteção dos direitos de autor e de imagem, incansável idealista, sonhador, que sabiamente dizia: "o direito vem a reboque das grandes invenções". Sérgio D'Antino foi uma figura importante para a advocacia com especial atuação no Teatro, Televisão e Entretenimento, sentiremos saudades de suas histórias e conselhos.

Referências

1988, Constituição da República Federativa do Brasil de. Atualizada até a Emenda Constitucional nº 56, de 20/12/2007. AASP 2008.

ABRÃO, Eliane Y. Comentários à lei de direitos autorais e conexos. Lei 9.610/98 com as alterações da Lei 12.853/2013, e Jurisprudências dos Tribunais Superiores. Rio de Janeiro: Lumen Juris, 2017.

BITTAR, Carlos Alberto. Contornos do Direito de Autor. São Paulo: Revistas dos Tribunais, 1992.

BRASIL, Lei 9.610, de 19 de Fev. 1998. Disponível em http://www.planalto.gov.br/ccivil_03/leis/l9610.htm, acesso em 17 de Ago. 2022.

COSTA NETTO, José Carlos. Direito Autoral no Brasil. São Paulo: Saraiva Educação, 2019.

JUNDI, Maria Eliane Rise. "Os direitos autorais na mídia digital e a quem cabe autoriza o seu uso." In Direito Autoral Atual, coord. geral José Carlos C. Netto; coord. nacional Maria Luiza F. V. Egea & Larissa A. Carasso; coord. internacional Anita Mates & Leonardo M. Pontes. 1ª ed. – Rio de Janeiro: Elsevier, 2015.

LEAL, Jorge Antonio Barros. NFT E METAVERSO – Limites Legais. Portuguese Edition. 2021.

MEDINA, Roberto. Guia Definitivo do Metaverso: o Universo Virtual de Mark Zuckerberg que está revolucionando o mundo. Portuguese Edition, 2021.

https://dicionario.priberam.org/avatar, acesso em 15 de Set. 2022.

7. OS ARTILHEIROS QUE ESTÃO FALTANDO NO TIME DA INTELIGÊNCIA ARTIFICIAL: DO *BIG DATA*, DO DIREITO FUNDAMENTAL À PESQUISA, DAS LIMITAÇÕES AO *DATA MINING* E DO TEXTO FALHO DA DIRETIVA DAMUN[1]

CHRISTOPHE GEIGER

Em 19 de fevereiro de 2020, a Comissão Europeia anunciou uma ambiciosa estratégia digital para a União Europeia, definindo os objetivos a atingir em duas comunicações – uma sobre o futuro digital da Europa[2] e outra sobre dados[3], ambos complementadas pelo Livro Branco sobre inteligência artificial[4].

[1] Texto original publicado em coletânea organizada por SENFTLEBEN, M. *et. al.* (eds.), *Intellectual Property and Sports, Essays in Honour of P. Bernt Hugenholtz*. Alphen aan den Rijn: Kluwer Law International, 2021, p. 383-394. Tradução de Leonardo Machado Pontes.

[2] Comunicação da Comissão ao Parlamento Europeu, ao Conselho, ao Comitê Econômico e Social Europeu e ao Comitê das Regiões, Construir o futuro digital da Europa, COM/2020/67 final. Documento 52020DC0067. Disponível em <https://eur-lex.europa.eu/legal content/PT/TXT/PDF/?uri=CELEX:52020DC0067&from=PT>.

[3] Comunicação da Comissão ao Parlamento Europeu, ao Conselho, ao Comité Económico e Social Europeu e ao Comité das Regiões, Uma estratégia europeia para os dados, COM/2020/66 final. Documento 52020DC0066. Disponível em <https://eur-lex.europa.eu/legal-content/PT/TXT/PDF/?uri=CELEX:52020DC0066&from=PT>.

[4] Livro Branco sobre a inteligência artificial - Uma abordagem europeia virada para a excelência e a confiança, Bruxelas, 19.2.2020 COM (2020) 65 final. Disponível em <https://ec.europa.eu/info/sites/default/files/commission-white-paper-artificial-intelligence feb2020_pt.pdf>.

Ao ler estes documentos estratégicos, seria de se esperar que fosse finalmente elaborado um quadro jurídico sólido e ponderado para o ambiente digital e que as políticas da UE neste domínio constituíssem, no futuro, mais do que uma simples colcha de retalhos de interesses setoriais. Com efeito, no que diz respeito à revolução que a tecnologia digital trouxe a muitos setores da UE, lê-se: "Esta profunda transformação da sociedade apela a uma reflexão de fundo a todos os níveis sobre a melhor forma de a Europa responder a estes riscos e desafios. As dificuldades serão enormes, mas a Europa dispõe, inquestionavelmente, dos meios necessários para concretizar um futuro digital melhor para todos"[5]. Ou: "Criar uma Europa preparada para a era digital é um quebra-cabeças complexo, cujas diversas peças estão interligadas; tal como em qualquer quebra-cabeças, só é possível ter uma visão do conjunto uma vez inseridas todas as peças"[6]. A vontade de finalmente modernizar e adaptar o quadro jurídico da propriedade intelectual (PI) aos desafios colocados pelo ambiente digital foi reiterada no plano de ação da Comissão Europeia sobre a PI, publicado no final de novembro de 2020, onde se destacou que:

> A revolução tecnológica – a economia e a sociedade dos dados, a transição para a inteligência artificial (IA), a importância crescente das novas tecnologias como a tecnologia das cadeias de blocos, a impressão 3D e a Internet das Coisas, bem como o desenvolvimento de novos modelos de negócios como a economia das plataformas e a economia de dados e a economia circular – *oferece uma janela de oportunidade única para modernizar a nossa abordagem de proteção dos nossos ativos incorpóreos*[7].

Portanto, uma reflexão horizontal sobre as questões digitais é, em síntese, desejada pela Comissão Europeia antes de (re)definir as regras do jogo por

[5] Comunicação da Comissão ao Parlamento Europeu, ao Conselho, ao Comitê Econômico e Social Europeu e ao Comitê das Regiões, Construir o futuro digital da Europa, p. 1.

[6] Ibid., p. 3.

[7] Comunicação da Comissão ao Parlamento Europeu, ao Conselho, ao Comité Económico e Social Europeu e ao Comité das Regiões, Tirar pleno partido do potencial de inovação da EU: Um plano de ação em matéria de propriedade intelectual para apoiar a recuperação e resiliência da EU, COM/2020/760 final. Documento 52020DC0760, p. 2 (destacamos). Disponível em <https://eur-lex.europa.eu/legal-content/PT/TXT/PDF/?uri=CELEX:52020DC0760&from=PT>.

meio de uma legislação adequada. No entanto, em um exame mais atento, nem no plano de ação proposto, nem no da agenda de implementação dessas estratégias, aparece qualquer questionamento sobre os espaços livres deixados pelo direito de PI para permitir o desenvolvimento de um ecossistema digital equilibrado na EU[8]. A questão também foi totalmente ignorada pela Proposta de Regulamento do Parlamento Europeu e do Conselho que estabelece regras harmonizadas em matéria de inteligência artificial (regulamento inteligência artificial) e altera determinados atos legislativos da União, apesar de um dos principais objetivos propostos pela Comissão Europeia ser o de "garantir a segurança jurídica para facilitar os investimentos e a inovação no domínio da IA"[9]. A menos que a Comissão considere que a questão já foi resolvida, nomeadamente pela diretiva de 17 de abril de 2019 relativa aos direitos de autor e direitos conexos no mercado único digital (Diretiva DAMUN)[10], é difícil entender como uma reflexão horizontal sobre inovação digital pode ser conduzida sem incluir grande parte do direito digital, como direito autoral (incluindo suas exceções e limitações) e a propriedade intelectual em geral[11].

[8] Para uma crítica inicial da falta de ambição do legislador da UE no campo dos direitos autorais, veja as reflexões fundamentais em: HUGENHOLTZ, P. Bernt (ed.), *The Future of Copyright in a Digital Environment*. Den Haag: Kluwer, 1996, em particular o capítulo do próprio editor, Adapting Copyright to the Information Superhighway, p. 81 *et seq*.

[9] Proposta de Regulamento do Parlamento Europeu e do Conselho que estabelece regras harmonizadas em matéria de inteligência artificial (regulamento inteligência artificial) e altera determinados atos legislativos da União, COM/2021/206 final. Documento 52021PC0206, p. 3. Disponível em < https://eur-lex.europa.eu/resource.html?uri=cellar:e0649735-a372-11eb-9585-01aa75ed71a1.0004.02/DOC_1&format=PDF>.

[10] Diretiva (UE) 2019/790 do Parlamento Europeu e do Conselho, de 17 de abril de 2019, relativa aos direitos de autor e direitos conexos no mercado único digital e que altera as Diretivas 96/9/CE e 2001/29/CE, OJ L 130, 17.5.2019, p. 92–125 (diretiva DAMUN). Disponível em <https://eur-lex.europa.eu/legal-content/PL/TXT/PDF/?uri=CELEX:32019L0790&from=PT>.

[11] Sobre a importância crucial das exceções e limitações no direito autoral europeu, em particular para o *follow-on* da inovação e da criatividade, ver, *i.e.*: HUGENTHOLTZ, P. Bernt, Fierce Creatures, Copyright Exemptions: Towards Extinction ?, *IFLA/IMPRIMATUR, Rights, Limitations and Exceptions: Striking a Proper Balance*, Amsterdam, Oct. 1997, republicado em VAVER, David (ed.), *Intellectual Property Rights: Critical Concepts in Law*, v. 2, London: Routledge, 2006, p. 231; GEIGER, Christophe, Promoting Creativity through Copyright Limitations, Reflections on the Concept of Exclusivity in Copyright Law, *Vanderbilt Journal of Entertainment & Technology Law*, v. 12, Issue 3, 2010, p. 515; GEIGER, Christophe; SCHÖNHERR, Franciska, Defining the Scope of Protection of Copyright in the EU: The Need to Reconsider the Acquis regarding Limitations and Exceptions, *in*: SYNODINOU, Tatiana-Eleni (ed.). *Codification of*

Pior ainda, é provável que as soluções que foram adotadas anteriormente na Diretiva DAMUN estejam em contradição direta com os objetivos agora apresentados, e que, como resultado, as muitas ambições recentemente apresentadas provavelmente permaneçam letra morta.

Muitos exemplos poderiam ser fornecidos, mas gostaríamos de destacar apenas um nesta contribuição: uma política proativa no campo da inteligência artificial e da inovação digital exige, sem dúvida, propor um quadro jurídico moderno, que reconheça o risco de obstáculos ou proibições injustificados para o desenvolvimento da inteligência artificial na União[12]. Nesse contexto, sabe-se que para permitir o "aprendizado da máquina", essencial à inteligência artificial, é necessário ter exceções robustas para mineração de texto e de dados ("*data mining*") para que a máquina possa reproduzir, armazenar e processar dados existentes e propor novas soluções[13]. A questão também é

European Copyright Law, Challenges and Perspectives. The Hague/London/New York: Kluwer Law International, 2012, p. 133, e as várias contribuições excelentes em: OKEDIJI, Ruth L. (ed.), *Copyright Law in an Age of Limitations and Exceptions*. Cambridge: CUP, 2017.

[12] Sobre os desafios legais colocados pela IA na UE, veja o excelente relatório redigido por HUGENHOLTZ, P. Bernt; QUINTAIS, João Pedro; GERVAIS, Daniel para a Comissão Europeia: *IViR and JIPP, Trends and Developments in Artificial Intelligence Challenges to the Intellectual Property Rights Framework*, Final Report, Sept. 2020, disponível em <https://ec.europa.eu/digital-single-market/en/news/trends-and-developments-artificial-intelligence-challenges-intellectual-property-rights-0>, deixando de fora, contudo, do escopo da análise "questões legais concernentes ao *input* do objeto de proteção aos sistemas de IA (e.g. para *text-and-data mining*)".

[13] Ver: HACKER, Philipp, A Legal Framework for AI Training Data, *13 Law, Innovation and Technology* (2021, no prelo), demonstrando que "os dados de treinamento para a IA não desempenham apenas um papel fundamental no desenvolvimento de aplicativos de IA, mas atualmente são capturados de forma inadequada pela UE"; KOP, Mauritz. The Right to Process Data for Machine Learning Purposes in the EU, *Harvard Journal of Law & Technology*, v. 34, Digest, Spring 2021, p. 1. Sobre a importância da mineração de texto e de dados para a inteligência artificial, veja *e.g*: GEIGER, Christophe. The Artificial Intelligence and Data-led Revolution of Copyright and its Wider Implications, *Digital Encounters*, relatório final, disponível em <https://www.fidefundacion.es/docs/GlobalDigitalEncounters/Encounter_8_Report_Final.pd; DUCATO, Rosana; STROWEL, Alain. Limitations to text and Data Mining and Consumer Empowerment: Making the Case for a Right to 'Machine Legibility', *IIC*, v. 50, n. 6, 2019, p. 649; BINCTIN, Nicolas. TDM: un enjeu de l'intelligence artificielle, *RIDA*, n. 262, 2019, p. 7 ; CHIOU, Theodoros. Copyright lessons on Machine learning: what impact on algorithmic art? *JIPITEC*, n° 10, 2019, p. 398; BENSAMOUN, Alexandra; FARCHY, Joelle; SCHIRA, Paul-François. Intelligence artificielle et culture, relatório para a CSPLA, janeiro 2020, p. 54; GEIGER, Christophe; FROSIO, Giancarlo; BULAYENKO, Oleksandr. Crafting a Text and Data Mining Exception for Machine Learning and Big Data in the Digital Single

muito atual no campo da saúde pública, porque é óbvio que grandes estoques de dados sobre a COVID-19 precisam ser processados e analisados em nível global para permitir o desenvolvimento de novos tratamentos[14].

A mineração de texto e de dados tornou-se, de fato, uma ferramenta fundamental para a pesquisa, seja aquela realizada por órgãos públicos ou por atores privados[15]. Contudo, como foi argumentado por Bernt Hugenholtz e outros[16], a solução proposta pela diretiva de 2019 é amplamente inadequada;

Market, *in*: SEUBA, Xavier; GEIGER, Christophe; PÉNIN, Julien (eds.). *Intellectual Property and Digital Trade in the Age of Artificial Intelligence and Big Data*. Collection CEIPI/ICTSD, Global Perspectives and Challenges for the Intellectual Property System: Geneva/Strasbourg, 2018, n. 5, p. 95.

[14] Sobre a relação entre os dois tópicos, ver, em particular: HACKET, Teresa. COVID and Copyright: The Right to Research, 17 de Agosto de 2020, <www.eifl.net>; FLYNN, Sean; GEIGER, Christophe; QUINTAIS, Joao Pedro (com a colaboração de T. Margoni, M. Sag, L. Guibault, M. Carroll), Implementing User Rights for Research in the Field of Artificial Intelligence: A Call for International Action, *EIPR*, n. 7, 2020, p. 393. Ver também Statement on Copyright and Proposal of a Waiver from Certain Provisions of the Trade Related Aspects of Intellectual Property Rights (TRIPS) Agreement for the Prevention, Containment and Treatment of COVID-19 (IP/C/W/669), 22 March 2021, endorsed by 250 organizations and prominent researchers calling for the reduction of copyright barriers to COVID-19 prevention, containment and treatment, disponível em <http://infojustice.org/archives/43020>: "Em muitos países, os pesquisadores não têm os direitos necessários para usar as metodologias de pesquisa mais avançadas, como mineração de texto e dados, para ajudar a encontrar e desenvolver tratamentos para o COVID-19. De fato, o próprio vírus foi descoberto por um projeto de pesquisa de mineração de texto e dados que não seria legal em muitos países".

[15] Ver o Considerando 8, da Diretiva DAMUN, de 17 de abril de 2019, segundo o qual: "[...] há um reconhecimento generalizado de que a mineração de texto e dados pode, em particular, beneficiar a comunidade de pesquisa e, ao fazê-lo, apoiar a inovação". Ver também MARGONI, Thomas, Text and Data Mining in Intellectual Property Law: Towards an Autonomous Classification of Computational Legal Methods, *CREATe*, working paper 01/2020: "O impacto que a TDM pode ter na ciência, artes e humanidades é inestimável. Isso porque, ao identificar as correlações e padrões que muitas vezes estão ocultos aos olhos de um observador humano devido à quantidade, complexidade ou variedade de dados pesquisados, a TDM permite a descoberta de conceitos ou a formulação de correlações que, de outra forma, permaneceriam ocultos ou não descobertos. Considerando esse ponto de vista, pode-se argumentar efetivamente que a TDM cria um conhecimento a partir de dados antigos".

[16] Para uma análise (crítica), ver: HUGENHOLTZ, P. Bernt, The New Copyright Directive: Text and Data Mining (Articles 3 and 4), *Kluwer Copyright Blog*, 24 de Júlio de 2019, disponível em <http://copyrightblog.kluweriplaw.com/2019/07/24/the-new-copyright-directive--text-and-data-mining-articles-3-and-4/>; GEIGER, Christophe; FROSIO, Giancarlo; BULAYENKO, Oleksandr, Text and Data Mining: Articles 3 and 4 of the Directive 2019/790/EU, *in*: SAIZ GARCÍA, Concepción; EVANGELIO LLORCA, Raquel (eds.). *Propiedad intelectual y*

é muito restritiva no que diz respeito às exceções para mineração de texto e de dados. Assim, para usar uma imagem "futebolística", a estratégia da Inteligência Artificial da União Europeia pode se assemelhar a um time de futebol que ficaria sem atacantes para marcar com sucesso e vencer qualquer uma das competições com outras jurisdições que possam ter a vantagem de mais disposições legais flexíveis, que permitam atividades mais amplas de "*text and data mining*" (TDM).

Por que este é o caso? Voltemos rapidamente às duas exceções introduzidas no direito da UE pela diretiva de 2019.

Em primeiro lugar, deve-se notar que a Comissão Europeia claramente não entendeu, no início, a importância das exceções da mineração de textos e de dados para o desenvolvimento da inteligência artificial. É certo que a proposta de diretiva de 14 de setembro de 2016[17] previu uma exceção mandatória[18], permitindo a mineração de texto e de dados que não poderia ser contornada por contratos[19]. Contudo, foi limitado às "[...] reproduções e extrações efetuadas por organismos de investigação para a realização de prospecção de textos e dados de obras ou outro material protegido a que tenham acesso lícito para efeitos de investigação científica"[20]. Essas organizações beneficiárias foram entendidas de forma restritiva, uma vez que o Considerando 11 especificou que:

mercado único digital europeo. Valencia: Tirant lo Blanch, 2019, p. 27; KOP, The Right to Process Data for Machine Learning Purposes in the EU, p. 7.

17 Proposta de Diretiva do Parlamento Europeu e do Conselho relativa aos direitos de autor no mercado único digital, COM/2016/0593 final - 2016/0280 (COD). Disponível em <https://eur-lex.europa.eu/legal-content/PT/TXT/PDF/?uri=CELEX:52016PC0593&from=PT>.

18 Ao contrário da Diretiva de 2001, com uma lista opcional de 20 exceções e limitações, com um impacto limitado, em termos de harmonização, essa exceção mandatória constitui uma melhoria. Sobre essa questão, ver, *e.g.*: GEIGER, Christophe; SCHÖNHERR, Franciska. The Information Society Directive (with updates from Stavroula Karapapa), *in*: STAMATOUDI, Irini; TORREMANS, Paul (eds.), *EU Copyright Law*. 2ª ed. Cheltenham, UK/Northampton, MA: Edward Elgar, 2021, p. 279.

19 De acordo com os Considerandos da proposta de diretiva, a exceção destinava-se a colmatar a grande insegurança jurídica relativa às atividades de exploração de textos e de dados (Considerando 10), porque "a prospecção de textos e dados pode envolver atos protegidos por direitos de autor e/ou o direito sobre bases de dados sui generis, nomeadamente a reprodução de obras ou outro material protegido e/ou a extração do conteúdo de uma base de dados. Quando não existe qualquer exceção ou limitação aplicável, seria exigida aos titulares de direitos uma autorização para efetuar tais atos" (Considerando 8).

20 Art. 3º, para. 1, da Proposta.

> [...] os organismos de investigação dos Estados-Membros têm geralmente em comum o fato de agirem sem fins lucrativos ou no âmbito de uma missão de interesse público reconhecida pelo Estado. Esta missão de interesse público pode refletir-se, por exemplo, no financiamento público, em disposições da legislação nacional ou em contratos públicos[21].

Isso abrange apenas organizações de pesquisa e universidades públicas (ou aquelas que realizam uma missão de serviço público).

Mas o que dizer das importantes atividades de investigação realizadas por *startups* que operam no ambiente digital, que são a fonte de importantes inovações, nomeadamente no domínio da inteligência artificial, e cujo potencial de crescimento foi fortemente avançado na nova estratégia?[22] As *startups* não foram consideradas e, portanto, suas atividades de mineração de dados permanecem sujeitas ao direito exclusivo. Em linhas semelhantes, o que dizer das parcerias público-privadas, tão fortemente incentivadas na apresentação de candidaturas no âmbito de concursos para a União Europeia? É certo que o considerando 10 afirma, de forma relativamente vaga, que "Os organismos de investigação devem também beneficiar da exceção ao participarem em parcerias público-privadas", sem, contudo, explicar como isso iria funcionar. Isso sem contar os pesquisadores individuais sem vínculo

[21] Ver também o art. 2º ("Definições") da Proposta para a Diretiva: "«Organismo de investigação», uma universidade, um instituto de investigação ou qualquer outro organismo cujo principal objetivo seja a realização de investigação científica ou a realização de investigação científica e prestação de serviços de ensino: a) sem fins lucrativos ou por reinvestir a totalidade dos lucros na investigação científica; ou b) em conformidade com uma missão de interesse público reconhecida por um Estado-Membro". Ver também art. 2º, parágrafo 3º, segundo o qual uma «Instituição responsável pelo património cultural» significa "uma biblioteca ou um museu acessíveis ao público, um arquivo ou uma instituição responsável pelo património cinematográfico ou sonoro".

[22] Ver o Livro Branco sobre a inteligência artificial - Uma abordagem europeia virada para a excelência e a confiança, Bruxelas, 19.2.2020 COM (2020) 65 final, p. 3, segundo o qual: "A Europa está numa boa posição para beneficiar do potencial da IA, não só como utilizador, mas também como criador e produtor desta tecnologia. A Europa tem excelentes centros de investigação, *empresas em fase de arranque inovadoras*, uma posição de liderança mundial em robótica e setores da indústria transformadora e de serviços competitivos, desde o setor automóvel aos cuidados de saúde, à energia, aos serviços financeiros e à agricultura" (destacamos).

com uma instituição, cujas atividades também não são contempladas, e os jornalistas que, por definição, trabalham para estruturas privadas, que também não se beneficiarão da exceção.

Esta situação é altamente problemática para os direitos fundamentais e, em particular, no que diz respeito ao direito à pesquisa. De fato, o direito à pesquisa tem uma forte base nos direitos humanos e é protegido nos níveis internacional, europeu e nacional[23]. Baseado no direito à informação, inclui o direito ativo de buscar informações efetivas e objetivas por meio do uso de fontes existentes, o que implica a capacidade de utilizar legalmente, no ambiente digital, técnicas de mineração de texto e de dados para a realização de pesquisas[24]. Para os jornalistas, é de importância crucial, pois certas investigações só são possíveis hoje por meio da mineração, em larga escala, de textos e de dados. A título de exemplo, recorde-se o escândalo dos "*Panama Papers*", que evidenciou uma evasão fiscal em larga escala de políticos, bilionários,

[23] GEIGER, Christophe; JÜTTE, Bernd Justin. Conceptualizing the Right to Research and its Implications for Copyright Law, An International and European perspective, *American University International Law Review* 2022, v. 38 (no prelo). Segundo o art. 19, da Declaração Universal dos Direitos Humanos, de 1948: "Todo ser humano tem direito à liberdade de opinião e expressão; esse direito inclui a liberdade de, sem interferência, ter opiniões e de procurar, *receber e transmitir informações e ideias por quaisquer meios e independentemente de fronteiras*" (destacamos). Da mesma forma, o art. 19, n. 2, do Pacto Internacional sobre Direitos Civis e Políticos, de 1966, especifica que: "Toda pessoa terá direito à liberdade de expressão; esse direito *incluirá a liberdade de procurar, receber e difundir informações e ideias de qualquer natureza, independentemente de considerações de fronteiras*, verbalmente ou por escrito, em forma impressa ou artística, ou por qualquer outro meio de sua escolha" (destacamos). Na Europa, o direito à informação é derivado do art. 10, n. 1, da Convenção Europeia de Direitos Humanos, e é incluído em várias constituições nacionais, tais como o art. 5º, n. 1, da Lei Básica alemã, art. 16, n. 3, da Constituição Federal da Suíça e art. 11, da Declaração de Direitos Humanos francesa. Na EU, um direito "à pesquisa" pode também encontrar suporte no art. 13, da Carta de Direitos Fundamentais da União Europeia (liberdade das artes e das ciências), que estipula que "As artes e a investigação científica são livres. É respeitada a liberdade acadêmica". Ver FLYNN; GEIGER; QUINTAIS, id. ibid.

[24] O direito à informação consiste em uma liberdade passiva de receber informações existentes e em um direito ativo de buscar informações efetivas e objetivas pelo uso de fontes existentes. Sobre o direito fundamental à informação, em particular no contexto da lei de direitos autorais, ver, com mais detalhes: GEIGER, Christophe. *Droit d'auteur et droit du public à l'information, approche de droit comparé*, Paris: Litec, 2004; Author's Right, Copyright and the Public's Right to Information: A Complex Relationship, *in*: MACMILLAN, F. (ed.): *New Directions in Copyright Law*. Cheltenham, UK: Edward Elgar, 2007, v. 5, p. 24. E, é claro: HUGENHOLTZ, Bernt P. *Auteursrecht op informatie*. Deventer: Kluwer, 1989, iniciando a discussão sobre a interface entre o direito de autor e a liberdade de informação.

celebridades e desportistas de alto nível, e que só pôde ser revelado através da mineração de informação e de técnicas de busca automatizada, de mais de um milhão de documentos bancários de *offshores*.

Ao restringir desta forma o âmbito da exceção, a Comissão correu o risco de criar uma disposição ineficaz e, portanto, rapidamente obsoleta, nomeadamente no que diz respeito ao desenvolvimento da inteligência artificial, mas também no que diz respeito a outras atividades de investigação e inovação essenciais, não conduzidas por entidades públicas. Isso é especialmente verdadeiro porque a proposta de diretiva só permitiu que organizações de pesquisa pesquisassem textos e dados "sobre obras ou outros assuntos aos quais tenham acesso legal para fins de pesquisa científica", o que parece excluir grande parte da pesquisa on-line, na medida em que o acesso legal às fontes permaneceria incerto[25].

Por todas estas razões, a proposta de diretiva foi alvo de muitas críticas durante a fase parlamentar[26], levando a mudanças no texto final[27]. Como

[25] O requisito da "legalidade da fonte" pode ser encontrado, por exemplo, na exceção francesa de mineração de texto e de dados, introduzida no Código de Propriedade Intelectual pela lei "para uma república digital" de 7 de outubro de 2016 (Art. 122-5 10° do CPI, e para bases de dados, Art. L. 342-3, 5). Deve-se notar, no entanto, que a Alemanha, que também introduziu essa exceção em sua lei de direitos autorais em 2017, não acrescentou esse critério adicional (UrhG, par. 60d (1)).

[26] Ver GEIGER, Christophe; FROSIO, Giancarlo; BULAYENKO, Oleksandr. The Exception for Text and Data Mining (TDM), *in*: the Proposed Directive on Copyright in the Digital Single Market - Legal Aspects, Study for the Directorate-General for Internal Policies of the Union, Department of Citizens' Rights and Constitutional Affairs, European Parliament, February 2018. Para uma avaliação crítica da proposta, ver também GEIGER, Christophe; FROSIO, Giancarlo; BULAYENKO, Oleksandr, Text and Data Mining in the Proposed Copyright Reform: Making the EU Ready for an Age of Big Data? *IIC*, v. 49, n. 7, 2018, p. 814, e dos mesmos autores: The EU Commission's Proposal to Reform Copyright Limitations: A Good but Far Too Timid Step in the Right Direction, *EIPR*, v. 40, 2018, p. 4; European Copyright Society, General Opinion on the EU Copyright Reform Package, 24 January 2017, p. 5; HILTY, Reto M.; RICHTER, Heiko, Position Statement of the Max Planck Institute for Innovation and Competition on the proposed modernisation of European copyright rules. Part B: Exceptions and Limitations. Chapter 1: Text and Data Mining (Article 3 COM (2016) 593), p. 25 *et seq*. Disponível em <//www.zora.uzh.ch/id/eprint/144818/1/MPI_Position_Statement_Part_B_Chapter_1_Update23022017.pdf> ; JONDET, Nicolas, L'exception pour le *data mining* dans le projet de directive sur le droit d'auteur - Pourquoi l'Union européenne doit aller plus loin que les législations des Etats membres, *Propr. intell.*, n. 67, 2018, p. 25.

[27] Para um comentário sobre as disposições definitivas da diretiva, ver: GEIGER; FROSIO; BULAYENKO, Text and Data Mining: Articles 3 and 4 of the Directive 2019/790/EU, p. 27;

resultado, o círculo de beneficiários da exceção foi alargado às «Instituições responsáveis pelo patrimônio cultural», que, de acordo com o considerando 13 da diretiva, inclui, principalmente, bibliotecas, museus e arquivos. Além disso, foi incluída a possibilidade de armazenar trabalhos para fins de pesquisa e mineração, o que é importante porque a pesquisa leva tempo: deve, portanto, ser possível voltar aos trabalhos que transmitem os dados sem ter que reproduzi-los todas as vezes. Por último, foi introduzida uma nova exceção no corpo da diretiva, em que "Os Estados-Membros devem prever uma exceção ou limitação aos direitos previstos [...] a fim de permitir a utilização digital de obras e outro material protegido..."[28].

O objetivo da introdução de uma nova disposição era claramente responder às críticas dirigidas ao texto inicial e permitir aos Estados-membros prever uma excepção para os casos não abrangidos pelo artigo 3.º da diretiva, nomeadamente para autorizar a mineração de texto e de dados para entidades excluídas do escopo do artigo 3º. Isso decorre claramente do considerando 18, da diretiva DAMUN, que afirma que:

> [...] Para além da sua importância no contexto da investigação científica, as técnicas de prospecção de textos e dados são amplamente utilizadas, tanto pelas entidades públicas, como privadas para analisar grandes quantidades de dados em diferentes domínios da vida e para vários fins, nomeadamente para serviços públicos, decisões empresariais complexas e para o desenvolvimento de novas aplicações ou tecnologia.

Essa nova disposição seria um grande avanço se a exceção não tivesse sido acompanhada de um mecanismo de "*opt-out*", permitindo aos titulares de direitos reservar expressamente a utilização de obras "[...] de forma adequada,

HUGENHOLTZ, P. Bernt, Artikelen 3 en 4 DSM-richtlijn: tekst- en datamining, *AMI*, n. 5, 2019, p. 167; DUCATO; STROWEL, Limitations to text and Data Mining and Consumer Empowerment: Making the Case for a Right to 'Machine Legibility', p. 649; ALLEAUME, Christophe. Les exceptions en faveur de l'enseignement et de la recherche scientifique, *Comm. com. électr.*, n. 10, 2019, p. 9; BERNAULT, Carine. Exceptions - Fouille de texte, *Propr. intell.*, n. 72, 2019, p. 39; BALLET, L. L'exception TDM dans la directive droit d'auteur, une volonté européenne, *Dalloz IP/IT*, n. 5, 2019, p. 304.

[28] Art. 4º.

em particular por meio de leitura ótica no caso de conteúdos disponibilizados ao público em linha"[29]. Ao condicionar a nova exceção à boa-fé dos titulares de direitos, corre-se o risco de inviabilizar esta exceção, uma vez que a sua eficácia dependerá da implementação (ou não) do "*opt-out*"[30].

É certo que o objetivo do legislador foi ter em conta os interesses legítimos dos titulares de direitos, e em particular dos produtores de bases de dados, também abrangidos pela exceção, que têm interesse em impedir a sobre-exploração das suas bases de dados que seriam afetadas pela disposição[31]. No entanto, se a intenção fosse promover a pesquisa e, em particular, criar um quadro jurídico que estimulasse a inovação, teria sido possível sujeitar as atividades de mineração de texto e de dados, exploradas para fins comerciais, a um direito à remuneração[32]. As incertezas criadas pela diretiva a esse respeito, que se repetirão na fase de transposição a nível nacional[33], pode conduzir a um grande atraso para a Europa no desenvolvimento de novas tecnologias

[29] Art. 4º, n. 3. No entanto, não fica claro quais são essas ferramentas "apropriadas" para exercer o *opt-out*: tecnológicas, contratuais ou ambas?

[30] Alguns trabalhos estarão disponíveis para pesquisa, outros não. Na verdade, é muito provável que os beneficiários, geralmente hostis a essa nova exceção, usem sistematicamente o "*opt-out*" padrão para impedir a sua implementação.

[31] Isso é destacado por BINCTIN, TDM: un enjeu de l'intelligence artificielle, p. 7.

[32] Ver, nesse sentido: GEIGER; FROSIO; BULAYENKO, Text and Data Mining in the Proposed Copyright Reform: Making the EU Ready for an Age of Big Data?, p. 838. A questão da remuneração é particularmente discutida no campo do "aprendizado de máquina", que exige que a máquina reproduza e armazene um grande conjunto de trabalhos potencialmente protegidos por direitos autorais para produzir resultados valiosos. Como a liberação de direitos traria uma enorme insegurança jurídica devido à grande quantidade de obras em jogo e, portanto, custos de transação muito altos, um direito de remuneração legal poderia facilitar o desenvolvimento do "aprendizado de máquina" e permitir a remuneração dos criadores, quando apropriada (por exemplo, quando a IA está produzindo um trabalho derivado em um contexto comercial). Nesse sentido, ver: KOP, The Right to Process Data for Machine Learning Purposes in the EU, p. 7, propondo "a criação de uma câmara de compensação "on-line", "*one-stop shop*", com o licenciamento obrigatório ou estatutário para conjuntos de dados de treinamento de aprendizado de máquina semelhantes a uma agência de direitos coletivos multiterritoriais e pan-europeias". De uma forma mais geral, escrevendo sobre os direitos estatutários de remuneração como uma solução de compromisso viável no ambiente digital, ver: GEIGER, Christophe; BULAYENKO, Oleksandr, Creating Statutory Remuneration Rights in Copyright law: What Policy Options under the International Framework? *CEIPI Research Paper*, nº 2020-05, Sept. 2022. Disponível em <SSRN: https://ssrn.com/abstract=3722108>.

[33] Ver também: DUSOLLIER, Séverine. The 2019 Directive on Copyright in the Digital Single Market: Some progress, a few bad choices, and overall a failed ambition, *Common Market Law*

e no domínio da inteligência artificial[34], enquanto, em outros lugares, essas atividades com alto potencial de inovação possivelmente já estão cobertas por normas abertas, como o uso justo[35], ou exceções mais flexíveis[36]. Isso sem mencionar o fato de que o legislador europeu também achou por bem especificar que o famoso teste dos três passos é aplicável às duas exceções recém-criadas[37], bem como o enigmático artigo 6, nº 4, da diretiva InfoSoc,

Review, v. 57, nº 4, 2020, p. 987: "A exceção para a TDM para fins não relacionados à pesquisa é, portanto, bastante precária e é subserviente à sua proibição pelos titulares de direitos".

[34] Ver, nesse sentido, também: DUCATO; STROWEL, Limitations to text and Data Mining and Consumer Empowerment: Making the Case for a Right to 'Machine Legibility, p. 649 *et seq*: "Nem a proposta inicial da Comissão Europeia com foco no contexto de pesquisa, nem as disposições finais da Diretiva DAMUN parecem suficientes para facilitar o uso da TDM para melhorar a divulgação inteligente e, mais amplamente, para aplicativos de IA".

[35] Ver, nesse sentido, SAG, Matthew. The New Legal Landscape for Text Mining and Machine Learning, *Journal of the Copyright Society of the USA*, v. 66, 2019, p. 291; CARROL, Michael. Copyright and the Progress of Science: Why Text and Data Mining Is Lawful, *U.C. Davis L. Rev.*, v. 53, 2019, p. 893; GEIGER; FROSIO; BULAYENKO, Text and Data Mining in the Proposed Copyright Reform: Making the EU Ready for an Age of Big Data?, p. 821. Como coloca corretamente Bernt Hugenholtz (em: The New Copyright Directive: Text and Data Mining (Articles 3 and 4): "as disposições da TDM da Diretiva DAMUN garantem consideravelmente menos liberdade para a mineração de texto e de dados do que inicialmente parecem fazer crer. A cláusula de exclusão do art. 4, em particular, deixa os mineradores com fins lucrativos na UE à mercê dos proprietários de conteúdo. Isso coloca desenvolvedores de IA, jornalistas, laboratórios de pesquisa comerciais e outros inovadores em desvantagem competitiva em comparação com os Estados Unidos, onde a mineração de texto e dados é considerada um uso justo, mesmo que feita com fins lucrativos".

[36] Ver, nesse sentido: SENFTLEBEN, Martin *et al.*, Ensuring the Visibility and Accessibility of European Creative Content on the World Market: The Need for Copyright Data Improvement in the Light of New Technologies (12 Feb. 2021), disponível em <https://ssrn.com/abstract=3785272>; DREXL, Josef; HILTY, Reto *et al.* Artificial Intelligence and Intellectual Property Law, Position Statement of the MPI for Innovation and Competition of 9 April 2021 on the Current Debate, *Max Planck Institute for Innovation and Competition*, Research Paper nº 21-10, p. 3. O Japão, por exemplo, introduziu em 2019 uma nova exceção que permite de forma abrangente o uso de uma obra que não visa a desfrutar nem fazer com que outra pessoa desfrute da obra (art. 30-4, da Lei de Direitos Autorais Japonesa), que inclui o uso de direitos autorais protegidos para atividades de mineração de textos e de dados, também para fins comerciais. Sobre esta disposição, ver: UENO, Tatsuhiro. The Flexible Copyright Exception for 'Non-Enjoyment' Purposes – Recent Amendment in Japan and Its Implication, *GRUR Int.*, v. 70, 2021, p. 145.

[37] Sobre a (ainda) incerta intepretação da regra dos três passos, ver, *i.e.*: GEIGER, Christophe. From Berne to National Law, via the Copyright Directive: The Dangerous Mutations of the Three-Step Test, *EIPR*, v. 29, 2007, p. 486.

de 2001[38], que, recorde-se, visa à resolução de conflitos entre utilizadores e titulares de direitos em caso de implementação de "medidas técnicas de proteção" (MTP), mas que ainda hoje permanece incerto na sua compreensão e aplicação[39]. Por último, ainda que o âmbito das excepções tenha sido alargado, muitas questões pendentes no âmbito da proposta de diretiva permanecem, no texto final, por resolver, dando origem a uma grande insegurança jurídica sobre as atividades de exploração de textos e de dados, correndo-se, assim, o risco de se prejudicar a competitividade da União Europeia como espaço de pesquisa e de criatividade no cenário mundial[40].

Em suma, se a ambição declarada da Comissão é propor uma política proativa que posicione a União Europeia na vanguarda da inovação digital e

[38] Ver o art. 7º, parágrafo 2º, da Diretiva DAMUN, que estabelece: "O artigo 5.º, nº 5, da Diretiva 2001/29/CE é aplicável às exceções e limitações previstas no presente título. O artigo 6.º, nº 4, primeiro, terceiro e quinto parágrafos, da Diretiva 2001/29/CE é aplicável aos artigos 3.º a 6.º, da presente diretiva".

[39] Sobre esse artigo, ver *e.g.*: GEIGER, Christophe. The Answer to the Machine should not be the Machine, Safeguarding the Private Copy Exception in the Digital Environment, *EIPR*, v. 30, 2008, p. 121, respondendo à CLARK, Charles, The Answer to the Machine is in the Machine, *in*: HUGENHOLTZ, B.P (ed.). *The Future of Copyright in a Digital Environment*, p. 139; HUGENHOLTZ, P. Bernt. Copyright, Contract and Code: What Will Remain of the Public Domain, *Brook. J. Int'l L.*, v. 26, 2000, p. 83.

[40] GEIGER, Christophe; JÜTTE, Bernd Justin. The Right to Research as Guarantor for Sustainability, Innovation and Justice in EU Copyright Law, *in*: PIHLAJARINNE, Taina; MÄHÖNEN, Jukka; UPRETI, Pratyush (eds.). *Rethinking the Role of Intellectual Property Rights in the Post Pandemic World: An Integrated Framework of Sustainability, Innovation and Global Justice*. Edward Elgar, 2022. Ver, em especial, a condição de a fonte ser legal, que foi mantida (Art. 3.º, n.º 1 e Art. 4.º, n.º 1), bem como as incertezas quanto à TDM em parcerias público/privadas, embora fortemente incentivadas pela União Europeia em sua política de pesquisa. A este respeito, o considerando 11 da diretiva permanece bastante vago: "[...] Embora os organismos de investigação e as instituições responsáveis pelo património cultural devam continuar a beneficiar dessa exceção, deverão também poder contar com os seus parceiros privados para proceder à prospecção de textos e dados, inclusive através do recurso às suas ferramentas tecnológicas". Isso significa que haverá extensão da exceção ao operador privado no caso de contrato de pesquisa com órgão público? (Ver, neste sentido, BINCTIN, TDM: un enjeu de l'intelligence artificielle, p. 23). Isso permanece obscuro; é muito provável que tenhamos de esperar por uma decisão do Tribunal de Justiça da União Europeia (TJUE) para especificar os contornos exatos da exceção. Enquanto isso, a incerteza persistirá, arriscando aumentar ainda mais a distância entre a UE e outras regiões do mundo em inovação e pesquisa digital. Criticando esta incerteza, ver também: DUCATO, Rosanna; STROWEL, Alain. Ensuring Text and Data Mining: Remaining Issues with the EU Copyright Exceptions and Possible Ways Out, *EIPR*, v. 43, 2021, p. 322 *et. seq.*

da inteligência artificial, receia-se que tal tarefa se revele simplesmente impossível se o debate sobre o alcance das exceções de mineração de texto e de dados não forem reabertas, com urgência, em um futuro muito próximo[41]. O impulso pode vir da Organização Mundial da Propriedade Intelectual, que recentemente abriu uma grande consulta sobre a propriedade intelectual e a inteligência artificial, incluindo o tema da mineração de texto e de dados[42]. Nesse contexto, estudiosos convidaram a OMPI a assumir a liderança nessa área, por exemplo, por meio de uma proposta legislativa destinada a criar uma nova exceção aos direitos autorais no modelo do Tratado de Marrakesh[43]. Fundamentalmente, isso só será possível se repensarmos o pressuposto subjacente e, ainda, amplamente aceito, de que apenas fortes direitos exclusivos podem servir à inovação e à criatividade, e reconhecendo que limitações e exceções podem, igualmente, desempenhar essa tarefa[44].

[41] Entretanto, espera-se que os legisladores nacionais aproveitem ao máximo a margem de manobra deixada pela diretiva na sua transposição. Eles podem, por exemplo, implementar o "*opt out*" de uma maneira que proteja a eficácia da exceção. Para esse fim, os Estados Membros podem interpretar o "expressamente reservada pelos respetivos titulares de direitos de forma adequada" de maneira muito restritiva (impondo, por exemplo, algumas formalidades aos titulares de direitos sobre a reserva, como requisito de registro etc.), tornando insuficiente a mera implementação de Medida Técnica de Proteção (MTP) para a reserva do trabalho. Alternativamente, o "adequado" do "*opt-out*" pode incluir um elemento de "razoabilidade" da reserva. Por fim, uma interpretação restritiva da possibilidade de "*opt-out*" poderia ser exigida pelo "*effet utile*" do dispositivo e pela necessidade de interpretá-lo à luz do direito fundamental à informação, protegido pelo art. 10, da Convenção Europeia de Direitos Humanos (CEDH).

[42] Ver: WIPO Conversation on Intellectual Property (IP) and Artificial Intelligence (AI), May 21, 2020, 2nd session, WIPO/IP/AI/2/GE/20/1 REV, para. 24, levantando a seguinte pergunta fundamental: "O uso dos dados que subsistem em obras de direitos autorais sem autorização para aprendizado de máquina constitui uma violação de direitos autorais?" (§24, i).

[43] FLYNN; GEIGER; QUINTAIS *et al.*, Implementing User Rights for Research in the Field of Artificial Intelligence: A Call for International Action, id., ibid.

[44] Ver, *e.g.*: GEIGER, Christophe, Copyright as an Access Right, Securing Cultural Participation through the Protection of Creators' Interests, *in*: GIBLIN, Rebecca; WEATHERALL, Kim G. (eds.). *What if we could reimagine copyright?* Acton: Australian National University (ANU) Press, 2016, p. 73 *et seq.;* Taking the Right to Culture Seriously: Time to Rethink Copyright Law, *in*: GEIGER, Ch. (ed.), Intellectual Property and Access to Science and Culture: Convergence or Conflict?, *CEIPI/ ICTSD publication series on "Global Perspectives and Challenges for the Intellectual Property System"*, nº 3, Geneva/Strasbourg, 2016, p. 90; Promoting Creativity through Copyright Limitations, Reflections on the Concept of Exclusivity in Copyright Law, id., ibid.

Referências

ALLEAUME, Christophe. Les exceptions en faveur de l'enseignement et de la recherche scientifique, *Comm. com. électr.*, n. 10, 2019, p. 9.

BALLET, L. L'exception TDM dans la directive droit d'auteur, une volonté européenne, *Dalloz IP/IT*, n. 5, 2019, p. 304.

BENSAMOUN, Alexandra; FARCHY, Joelle; SCHIRA, Paul-François. Artificial Intelligence and Culture Mission, Final report Higher Council of Literary and Artistic Property (CSPLA), 27 January 2020. Disponível em < https://www.culture.gouv.fr/Nous-connaitre/Organisation-du-ministere/Conseil-superieur-de-la-propriete-litteraire-et-artistique-CSPLA/Travaux-et-publications-du-CSPLA/Missions-du-CSPLA/Mission-du-CSPLA-sur-les-enjeux-juridiques-et-economiques-de-l-intelligence-artificielle-dans-les-secteurs-de-la-creation-culturelle>.

BERNAULT, Carine. Exceptions - Fouille de texte, *Propr. intell.*, n. 72, 2019, p. 39.

BINCTIN, Nicolas. TDM: un enjeu de l'intelligence artificielle, *Revue Internationale du Droit d'Auteur*, n. 262, 2019, p. 7

CARROL, Michael. Copyright and the Progress of Science: Why Text and Data Mining Is Lawful, *U.C. Davis L. Rev.*, v. 53, 2019, p. 893.

CHIOU, Theodoros. Copyright lessons on Machine learning: what impact on algorithmic art? *JIPITEC*, n° 10, 2019, p. 398.

CLARK, Charles, The Answer to the Machine is in the Machine, *in*: HUGENHOLTZ, B.P (ed.). *The Future of Copyright in a Digital Environment*. The Hague/London/Boston, Kluwer Law International, 1996, p. 139.

DREXL, Josef; HILTY, Reto *et al.* Artificial Intelligence and Intellectual Property Law, Position Statement of the MPI for Innovation and Competition of 9 April 2021 on the Current Debate, *Max Planck Institute for Innovation and Competition*. Disponível em < https://papers.ssrn.com/sol3/papers.cfm?abstract_id=3822924>

DUCATO, Rosana; STROWEL, Alain. Limitations to text and Data Mining and Consumer Empowerment: Making the Case for a Right to 'Machine Legibility', *International Review of Intellectual Property and Competition Law*, v. 50, n. 6, 2019, p. 649.

DUCATO, Rosanna; STROWEL, Alain. Ensuring Text and Data Mining: Remaining Issues with the EU Copyright Exceptions and Possible Ways Out, *EIPR*, v. 43, 2021, p. 322.

DUSOLLIER, Séverine. The 2019 Directive on Copyright in the Digital Single Market: Some progress, a few bad choices, and overall a failed ambition, *Common Market Law Review*, v. 57, nº 4, 2020, p. 987.

FLYNN, Sean; GEIGER, Christophe; QUINTAIS, Joao Pedro (com a colaboração de T. Margoni, M. Sag, L. Guibault, M. Carroll), Implementing User Rights for Research in the Field of Artificial Intelligence: A Call for International Action, *EIPR*, n. 7, 2020, p. 393.

GEIGER, Christophe. *Droit d'auteur et droit du public à l'information, approche de droit comparé*, Paris: Litec, 2004.

GEIGER, Christophe. Author's Right, Copyright and the Public's Right to Information: A Complex Relationship, *in*: MACMILLAN, F. (ed.): *New Directions in Copyright Law*. Cheltenham, UK: Edward Elgar, 2007, v. 5, p. 24.

GEIGER, Christophe. From Berne to National Law, via the Copyright Directive: The Dangerous Mutations of the Three-Step Test, *EIPR*, v. 29, 2007, p. 486.

GEIGER, Christophe. The Answer to the Machine should not be the Machine, Safeguarding the Private Copy Exception in the Digital Environment, *EIPR*, v. 30, 2008, p. 121.

GEIGER, Christophe, Promoting Creativity through Copyright Limitations, Reflections on the Concept of Exclusivity in Copyright Law, *Vanderbilt Journal of Entertainment & Technology Law*, v. 12, Issue 3, 2010, p. 515.

GEIGER, Christophe; SCHÖNHERR, Franciska. Defining the Scope of Protection of Copyright in the EU: The Need to Reconsider the Acquis regarding Limitations and Exceptions, *in*: SYNODINOU, Tatiana-Eleni (ed.). *Codification of European Copyright Law, Challenges and Perspectives*. The Hague/London/New York: Kluwer Law International, 2012, p. 133.

GEIGER, Christophe. Copyright as an Access Right, Securing Cultural Participation through the Protection of Creators' Interests, *in*: GIBLIN, Rebecca; WEATHERALL, Kim G. (eds.). *What if we could reimagine copyright?* Acton: Australian National University (ANU) Press, 2016, p. 73.

GEIGER, Christophe. Taking the Right to Culture Seriously: Time to Rethink Copyright Law, *in*: GEIGER, Ch. (ed.), Intellectual Property and Access to Science and Culture: Convergence or Conflict?, *CEIPI/ ICTSD publication series on "Global Perspectives and Challenges for the Intellectual Property System"*, nº 3, Geneva/Strasbourg, 2016, p. 90

GEIGER, Christophe; FROSIO, Giancarlo; BULAYENKO, Oleksandr, European Copyright Society, General Opinion on the EU Copyright Reform Package, 24 January 2017. Disponível em < https://www.researchgate.net/publication/324660398_Opinion_of_the_CEIPI_on_the_European_Commission's_Proposal_to_Reform_Copyright_Limitations_and_Exceptions_in_the_European_Union>

GEIGER, Christophe; FROSIO, Giancarlo; BULAYENKO, Oleksandr. Crafting a Text and Data Mining Exception for Machine Learning and Big Data in the Digital Single Market, *in*: SEUBA, Xavier; GEIGER, Christophe; PÉNIN, Julien (eds.). *Intellectual Property and Digital Trade in the Age of Artificial Intelligence and Big Data*. Collection CEIPI/ICTSD, Global Perspectives and Challenges for the Intellectual Property System: Geneva/Strasbourg, 2018, n. 5, p. 95.

GEIGER, Christophe; FROSIO, Giancarlo; BULAYENKO, Oleksandr. The Exception for Text and Data Mining (TDM), *in*: the Proposed Directive on Copyright in the Digital Single Market - Legal Aspects, Study for the Directorate-General for Internal Policies of the Union, Department of Citizens' Rights and Constitutional Affairs, European Parliament, February 2018. Disponível em <https://www.europarl.europa.eu/RegData/etudes/IDAN/2018/604941/IPOL_IDA(2018)604941_EN.pdf>

GEIGER, Christophe; FROSIO, Giancarlo; BULAYENKO, Oleksandr, Text and Data Mining in the Proposed Copyright Reform: Making the EU Ready for an Age of Big Data? *International Review of Intellectual Property and Competition Law*, v. 49, n. 7, 2018, p. 814.

GEIGER, Christophe; FROSIO, Giancarlo; BULAYENKO, Oleksandr, The EU Commission's Proposal to Reform Copyright Limitations: A Good but Far Too Timid Step in the Right Direction, *EIPR*, v. 40, 2018, p. 4

GEIGER, Christophe; FROSIO, Giancarlo; BULAYENKO, Oleksandr, Text and Data Mining: Articles 3 and 4 of the Directive 2019/790/EU, *in*: SAIZ GARCÍA, Concepción; EVANGELIO LLORCA, Raquel (eds.). *Propiedad intelectual y mercado único digital europeo*. Valencia: Tirant lo Blanch, 2019, p. 27.

GEIGER, Christophe. The Artificial Intelligence and Data-led Revolution of Copyright and its Wider Implications, *Digital Encounters*, relatório final, 2021. Disponível em <https://www.fidefundacion.es/docs/GlobalDigitalEncounters/Encounter_8_Report_Final.pd>

GEIGER, Christophe; SCHÖNHERR, Franciska. The Information Society Directive (with updates from Stavroula Karapapa), *in*: STAMATOUDI, Irini; TORREMANS, Paul (eds.), *EU Copyright Law*. 2ª ed. Cheltenham, UK/Northampton, MA: Edward Elgar, 2021, p. 279.

GEIGER, Christophe; JÜTTE, Bernd Justin. Conceptualizing the Right to Research and its Implications for Copyright Law: An International and European perspective, *American University International Law Review*, July 2022. Disponível em <https://digitalcommons.wcl.american.edu/research/77/>.

GEIGER, Christophe; BULAYENKO, Oleksandr, Creating Statutory Remuneration Rights in Copyright law: What Policy Options under the International Framework? *CEIPI Research Paper*, nº 2020-05, Sept. 2022. Disponível em <SSRN: https://ssrn.com/abstract=3722108>.

GEIGER, Christophe; JÜTTE, Bernd Justin. The Right to Research as Guarantor for Sustainability, Innovation and Justice in EU Copyright Law, *in*: PIHLAJARINNE, Taina; MÄHÖNEN, Jukka; UPRETI, Pratyush (eds.). *Rethinking the Role of Intellectual Property Rights in the Post Pandemic World: An Integrated Framework of Sustainability, Innovation and Global Justice*. Edward Elgar, 2022.

HACKET, Teresa. COVID and Copyright: The Right to Research, 17 de Agosto de 2020. Disponível em <www.eifl.net>.

HILTY, Reto M.; RICHTER, Heiko. Position Statement of the Max Planck Institute for Innovation and Competition on the proposed modernisation of European copyright rules. Part B: Exceptions and Limitations. Chapter 1: Text and Data Mining (Article 3 COM(2016) 593). Disponível em <//www.zora.uzh.ch/id/eprint/144818/1/MPI_Position_Statement_Part_B_Chapter_1_Update23022017.pdf>

HUGENHOLTZ, Bernt P. *Auteursrecht op informatie*. Deventer: Kluwer, 1989.

HUGENHOLTZ, P. Bernt. Adapting Copyright to the Information Superhighway, in: HUGENHOLTZ, P. Bernt (ed.), *The Future of Copyright in a Digital Environment*. Den Haag: Kluwer, 1996, p. 81.

HUGENTHOLTZ, P. Bernt, Fierce Creatures, Copyright Exemptions: Towards Extinction?, *in*: VAVER, David (ed.), *Intellectual Property Rights: Critical Concepts in Law*, v. 2, London: Routledge, 2006, p. 231.

HUGENHOLTZ, P. Bernt. Copyright, Contract and Code: What Will Remain of the Public Domain, *Brook. J. Int'l L.*, v. 26, 2000, p. 83.

HUGENHOLTZ, P. Bernt, The New Copyright Directive: Text and Data Mining (Articles 3 and 4), *Kluwer Copyright Blog*, 24 de Júlio de 2019. Disponível em <http://copyrightblog.kluweriplaw.com/2019/07/24/the-new-copyright-directive-text-and-data-mining-articles-3-and-4/>

HUGENHOLTZ, P. Bernt, Artikelen 3 en 4 DSM-richtlijn: tekst- en datamining, *AMI*, n. 5, 2019, p. 167.

HUGENHOLTZ, P. Bernt; QUINTAIS, João Pedro; GERVAIS, Daniel. *IViR and JIPP, Trends and Developments in Artificial Intelligence Challenges to the Intellectual Property Rights Framework*, Final Report, Sept. 2020, disponível em <https://ec.europa.eu/digital-single-market/en/news/trends-and-developments-artificial-intelligence-challenges-intellectual-property-rights-0>

JONDET, Nicolas, L'exception pour le *data mining* dans le projet de directive sur le droit d'auteur - Pourquoi l'Union européenne doit aller plus loin que les législations des Etats membres, *Propr. intell.*, n. 67, 2018, p. 25.

KOP, Mauritz. The Right to Process Data for Machine Learning Purposes in the EU, *Harvard Journal of Law & Technology*, v. 34, Digest, Spring 2021, p. 1.

MARGONI, Thomas, Text and Data Mining in Intellectual Property Law: Towards an Autonomous Classification of Computational Legal Methods, *CREATe*, working paper 01/2020. Disponível em < https://www.create.ac.uk/blog/2020/05/01/new-working-paper-text-and-data-mining-in-intellectual-property-law-towards-an-autonomous-classification-of-computational-legal-methods/>

SAG, Matthew. The New Legal Landscape for Text Mining and Machine Learning, *Journal of the Copyright Society of the USA*, v. 66, 2019, p. 291.

SENFTLEBEN, Martin *et al.*, Ensuring the Visibility and Accessibility of European Creative Content on the World Market: The Need for Copyright Data Improvement in the Light of New Technologies (12 Feb. 2021). Disponível em <https://ssrn.com/abstract=3785272>

Statement on Copyright and Proposal of a Waiver from Certain Provisions of the Trade Related Aspects of Intellectual Property Rights (TRIPS) Agreement for the Prevention, Containment and Treatment of COVID-19 (IP/C/W/669), 22 March 2021, endorsed by 250 organizations and prominent researchers calling for the reduction of copyright barriers to COVID-19 prevention, containment and treatment. Disponível em <http://infojustice.org/archives/43020>

UENO, Tatsuhiro. The Flexible Copyright Exception for 'Non-Enjoyment' Purposes – Recent Amendment in Japan and Its Implication, *GRUR Int.*, v. 70, 2021, p. 145.

WIPO Conversation on Intellectual Property (IP) and Artificial Intelligence (AI), May 21, 2020, 2nd session, WIPO/IP/AI/2/GE/20/1 REV. Disponível em <https://www.wipo.int/meetings/en/details.jsp?meeting_id=51767>

8. EXECUÇÃO PÚBLICA MUSICAL E AS NOVAS TECNOLOGIAS DIGITAIS

Luciano Oliveira Delgado

Introdução

Cediço que os direitos autorais, desde o início, adquire progressiva importância no âmbito das novas tecnologias, cabendo papel de relevância às obras musicais com um crescimento de 18,5%, e receita de US$ 25,9 bilhões, com destaque ao streaming que cresceu 21,9% do ano de 2020 a 2021, correspondendo a US$ 12,3 bilhões de toda a cadeia produtiva musical, com um total de 523 milhões de assinaturas de plataformas como Spotify, Apple, Deezer, Amazon, etc. Frise-se que, somada a parcela "fremium"[1], os números aumentam para US$ 16,9 bilhões[2].

Importa lembrar que a utilização de obras musicais não encontra guarida somente nas plataformas de conteúdo musical, sendo de crucial importância para as plataformas de conteúdo audiovisual (ex. Netflix e Youtube), para as redes sociais (ex. Facebook e Instagram), e para o mercado de games, mediante a sincronização da obra musical nos conteúdos gerados, e mediante

[1] Serviço gratuito da plataforma.

[2] http://www.ubc.org.br/publicacoes/noticia/19764/industria-fonografica-global-cresce-185-em-2021

a execução pública musical, sem nos esquecermos do ambiente do mundo virtual (ex. Metaverso) que, como será demonstrado em questões análogas apreciadas pelo Poder Judiciário, trata-se de local de frequência coletiva, e a obra é comunicada ao público.

Contudo, muito embora a sua inerência, e importância, para toda a indústria criativa das plataformas digitais (como desde o início da rede mundial de computadores), há sempre os que militam em desfavor dos criadores, seja com argumentos de flexibilização sob uma falsa "democratização no uso", seja com argumentos jurídicos (afastados há décadas pelos Tribunais) que igualmente objetivam enfraquecer os direitos autorais, almejando-se a utilização graciosa da obra musical, como se o ambiente digital fosse paradoxal a proteção, e houvesse uma tácita "carta de alforria" para quem deliberadamente pretendesse utilizar as criações do espírito na rede mundial sem a licença necessária.

A bem da verdade, desde a sua existência, os direitos autorais encontram obstáculos sempre que uma nova modalidade de utilização ou ambiente são criados, com defensores da *"Morte do direito do autor"*[3], não sendo diferente com as novas tecnologias.

Antônio Chaves, citado pelo autor[4] uma vez disse que "*na proporção em que aumentam os meios de comunicação, cresce a importância do direito de autor*", o que soa moderno e de encaixe perfeito nos tempos atuais.

Assim, brotam interessados no enfraquecimento da proteção as criações do espírito, com vistas a utilização graciosa, e incremento da sua atividade, sem nos esquecermos dos cavaleiros apocalípticos que, mesmo sem interesse direto, afirmam que determinados direitos deixarão de existir ainda que sem qualquer embasamento jurídico ou fático.

Desde a invenção dos tipos móveis por Gutemberg, passando pela criação do rádio e televisão[5], até a internet, em que pese alguma torcida em contrário,

[3] Termo utilizado por Antonio Carlos Morato, no capítulo "Streaming e a evolução da gestão coletiva de direitos autorais" que compõe a obra "Estudos de Direito Autoral em homenagem a Hildebrando Pontes", organizadores: Leonardo Machado Pontes, Rodrigo Moraes – Rio de Janeiro: Lumen Juris, 2022.

[4] idem

[5] Rodrigo de Moraes, em sua obra "Evolução da Gestão Coletiva de Direitos Autorais no Brasil: do Rádio Ao Streaming", Lumen Juris : 1ª edição : 2021, traz inúmeros exemplos. *"As emissoras de rádio e televisão passaram a dizer que a execução por elas efetivada era despida de publicidade. Foi o novo argumento utilizado, outra escapatória, outro pretexto para o inadimplemento*

os direitos autorais vêm bravamente se fortalecendo, e isso decorre da sua importância para a atividade de todos que dela utilizam, sem embargo da defesa ferrenha dos seus titulares.

Eduardo Lycurgo Leite, em sua obra "Direito de Autor"[6] leciona que:

> "Não são poucas as pessoas que questionam as razões pelas quais são atribuídos Direitos de Autor ao criador intelectual de uma obra, sem compreender a exata dimensão e importância do novo 'ramo' do direito. Por outro lado, outras tantas pessoas, mesmo reconhecendo relevância aos Direitos de Autor, desconhecem por completo as razões e fundamentos sob os quais eles surgiram e ainda se justificam. (...) O interesse natural da coletividade está voltado para a proteção e divulgação da cultura, por essa razão, da criação da obra derivam os Direitos do Autor. Os Direitos do Autor são naturais porque é natural e inseparável da ideia de conservação e desenvolvimento da sociedade e proteção e difusão da cultura e, assim, das obras culturais.".

E dentre as modalidades de utilização de obras autorais que encontra resistência está a execução pública musical, de relevância extrema na vida social e impacto direto nas novas tecnologias, no que demonstra a necessidade da sua maior proteção e não de flexibilização, considerando inclusive a maior dificuldade na fiscalização pelo titular da obra diante da sua difusão global.

1. Da execução pública musical – da independência das modalidades de utilização:

A execução pública musical encontra previsão desde a Convenção Internacional de Berna, integrada em nosso ordenamento jurídico pátrio pelo Decreto nº 75.699/1975, em seu artigo 11, que assim preceitua: *"Os autores de obras dramáticas, dramático-musicais e musicais gozam do direito exclusivo de autorizar:*

autoral. Alegava-se que não havia um público ouvinte ou telespectador, mas tão somente indivíduos sem qualquer conexão no espaço, em âmbito privado. Dizia-se que a emissão radiofônica e televisiva, apesar ser 'ao público', ;não era necessariamente concretizada em 'reunião pública'".

[6] Leite, Eduardo Lycurgo – Direito de Autor – Brasília – Brasília Juridica – 2004.

1º a representação e a execução públicas das suas obras, inclusive a representação e a execução públicas por todos os meios e processos; 2º a transmissão pública por todos os meios da representação e da execução das suas obras.".

Contudo, antes do Decreto que acolheu a Convenção Internacional de Berna, a execução pública musical já encontrava previsão em nosso ordenamento jurídico, por intermédio da Lei Medeiros de Albuquerque, de nº 495/1898 que definia em seu artigo 15 que: "*Toda execução ou representação publica total ou parcial de uma obra musical não póde ter logar sem consentimento do autor, quer ella seja gratuita, quer tenha um fim de beneficencia ou exploração. Todavia, si ella for publicada e posta á venda, considera-se que o autor consente na sua execução em todo o logar onde não se exija retribuição alguma.*".[7]

E assim sucedeu-se até a vigente legislação autoral.

A execução pública musical no regente diploma legal, é prevista inicialmente na alínea "b", inciso VII do artigo 29 da Lei de nº 9.610/98, onde há o rol exemplificativo das diversas modalidades de utilização das obras literárias, artísticas ou científicas, com o artigo 68 da mesma lei trazendo a sua conceituação, pedindo licença ao leitor para colacionar citado artigo e os seus três primeiros parágrafos, importantes para a melhor compreensão do tema.

> Art. 68. Sem prévia e expressa autorização do autor ou titular, não poderão ser utilizadas obras teatrais, composições musicais ou lítero-musicais e fonogramas, em representações e execuções públicas.
> § 1º Considera-se representação pública a utilização de obras teatrais no gênero drama, tragédia, comédia, ópera, opereta, balé, pantomimas e assemelhadas, musicadas ou não, mediante a participação de artistas, remunerados ou não, em locais de freqüência coletiva ou pela radiodifusão, transmissão e exibição cinematográfica.
> § 2º **Considera-se execução pública a utilização de composições musicais ou lítero-musicais,** mediante a participação de artistas, remunerados ou não, ou a utilização de fonogramas e obras audiovisuais, **em locais de freqüência coletiva, por quaisquer processos,** inclusive a radiodifusão ou transmissão por qualquer modalidade, e a exibição cinematográfica.

[7] Rodrigo Moraes, na obra citada acima, faz excelente panorama histórico a respeito.

> § 3º **Consideram-se locais de freqüência coletiva** os teatros, cinemas, salões de baile ou concertos, boates, bares, clubes ou associações de qualquer natureza, lojas, estabelecimentos comerciais e industriais, estádios, circos, feiras, restaurantes, hotéis, motéis, clínicas, hospitais, órgãos públicos da administração direta ou indireta, fundacionais e estatais, meios de transporte de passageiros terrestre, marítimo, fluvial ou aéreo, **ou onde quer que se representem, executem ou transmitam obras literárias, artísticas ou científicas.**

Da mesma forma, de crucial e igual importância para o presente tema, o artigo 31 da Lei de nº 9.610/98 que traz a "independência das modalidades", ao definir que: *"As diversas modalidades de utilização de obras literárias, artísticas ou científicas ou de fonogramas são independentes entre si, e a autorização concedida pelo autor, ou pelo produtor, respectivamente, não se estende a quaisquer das demais."*

Portanto, trata-se a execução pública musical de modalidade distinta da interpretação, transmissão, retransmissão, sincronização ou inclusão, etc., teses que muitos insistiram, sem sucesso, ao confundir as modalidades de utilização lembrando que a proteção abrange os direitos de autor e conexos.

2. Teses: cinemas – hotéis – tv's – cachês

Importante trazer o histórico de algumas teses jurídicas, semelhantes as invocadas pelos usuários no âmbito das novas tecnologias, para melhor entendimento pelo leitor, demonstrando haver uma consonância e coerência jurídica por parte do Poder Judiciário.

As empresas cinematográficas intentaram por um período de tempo a tese de que a licença dos titulares para a sincronização/inclusão das obras musicais nas obras audiovisuais confundia-se com a execução pública musical, que já se encontrava inserida na autorização.

Tese que negava vigência ao artigo 31 da Lei Autoral, e já há tempos, nos autos do RECURSO ESPECIAL Nº 440.172 – SP (2002/0057656-7), ainda analisado sob a ótica da anterior Lei de nº 5988/1973, decidira o C. Superior Tribunal de Justiça:

> DIREITOS AUTORAIS. EXECUÇÃO DE OBRAS MUSICAIS. CINEMA. – É exigível dos exibidores o pagamento do direito autoral correspondente à execução de música incluída em trilha sonora de filme. Arts. 73, § 1º, e 89 da Lei nº 5.988, de 14.12.1973, e 14 da Convenção de Berna. Precedentes do STJ. Recurso especial conhecido e provido.

Em seu voto de relatoria, o Eminente Ministro Humberto Barros Monteiro, cita importante decisão:

> Em apoio desse entendimento, trago o precedente do Eg. Supremo Tribunal Federal: 'Direito de autor. Direito dos compositores em relação às suas músicas incluídas em filmes cinematográficos. O ato do compositor de autorizar a inclusão da sua música nos filmes, mesmo a título oneroso, não importa em renúncia de receber ele do exibidor remuneração cabível pela reprodução musical, em cada projeção-execução do filme sonoro. Ação dos exibidores, proposta contra a recorrida, representante dos compositores, para anular o acordo sobre essa remuneração, sob fundamento de tratar-se de acordo fundado em erro de direito. Improcedência da ação. Recurso extraordinário julgado pelo plenário. Não se conhece do recurso.' (RE 54.562-GB, rel. o em. Min. Gonçalves de Oliveira, RTJ 34, fl. 332).'

As emissoras de televisão levantaram a tese de que a mera transmissão ou retransmissão pelas afiliadas não ensejaria novo dever de obtenção da licença, considerando o pagamento pela emissora principal.

Em V. Acordão proferido nos autos do RECURSO ESPECIAL Nº 1.393.385 – PR (2013/0217873-1), o Eminente Relator Ministro Luis Felipe Salomão, trazendo o artigo 31 da Lei autoral, fundamentou:

> "Com efeito, os direitos autorais dos profissionais serão devidos em decorrência de **cada exibição da obra**, e a retransmissão operacionalizada pela rede de TV regional deve, sim, ser considerará **nova exibição da obra**, fato gerador capaz de legitimar a cobrança dos direitos autorais. Essa a disposição do art. 31 da Lei Autoral:

Houve também a intenção de confundir o valor do cachê pago ao intérprete, com o valor devido a título de execução pública musical, assim reconhecendo o C. Superior Tribunal de Justiça, citando precedente à época, analisada sob a Lei revogada de nº 5.988/1973, mantido o entendimento até os dias atuais:

> Direitos autorais. Espetáculo ao vivo. Prova de filiação. Art. 73 da Lei nº 5.988/73. Precedentes da Corte.
> 1. Cabível é o pagamento de direitos autorais relativos aos espetáculos realizados ao vivo, não se confundindo com os direitos conexos, podendo o Escritório Central de Arrecadação e Distribuição – ECAD cobrá-los, independentemente do cachê recebido pelos artistas e da prova da filiação.
> 2. Recurso especial conhecido e provido.
> (REsp n. 363.641/SC, Rel. Ministro CARLOS ALBERTO MENEZES DIREITO, TERCEIRA TURMA, julgado em 27/6/2002, DJ 30/9/2002, p. 256.)

3. *Streaming* – novas tecnologias

Em posse das novas tecnologias, os usuários das obras musicais passaram a questionar a necessidade de obtenção da prévia e expressa licença, especialmente no *streaming*, seja por *simulcasting* ou *webcasting*.

E os argumentos se repetem, a saber: "bis in idem" diante do pagamento pela transmissão, e ausência de execução pública.

E, muito embora a clareza legislativa coube ao C. Superior Tribunal de Justiça, no *leading case* "ECAD x OI", Recurso Especial de nº 1.559.264 – RJ (2013/0265464-7), que exigiu audiência pública, decidir a respeito, demonstrando a coerência das suas decisões, conforme supra demonstrado, com a ementa trazendo o seguinte teor:

> "1. **Cinge-se a controvérsia a saber: (i) se é devida a cobrança de direitos autorais decorrentes de execução musical via internet de programação da rádio OI FM nas modalidades webcasting e simulcasting (tecnologia streaming); (ii) se tais transmissões**

configuram execução pública de obras musicais apta a gerar pagamento ao ECAD e (iii) se a transmissão de músicas por meio da rede mundial de computadores mediante o emprego da tecnologia streaming constitui meio autônomo de uso de obra intelectual, caracterizando novo fato gerador de cobrança de direitos autorais.
2. Streaming é a tecnologia que permite a transmissão de dados e informações, utilizando a rede de computadores, de modo contínuo. Esse mecanismo é caracterizado pelo envio de dados por meio de pacotes, sem a necessidade de que o usuário realize download dos arquivos a serem executados.
3. O streaming é gênero que se subdivide em várias espécies, dentre as quais estão o simulcasting e o webcasting . Enquanto na primeira espécie há transmissão simultânea de determinado conteúdo por meio de canais de comunicação diferentes, na segunda, o conteúdo oferecido pelo provedor é transmitido pela internet, existindo a possibilidade ou não de intervenção do usuário na ordem de execução.
4. À luz do art. 29, incisos VII, VIII, "i", IX e X, da Lei nº 9.610/1998, verifica-se que **a tecnologia streaming enquadra-se nos requisitos de incidência normativa, configurando-se, portanto, modalidade de exploração econômica das obras musicais a demandar autorização prévia e expressa pelos titulares de direito.**
5. De acordo com os arts. 5º, inciso II, e 68, §§ 2º e 3º, da Lei Autoral, *é possível afirmar que o streaming é uma das modalidades previstas em lei, pela qual as obras musicais e fonogramas são transmitidos e que a internet é local de frequência coletiva, caracterizando-se, desse modo, a execução como pública.*
6. Depreende-se da Lei nº 9.610/1998 que é irrelevante a quantidade de pessoas que se encontram no ambiente de execução musical para a configuração de um local como de frequência coletiva. **Relevante, assim, é a colocação das obras ao alcance de uma coletividade frequentadora do ambiente digital, que poderá, a qualquer momento, acessar o acervo ali disponibilizado. Logo, o que caracteriza a execução pública de obra musical pela internet é a sua disponibilização de corrente da transmissão em si considerada, tendo em vista o potencial alcance de número indeterminado de pessoas.**

> 7. O ordenamento jurídico pátrio consagrou o reconhecimento de um amplo direito de comunicação ao público, no qual **a simples disponibilização da obra já qualifica o seu uso como uma execução pública, abrangendo, portanto, a transmissão digital interativa (art. 29, VII, da Lei nº 9.610/1998) ou qualquer outra forma de transmissão imaterial a ensejar a cobrança de direitos autorais pelo ECAD.**
> 8. O critério utilizado pelo legislador para determinar a autorização de uso pelo titular do direito autoral previsto no art. 31 da Lei nº 9.610/1998 está **relacionado à modalidade de utilização e não ao conteúdo em si considerado. Assim, no caso do simulcasting , a despeito do conteúdo transmitido ser o mesmo, os canais de transmissão são distintos e, portanto, independentes entre si, tonando exigível novo consentimento para utilização e criando novo fato gerador de cobrança de direitos autorais pelo ECAD.**
> 9. Está no âmbito de atuação do ECAD a fixação de critérios para a cobrança dos direitos autorais, que serão definidos no regulamento de arrecadação elaborado e aprovado em Assembleia Geral, composta pelos representantes das associações que o integram, e que contém uma tabela especificada de preços. Inteligência do art. 98 da Lei nº 9.610/1998.
> 10. Recurso especial provido."

Entendimento replicado nos autos do RECURSO ESPECIAL Nº 1.618.829 – MG (2016/0207651-4) – ASSOCIAÇÃO MINEIRA DE RÁDIO E TELEVISÃO – AMIRT e AgInt no AGRAVO EM RECURSO ESPECIAL Nº 897.329 – SP (2016/0087822-0) – AESP ASSOC EMISSORAS DE RADIO E TELEVISAO EST SAO PAULO, sendo que neste segundo recurso, coube frisar a consolidação do entendimento, a saber:

> "Ocorre que a Segunda Seção do STJ, no julgamento do Recurso Especial 1.559.264/RJ, firmou o entendimento no sentido de que, no caso do simulcasting , a despeito de o conteúdo transmitido ser o mesmo, os canais de transmissão são distintos e, portanto, independentes entre

si, tornando exigível novo consentimento para utilização e criando novo fato gerador de cobrança de direitos autorais pelo ECAD."

A melhor doutrina, nas palavras de Rodrigo de Moraes[8], em consonância com o entendimento do Poder Judiciário e em complemento a fundamentação, vai além:

> "Já vimos, portanto, que não há necessidade, para a caracterização de execução pública, de que a execução se dê em espaço público, podendo ocorrer a partir de um lugar privado, como no estúdio de uma emissora de rádio ou televisão, fechado ao publico. Nesta hipótese, com a transmissão, a execução será considerada pública, mesmo não estando o público reunido no lugar de execução. Sendo assim, a concepção primeva de 'locais de frequência coletiva', como fato jurígeno para a cobrança de direitos autorais por execução pública, encontra-se obsoleta. (...) Portanto o ponto central do debate não é saber se as plataformas de streaming, que estão na internet, devem ou não ser consideradas 'locais de frequência coletiva', mas, sim, saber se elas fazem ou não comunicação ao público de obras musicais."

Conclusões

Conclui-se que, sem embargo da clareza legislativa, vem o Poder Judiciário e a Doutrina, de forma coerente, aplicar o seu entendimento para as novas tecnologias, demonstrando que a vigente lei autoral, ao contrário do dito por alguns, abarca as situações no âmbito digital seguindo a linha da maior e necessária proteção.

[8] Obra já citada.

Referências:

http://www.ubc.org.br/publicacoes/noticia/19764/industria-fonografica-global-cresce-185-em-2021

Leonardo Machado Pontes, Rodrigo Moraes – "Estudos de Direito Autoral em homenagem a Hildebrando Pontes – Rio de Janeiro: Lumen Juris, 2022

Moraes, Rodrigo – "Evolução da Gestão Coletiva de Direitos Autorais no Brasil: do Rádio Ao Streaming", Lumen Juris: 1ª edição : 2021

Leite, Eduardo Lycurgo – "Direito de Autor" – Brasília – Brasília Jurídica – 2004.

9. A PROTEÇÃO DE VIDEOGAMES (JOGOS ELETRÔNICOS)

Ivana Có Galdino Crivelli

Introdução

A produção de videogames é baseada na fusão da tecnologia de ponta e expressão artística de imagens e sons contextualizados a um roteiro. O crescimento do comércio de videogames no mercado internacional é progressivo e bastante expressivo. Há expectativa de que em 2023 o setor de games obtenha uma receita superior a 200 bilhões de dólares[1].

São muitas as discussões que permeiam os interesses desse universo, para a melhor tributação e regulação quanto à uma proteção robusta do patrimônio intelectual e econômico envolvidos. O presente artigo tem o objetivo de discutir o regime jurídico oferecido pela legislação brasileira.

[1] Para se ter uma ideia, de acordo com a consultoria especializada *Newzoo* a expectativa é que em 2023 o setor de games obtenha uma receita superior a 200 bilhões de dólares. A propósito, confira-se: OLIVEIRA, Camila. Mercado de Games no Brasil em 2022:números e tendências do setor. Disponível em: https://olist.com/blog/pt/como-vender-mais/inteligencia-competitiva/mercado-de-games-no-brasil/ . Acesso em 10.09.2022 e https://forbes.com.br/forbes-tech/2022/01/com-2022-decisivo-mercado-de-games-ultrapassara-us-200-bi-ate-2023/ . Acesso em 10.09.2022.

Em um estudo encomendado pela Organização Mundial da Propriedade Intelectual – OMPI[2] foi observada uma diversidade de regimes adotados entre os países pesquisados. Alguns países, entendem que os videogames são predominantemente programas de computador, outros optaram por uma classificação distributiva e poucos consideram os videogames essencialmente como obras audiovisuais.

O presente artigo tem por objetivo discutir as possibilidades de proteção do videogame, bem como, discorrer sobre sua composição formada por individualidades criativas que demonstram a transformação do jogo eletrônico em uma obra audiovisual. Em um segundo momento, aborda o regime jurídico do audiovisual segundo a Lei 9.610/98 o qual poderá ser adaptado para a obra de videogame sempre que criado como obra audiovisual. Em um terceiro momento, reporta-se à pesquisa de precedentes norte-americanos que discutem o cabimento e as condições para a proteção do videogame como obra audiovisual, bem como, casos de cópia lícitas (admissíveis) e os casos de cópias ilícitas (repelidos). O estudo de casos norte-americanos tem o objetivo de enriquecer o estudo da matéria que ainda é rarefeita na doutrina e jurisprudência nacional.

1. Direitos intelectuais

Os direitos intelectuais se referem às relações entre a pessoa e os bens imateriais criados e tornados conhecidos entre os seres humanos, como produtos de seu intelecto, expressos sob determinadas formas, sobre os quais o autor e/ou titular detém o direito originário de explorar economicamente com exclusividade.

O direito de autor é aplicado às criações do gênio humano manifestadas em formas sensíveis, estéticas ou utilitárias, voltadas à sensibilização, à transmissão de conhecimentos, como obras de aperfeiçoamento intelectual, tais como: as obras de literatura, arte, ciência, música, cinema e outras.

[2] RAMOS, Andy e et. The Legal Status of Video Games: Comparative analysis in National Approaches, Genebra, Wipo, 2013. Disponível em: https://www.wipo.int/export/sites/www/copyright/en/activities/pdf/comparative_analysis_on_video_games.pdf . Acesso em 10.09.2022.

O criador passa a ter, automaticamente, direitos autorais sobre a obra criada desde o momento de sua exteriorização ao mundo concreto, sendo o conteúdo protegido como um bem imaterial, intangível e considerado como um bem móvel[3]. A proteção autoral não tem como referência um suporte mecânico ou uma modalidade de exploração.

2. O que é um videogame?

Video game é o termo inglês em que no Brasil ganhou a forma aglutinada de videogame, que também pode ser denominado como um jogo eletrônico ou videojogo. É um jogo no qual o jogador interage com imagens e/ou sons enviados a um monitor, baseados em sistemas eletrônicos que desafiam o usuário a manipulá-las, a tomar decisões rápidas e/ou as responder a perguntas e desafios exibidos na tela[4]. Trata-se de um aplicativo voltado, em geral, para o entretenimento, que por meio de determinados controles, permite simular experiências na tela de uma televisão, computador ou outro dispositivo eletrônico[5].

A Agência Nacional de Cinema – ANCINE, por meio da Instrução Normativa n. 105/2012, conceituou jogo eletrônico como o "conteúdo audiovisual interativo cujas imagens são alteradas em tempo real a partir de ações do (s) jogador (es)". A autoridade nacional classifica o jogo eletrônico como obra audiovisual.

3. A aplicação da propriedade intelectual

A criatividade inerente a produção de um videogame pode ser protegida multidisciplinarmente, ou seja, por diferentes institutos legais: programa

[3] Segundo Código Civil (art. 83, III) os direitos autorais são considerados bens móveis, ou seja, podem ser comercializados, transferidos ou até mesmo cedidos para terceiros.

[4] MICHAELIS. Dicionário Brasileiro da Língua Portuguesa. Disponível em: https://michaelis.uol.com.br/busca?id=YkXVd . Acesso em 10.09.2022.

[5] O que é videogame? Revista Games. 16.04.2009. Disponível em: https://revistagames.wordpress.com/2009/04/16/o-que-e-um-videogame/ Acesso em 10.09.2022.

de computador, marcas, patentes, segredos de negócio, *know-how* e também como direitos autorais. Os personagens utilizados são considerados obras artísticas protegidas pelo Direito Autoral. No licenciamento do direito de uso imagem/voz de pessoas humanas (figuras notórias, celebridades ou não) devem ser observados os direitos da personalidade do titular retratado para a utilização lícita. As trilhas sonoras são protegidas como obras musicais as quais podem ser originalmente criadas para o jogo ou sincronizadas mediante o licenciamento de direitos autorais de obra preexistente.

O direito marcário se aplica ao título do jogo, nomes de personagens, que poderá ser nominal, misto (nome e logotipo) ou tridimensional. Os *joystics* e consoles são protegidos como patente ou modelo de utilidade (um aperfeiçoamento de patente). As listas de possíveis jogadores, contatos com editores, preços de serviços e produtos, contato com profissionais chave e técnicas de desenvolvimento de jogos são exemplos de segredos de negócios.

A propriedade intelectual não protegerá as cenas e cenários necessários (indispensáveis) para se realizar a expressão de uma ideia específica, como um jogo de guerra mundial, um jogo de corrida, um jogo de exploração planetária, um jogo épico. Os lugares históricos e/ou lendários não são apropriáveis, tampouco seus elementos integrantes.

A doutrina do *scène à faire*[6] é aquela que preceitua em que certos elementos de um trabalho criativo não podem ser protegidos sempre que sejam obrigatórios, costumeiros, rudimentares, corriqueiros, padronizados ou inevitável para um gênero (tais como: é costumeiro se encontrar em um filme de espionagem um personagem com contas bancárias na Suíça, a existência da *femme fatale*, espiões com dispositivos de espionagem escondidos em relógios de pulso, cintos, sapatos). A doutrina do *scène à faire* reconhece serem livres certas expressões de ideias utilizadas com regularidade (tais como: "Era uma vez...", expressão costumeiramente utilizada na introdução de contos de fadas), elementos genéricos de uma história de fantasia (tais como: magos, dragões).

[6] FAUST, J. Matthew. Waht do we do with a doctrine like merger? A look at the iminente collision of the DMCA and idea/expression. Dichotomy. Marquette Intellectual Property Law Review, Volume 12, issue 1, pp. 130-153. A expressão adotada do francês significa cenas que devem ser feitas ou no inglês *must be done*. Esta doutrina foi reconhecida pela primeira vez no precedente Schwartz v. Universal Pictures Co. (85 F. Supp 27º (S.D. Cal.1945). Disponível em: https://core.ac.uk/download/pdf/148687104.pdf. Acesso em 06.12.2022.

Os incidentes necessários à expressão de uma ideia devem ser considerados comuns, ordinários, e, portanto, não são dotados de criatividade e originalidade, as quais são as condições exigidas para a proteção de direitos autorais. Sendo assim, não poderá haver direitos autorias para fatos históricos ou lendários. Daí, a possibilidade de se escrever ou encenar tantas e distintas obras sobre a segunda guerra mundial. Cada obra deverá apresentar uma narrativa própria, ainda que tragam personagens históricos necessários ao enredo.

4. Videogame é obra complexa.

O videogame é uma obra composta por diferentes outras criações, por meio da atividade criativa de uma multiplicidade de sujeitos criativos e, consequentemente, composto por diferentes obras protegidas, o que o determina como uma obra complexa[7]. Desta forma, a fim de compreendê-las, interessa individualizar essas obras e as respectivas atividades criativas para a verificação da adequação do regime autoral.

5. A transformação em obra audiovisual

Existem diversos gêneros de jogos eleltrônicos, dentre os quais ação, ação e aventura, RPG (*role-playing games*), simulação, *puzzle* e *party games*, esportes e estratégia. Um jogo pode se encaixar em mais de um gênero, conforme seus diferentes mecanismos. O universo dos games está cada vez mais

[7] RAMOS, Andy e et. The Legal Status of Video Games: Comparative analysis in National Approaches, Genebra, Wipo, 2013. Disponível em: https://www.wipo.int/export/sites/www/copyright/en/activities/pdf/comparative_analysis_on_video_games.pdf , p.7. Acesso em 10.09.2022: "Video games are complex works of authorship – containing multiple art forms, such as music, scripts, plots, video, paintings and characters – that involve human interaction while executing the game with a computer program on specific hardware. Therefore, video games are not created as single, simple works, but are an amalgamation of individual elements that can each individually be copyrighted (i.e., the characters in a given video game, its soundtrack, settings, audiovisual parts, etc.) if they achieve a certain level of originality and creativity."

diversificado e abrangente, fazendo com que novas categorias surjam a todo momento[8].

Os gêneros dos jogos eletrônicos são de fato tão variados assim como os gêneros de obras literárias ou obras cinematográficas – melodrama, fantasia, ficção científica, guerra, espionagem, crime, mistério, terror, romance, faroeste. Os editores e desenvolvedores enxergaram nas histórias um meio para distinguir seus jogos de outros e conquistar novos jogadores[9]. Estas categorias denotam a presença de uma história, de um enredo, de um roteiro original ou adaptado para a obra de videogame, assim como as composições musicais.

Além do incessante avanço tecnológico que impulsiona a indústria do videogame, não se pode desconsiderar, nas últimas décadas, o destaque criativo observado em muitos de seus roteiros, trilhas sonoras, personagens, cenários e efeitos visuais. Todas essas obras artísticas em conjunto transformaram os jogos eletrônicos em verdadeiras obras audiovisuais[10]. A elaboração artística do audiovisual passou a ser a alma dos videogames, corporificada por um programa de computador[11]. E assim, tanto o corpo quanto a alma são protegidas igualmente por Direito Autoral, sendo que o programa de computador é regulado pela Lei 9.609/98 – Lei de Software.

Note-se que a despeito da qualidade de gráficos realistas, dublagens, uso da tecnologia de captura de movimento dando aos personagens movimentos

[8] VILLELA, Marcelo. MOBA, RPG, MMORPG, FPS e mais: entenda significado dos gêneros de games. Puzzle, Party Games, Simulação, Ação, Aventura e muitos subgêneros também estão entre nomes conhecidos pelos gamers. https://www.techtudo.com.br/noticias/2021/03/moba-rpg-mmorpg-fps-e-mais-entenda-significado-dos-generos-de-games.ghtml. Acesso em 10.09.2022.

[9] SHELDON, LEE. Desenvolvimento de personagens e de narrativas para games. Tradução da 2ª. ed. Norte-americana. Celgage Learning. São Paulo: 2017, p.413.

[10] BALTHAZAR SILVA, LUIZA. Paralelos. Direitos intelectuais e a cultura de games no Brasil *in* MORATO, Antonio Carlos e MORAES, RODRIGO. (organizadores) Propriedade intelectual no cinema. Bahia, EDUFBA, 2022, p.247. "Essa visão do videogame como uma obra audiovisual já indica que a composição do jogo em muito se assemelha ao filme: há personagens – normalmente ilustrados-, roteiro e trilha sonora.

[11] O programa de computador é protegido como obra literária, escolha legislativa adotada no Brasil segundo a Lei 9.609 de 1998. A diferença, necessária pelo caráter interativo, está no fato de que esses quesitos estão vinculados a um programa de computador que executa os movimentos do jogador."

fluidos, música igual a partituras de filmes e enredos originais, o Direito Autoral não mensura qualitativamente a produção criativa. As obras criadas precisam ter um grau mínimo de originalidade, diferentemente do requisito da novidade pedido a uma patente. As criações intelectuais precisam ter a forma de expressão apresentada com alguma pessoalidade criativa, independentemente de um julgamento de mérito, de seu valor no mercado ou de já existirem várias semelhantes.

Quem são os sujeitos criativos de destaque na produção de um videogame? Respeitando-se as terminologias adotadas no mercado, bastante internacionalizado, utiliza-se o estudo encomendado pela OMPI[12] para citar:

> "a. Producer: The producer supervises and oversees the work of all those involved in creating the video game. Video game producers have a similar role, *mutatis mutandis*, to that of a movie director. Other roles found in this category are:
>
> a. *Production coordinator:*
>   - *Assistant producer*
>   - *Associate producer*
>   - *Director of production*
>
> b. *Game Designers,* incluindo-se:
>   - *Lead Designer*
>   - *Level Designer*
>   - *Content Designer*
>   - *Game Writer*
>   - *System Designer*
>   - *Technical Designer*
>   - *User Interface Designer*
>   - *Creative Director*
>   - *Writer*
>   - *Scriptwriter*
>
> c. *Artist,* criador da arte visual do videogame

[12] RAMOS, Andy e et. The Legal Status of Video Games: Comparative analysis in National Approaches, Genebra, Wipo, 2013. https://www.wipo.int/export/sites/www/copyright/en/activities/pdf/comparative_analysis_on_video_games.pdf , p. 9.

d. *Programmer or Engineer,* aquele que cria e adapta o código do videogame
e. *Audio Designer,* responsável por criar efeitos sonoros e outros relativos aos elementos sonoros
f. *Titulares de direitos conexos aos de autor:*
   - *Performers e Actors, in relation to both voice and movement*
   - *Producers of audiovisual e sound recordings*

A pluralidade de sujeitos criativos pode em regra ser suportada pela organização administrativa e financeira de um produtor (pessoa natural ou pessoa jurídica)[13]. O editor ou estúdio são responsáveis pela encomenda do videogame, pelas diretrizes do produto a ser criado, pelo financiamento, desenvolvimento, distribuição e comercialização, entre outros. Além dos direitos de autor, são também licenciados, conforme o gênero e orçamento do projeto de produção, os direitos de imagem, direitos de voz de atores, dubladores ou personalidades em destaque (celebridades).

6. Requisitos à autoria

Diferentemente das possibilidades de reconhecimento do status de autor à pessoa jurídica previstos na lei revogada[14], a Lei 9.610 de 1998 foi categórica

[13] BALTHAZAR SILVA, LUIZA. Paralelos. Direitos intelectuais e a cultura de games no Brasil *in* MORATO, Antonio Carlos e MORAES, RODRIGO. (organizadores) Propriedade intelectual no cinema. Bahia, EDUFBA, 2022, p.248. "(...) tem-se que o videogame é uma obra audiovisual, a qual normalmente é formada por contribuições individuais organizadas por uma pessoa, que detém direitos sobre a obra coletiva, sem exclusão dos direitos individuais de cada um dos participantes."

[14] A Lei 5.988 de 1973 continha duas possibilidades de reconhecimento de autoria à pessoa jurídica:
Art. 15. Quando se tratar de obra realizada por diferentes pessoas, mas organizada por empresa singular ou coletiva e em seu nome utilizada, a esta caberá a sua autoria.
Art. 36. Se a obra intelectual for produzida em cumprimento a dever funcional ou a contrato de trabalho ou de prestação de serviços, os direitos de autor, salvo convenção em contrário, pertencerão a ambas as partes, conforme for estabelecido pelo Conselho Nacional de Direito Autoral.

ao afirmar que somente a pessoa física poderá ser reconhecida como autor[15]. A hermenêutica de Costa Netto[16] sobre a matéria esclarece e ressalta:

> "Partindo-se da regra categórica do art. 11 da Lei de Direito Autoral em vigor (9.610/98) de que autor é a pessoa física criadora de obra literária, artística e científica", já que chegamos à inexorável conclusão de que a pessoa jurídica não pode ser considerada autora de obra intelectual, de nenhum gênero.
> Com efeito, nossa legislação apenas ressalva, no parágrafo único do próprio art. 11, que "a proteção concedida ao autor", apenas esta, "poderá aplicar-se às pessoas jurídicas nos casos previsto em lei". E quais seriam esses casos? Seriam:
> (a) Diretamente: os casos em que a pessoa jurídica é titular originária da obra, nestes casos apenas no que se refere aos direitos patrimoniais do conjunto da obra coletiva, tendo em vista que as demais titularidades originárias que podem ser atribuídas à pessoa jurídica correspondem aos direitos conexos aos de autor – e não a direito de autor – em relação a bens intelectuais, como produção de fonogramas e emissões de radiodifusão e não obras intelectuais propriamente; e
> (b) Indiretamente: nas hipóteses em que a pessoa jurídica adquire, por contrato a disposição legal, a titularidade derivada de direitos de autor – sempre apesar da natureza patrimonial e não moral – sobre obra intelectual.

7. Regime jurídico da Obra audiovisual no Brasil

A obra audiovisual conceituada pela Lei 9.610 de 1998 permeia diferentes gêneros criativos – o televisivo, o videográfico, o cinematográfico, contemplando, inclusive, qualquer outro resultado da fixação de imagens com ou sem som,

15 Cf. Art. 11. Autor é a pessoa física criadora de obra literária, artística ou científica.

16 COSTA NETTO, José Carlos. Direito Autoral no Brasil. São Paulo, Saraiva, 2019, 3ª. edição, p. 173-174.

que tenha a finalidade de criar, por meio de sua reprodução, a impressão de movimento, independentemente dos processos de sua captação, do suporte usado inicial ou posteriormente para fixá-lo, bem como dos meios utilizados para sua veiculação[17]. Eis o conceito jurídico que pode ser reconhecido a um videogame que contenha uma obra audiovisual protegida segundo a Lei 9.610/98.

A obra audiovisual encontra um regime jurídico tipificado na Lei 9.610/98. O legislador escolheu entre todas as contribuições criativas, os sujeitos das obras que lhe pareceu serem preponderantes na conformação da obra audiovisual. Os destaques criativos da obra audiovisual são legalmente atribuídos ao autor do assunto ou argumento literário, musical ou lítero-musical e o diretor[18], sendo considerados co-autores de desenhos animados os que criam os desenhos utilizados na obra audiovisual[19]. É o diretor que detém os direitos morais sobre a obra audiovisual[20].

Sendo assim, como classificar os sujeitos criativos do audiovisual de um videogame? Entre todo o rol de sujeitos criativos, como identificar os coautores do videogame? Seria uma possibilidade, buscando-se adequar o rol de coautores previsto no art. 16 da Lei 9.610/98, podemos sugerir como coautores da obra de videogame: produtor, o *game designer*, o script*writer*, o *sound designer* e o creative diretor (se as funções forem compatíveis com as designadas no art. 16).

A Lei 9.610/98 causou um grande descontentamento por parte dos roteiristas que não se viram descritos no rol de co-autores[21]. Nas últimas décadas, algumas propostas foram apresentadas para a inclusão do roteirista no rol

[17] Cf. art. 5º., VIII, Letra "I"- "audiovisual – a que resulta da fixação de imagens com ou sem som, que tenha a finalidade de criar, por meio de sua reprodução, a impressão de movimento, independentemente dos processos de sua captação, do suporte usado inicial ou posteriormente para fixá-lo, bem como dos meios utilizados para sua veiculação".

[18] Cf. Art. 16, Lei 9.610/98. São co-autores da obra audiovisual o autor do assunto ou argumento literário, musical ou lítero-musical e o diretor.
e CRIVELLI, Ivana Có Galdino. Direitos Autorais na obra cinematográfica. São Paulo, Letras Jurídica, 2008.

[19] Cf. Art. 16. § único, Lei 9.610/98. Consideram-se co-autores de desenhos animados os que criam os desenhos utilizados na obra audiovisual.

[20] Cf. Art. 25, Lei 9.610/98. Cabe exclusivamente ao diretor o exercício dos direitos morais sobre a obra audiovisual.

[21] Art. 16, Lei 9.610/98. São co-autores da obra audiovisual o autor do assunto ou argumento literário, musical ou lítero-musical e o diretor.

de co-autores. De toda forma, o roteiro é protegido como obra literária e o roteirista é o autor do roteiro, tendo legitimidade para negociar os direitos autorais em face do roteiro[22].

Por outro lado, entretanto, o roteiro original pode conter o argumento literário original, se este não foi apresentado como um texto autônomo e assim, mesmo sem a previsão literal do roteirista no rol de co-autores ele seria contemplado como autor do argumento literário original. Já no caso do roteiro adaptado, essa aplicação não seria possível já que o argumento literário nasceu anteriormente e para outro fim, em geral, um livro ou até mesmo um artigo de jornal[23].

Segundo o rol de coautores indicado pela Lei 9.610/98, o roteirista será considerado coautor se houver sido o autor do argumento literário. A mesma regra se aplicará para os compositores da trilha sonora. Será considerado coautor aquele autor de uma trilha sonora criada originalmente para o audiovisual, a sincronização de trilha sonora preexistente não contempla a coautoria. Essa é uma regra plenamente aplicável para um videogame que contenha em si uma obra audiovisual protegível como obra artística.

O mesmo acontece com o autor da trilha sonora que é prestigiado na lei autoral sob a alcunha de autor do argumento musical ou lítero-musical. A adoção de nomenclatura coerente com a prática do meio profissional seria certamente uma contribuição mais acertada da lei para que se minimizasse os desacertos na interpretação e aplicação da lei nos negócios jurídicos de direitos autorais.

A despeito das dificuldades interpretativas, o regime legal do direito autoral permite a proteção de todo o aporte criativo inerente à obra de videogame, por meio da analogia às funções criativas do audiovisual pode-se traçar um regime jurídico para as criações de videogame, e o que não for obra audiovisual

[22] O regime da obra sob encomenda sofreu profunda alteração na edição da Lei 9.610/98. O encomendante poderá negociar os direitos patrimoniais de autor, todavia, não poderá adquirir a titularidade originária da obra, situação diversa do produtor fonográfico e organismos de radiodifusão.

[23] YONAY, Ehud. Top Guns. California Magazine, May 1983. Disponível em: http://www.topgunbio.com/top-guns-by-ehud-yonay/ . Acesso em 10.09.2022. A exemplo de TOP GUN: Maverick dirigido por Hoseph Kosinski, com roteiro de Peter Craig, Justin Marks, Ashley Edward Miller e Zack Stentz. Sequencia audiovisual de Top Gun, de 1986, baseado em um artigo de jornal de 1983 de Ehud Yonay.

poderá ser protegido como obra literária ou artística, sempre que atendidos os requisitos mínimos de originalidade e criatividade.

8. Natureza jurídica no STF

Segundo decisão proferida nos autos do RE: 953265 PR pelo Supremo Tribunal Federal[24], os jogos eletrônicos são considerados como de natureza jurídica de um software (programa de computador) e não como obra audiovisual, segundo decisão do Tribunal Regional Federal da 4ª. Região[25]. Entretanto, essa interpretação é realizada para finalidade tributária, nada tendo sido analisado sobre as perspectivas dos direitos intelectuais, como pode ser observado na ementa da decisão:

> Trata-se de recurso extraordinário interposto em face de acórdão do Tribunal Regional Federal da 4ª Região, cuja ementa se reproduz a seguir: TRIBUTÁRIO. MANDADO DE SEGURANÇA. DESEMBARAÇO ADUANEIRO. DESVINCULAÇÃO E EXCLUSÃO DOS VALORES REFERENTES AO 'SOFTWARE', PARA CONSIDERAR-SE APENAS A IMPORTÂNCIA RELATIVA AO SUPORTE FÍSICO NA AFERIÇÃO DO VALOR ADUANEIRO. **Para fins aduaneiros, os jogos eletrônicos para aparelhos de videogame gravados em suporte físico (CD/DVD) devem ser classificados como softwares**, na forma do art. 81, caput, do Decreto nº 6.759/09, cumulado com o art. 1º da Lei nº 9.609/98, **e não como arquivo audiovisual similar a CD musical ou DVD de filme**. (...) (g.n)

[24] (STF - RE: 953265 PR - PARANÁ 5040357-80.2013.4.04.7000, Relator: Min. EDSON FACHIN, Data de Julgamento: 21/03/2016, Data de Publicação: DJe-054 28/03/2016.

[25] BRASIL. Tribunal Regional Federal 4ª. Região. Apelação **Cível Nº 5040357-80.2013.4.04.7000/PR.** Tributário. Mandado de segurança. Desembaraço aduaneiro. Desvinculação e exclusão dos valores referentes ao "software", para considerar-se apenas a importância relativa ao suporte físico na aferição do valor aduaneiro. Apelante: Inos Import & Export Ltda. Apelado: União – Fazenda Nacional. Relator: Dezembargador Joel Ilan Paciornik. Julgamento: 01/07/2015.

Adiante, destaca-se na decisão o entendimento de que "esses jogos não são meras gravações de som, de cinema ou de vídeo, mas sim, uma categoria dissociada que proporciona a interatividade do usuário por meio do processamento dos dados presentes no suporte físico e que abrange uma vinculação de dados muito mais complexas e abrangentes do que as simples gravações mencionadas".

Os importadores de games postulavam que fosse considerado como base tributável apenas o custo ou valor do suporte físico (tais como CD, DVD) , excluindo-se o valor do conteúdo, dados ou instruções em si (software)[26]. A Receita Federal, por sua vez, entende que a regra pleiteada não pode ser aplicada uma vez que o conteúdo seria compatível com gravações de som, de cinema ou de vídeo, aos quais foram equiparados os jogos eletrônicos[27]

[26] CARNEIRO, Daniel Zanetti Marques. Tributação na importação de jogos de videogame. Consultor Jurídico – https://www.conjur.com.br/2022-ago-16/daniel-zanetti-tributacao-importacao-game (Acessado em 14.12.2022). "(...)Como se pode perceber, a hipótese do artigo 81, *caput,* do Regulamento Aduaneiro, melhor explicitada no artigo 21 da IN/RFB nº 2.090/2022, traduz de certo modo uma exceção à regra geral do *valor de transação,* na medida em que prevê para suportes informáticos com *software* um valor aduaneiro baseado unicamente no custo ou no valor do próprio suporte, afastando de conseguinte o valor total do produto (meio físico + *software*) como parâmetro para definição do valor aduaneiro. Referida previsão decorre da *Decisão 4.1* do Comitê de Valoração Aduaneira da OMC [10], restrita apenas aos suportes físicos (CDs, DVDs etc.) que contenham dados ou instruções (*software*) para equipamento de processamento de dados, o que não compreende jogos de vídeo ou *videogames* consoante o entendimento da Fazenda Nacional que, tecnicamente, parece-nos defensável na medida a previsão do artigo 81, *caput,* do RA, constitui verdadeira exceção à regra geral do *valor da transação* pela sua totalidade e, conforme clássicas noções de hermenêutica jurídica, as exceções interpretam-se restritivamente [11], notadamente em matéria tributária por força da diretriz interpretativa do artigo 111 do CTN, amplamente admitido pela jurisprudência dos tribunais superiores em variadas discussões tributárias [12]; traduz, outrossim, verdadeiro benefício fiscal com impacto direto na regular tributação estatal e cuja aplicação há de ser sopesada com a política fiscal brasileira que, s.m.j., nunca focou em estimular a importação de jogos para *videogames* inclusive em atenção à desejada proteção da indústria nacional e promoção do desenvolvimento interno [13]."

[27] CARNEIRO, Daniel Zanetti Marques. Tributação na importação de jogos de videogame. Consultor Jurídico. Disponível em: https://www.conjur.com.br/2022-ago-16/daniel-zanetti-tributacao-importacao-game. Acesso em 14.12.2022. "De outra parte, a Receita Federal entende aplicável o §3º do artigo 81 do mesmo regulamento, que excepciona a regra do *caput* para as gravações de som, de cinema ou de vídeo, às quais equiparou os jogos de vídeo conforme se infere das Soluções de Consulta nºs 446/2017 [2] e 99.127/2017 [3] da Coordenação Geral de Tributação e de alguns outros atos administrativos pertinentes.

9. O Direito de autor

A Convenção de Berna apresenta uma base sólida para a proteção dos direitos autorais dos videogames, eles são de fato obras complexas que podem ser compostas por várias obras protegidas por direitos autorais[28]. O art. 7º. da Lei 9.610/98 quando descreve as obras literárias, artísticas e científicas protegidas é exemplificativo, no que compete concluir que todas as obras do espírito criativo humano serão automaticamente protegidas. Neste sentido, Costa Netto[29] esclarece:

> "A regra geral – tanto em relação à legislação interna brasileira quanto às normas internacionais – é que não deve haver um elenco que inclua as diversas modalidades de obras intelectuais protegidas em caráter restritito.
> Assim, na órbita das obras intelectuais" ou "obras literárias e artísticas", como dispões a Convenção de Berna – ressalvando encontrar-se embutidas, nessa expressão, também as obras científicas -, deverão estar contidas todas as "criações de espírito"ou criações intelectuais sem que qualquer especificação – em relações extensas ou não – represente exclusão de qualquer manifestação intelectual, de natureza literária ou artística, que contenha o requisito de originalidade".

Mais recentemente, a Receita Federal editou a Instrução Normativa nº 2.090/2022[4] consolidando diversas regras sobre «valoração aduaneira», dispondo sobre este pontual aspecto em seu artigo 21 nos seguintes termos:*"Artigo 21. O valor aduaneiro de suporte informático que contenha dados ou instruções (software) para equipamento de processamento de dados será determinado com base unicamente no custo ou no valor do suporte propriamente dito, desde que o custo ou o valor dos dados ou instruções esteja destacado no documento de aquisição. §1º. O suporte informático a que se refere o caput não compreende circuitos integrados, semicondutores e dispositivos similares ou os artigos que contenham esses circuitos ou dispositivos. §2º. Os dados ou instruções referidos no caput não compreendem gravações de som, cinema ou vídeo e tampouco programas de entretenimento produzidos em série para comercialização no varejo, inclusive jogos de vídeo destinados ao uso em consoles e máquinas de jogos de vídeo."*

28 https://www.wipo.int/copyright/es/activities/video_games.html. Acesso em 03.08.2022.

29 COSTA NETTO, José Carlos. Direito Autoral no Brasil. São Paulo, Saraiva, 2019, 3ª. edição, p. 193.

Atualmente, os videogames são formados por pelo menos duas partes principais: os elementos audiovisuais (imagens em movimento e com som) e o programa de computador (responsável pela jogabilidade, ou seja, o gerenciamento dos elementos audiovisuais que são acionados a partir da interação do usuário). O estudo encomendado pela OMPI[30], destaca os seguintes elementos criativos:

I. Audio Elements:
1. Musical Compositions
2. Sound Recordings
3. Voice
4. Imported Sound Effects
5. Internal Sound Effects
II. Video Elements
1. Photographic Images (p.e., Giff, Tiff, Jpeg)
2. Digitally Captures Moving Images (p.e., Mpeg)
3. Animation
4. Text
III. Computer Code (Source Code and Object Code)
1. Primary Game Engine or Engines
2. Ancillary Code
3. Plug-Ins (Third-Party

Muito se tem debatido e questionado a respeito do que seria um regime jurídico adequado ou possível para a melhor regulação da produção de videogames. Podemos começar a refletir a partir da lei nacional de cada país, já que o Direito de Autor é eminentemente territorial.

No citado estudo promovido pela OMPI[31] pode-se constatar à época (2013) que nenhum país ofereceu uma resposta definitiva sobre a classificação da natureza jurídica do videogame. Alguns países, como Argentina, Canada, China, Israel, Itália, Rússia, Singapura, Espanha e Uruguai, consideravam o

[30] RAMOS, Andy e et. The Legal Status of Video Games: Comparative analysis in National Approaches, Genebra, Wipo, 2013. Disponível em: https://www.wipo.int/export/sites/www/copyright/en/activities/pdf/comparative_analysis_on_video_games.pdf, p. 8.
[31] Idem, p. 11.

videogame com a natureza jurídica predominante de programa de computador. Sendo que para outros, tais como Bélgica, Brasil, Dinamarca, Egito, França, Alemanha, Índia, Japão, África do Sul, Suécia e EUA, reconheceram a tremenda complexidade de um videogame e optavam por uma natureza jurídica distributiva. Entendem que os diferentes elementos criativos do videogame podem ser protegidos individualmente, segundo a natureza específica de cada obra. E, houve ainda, um grupo de países, como Kênia e Coréia, que na ocasião estavam inclinados ao entendimento de que a natureza jurídica do videogame seja essencialmente de audiovisual.

10. Obra coletiva

A controvérsia sobre os contornos diluentes de autoria presentes no instituto da obra coletiva à égide da Lei 5.988 de 1973 foram superados pela necessidade do reconhecimento das participações individuais – art. 17 da Lei 9.610/98 que regulou a matéria, inclusive, já previamente disciplinada pela Constituição Federal[32].

Sendo assim, na produção audiovisual sob a iniciativa, organização e responsabilidade de uma pessoa física ou jurídica, que a publica sob seu nome ou marca e que é constituída pela participação de diferentes autores, cujas contribuições se fundem numa obra resultante – criação autônoma, há a titularidade patrimonial originária do organizador, o que não significa a diluição dos direitos autorais dos autores de obras protegidas segundo a Lei 9.610 de 1998.

Quando uma obra é criada por duas ou mais pessoas, podem existir dois cenários: Será considerada obra coletiva a obra que contém contribuições que foram reunidas em um todo coletivo. Por outro lado, será considerada um trabalho conjunto (obra em colaboração) o trabalho preparado por dois ou mais autores com a intenção de que suas contribuições sejam fundidas em partes interdependentes de um todo unitário. Destaca-se como regra geral nas hipóteses de obra coletiva o fato do autor das individualidades formadoras

[32] Cf. Art. 5º., XXVIII – são assegurados, nos termos da lei: a) a proteção às participações individuais em obras coletivas e à reprodução da imagem e voz humanas, inclusive nas atividades desportivas;

da obra coletiva deter apenas os direitos autorais sobre o conteúdo por ele criado, enquanto os autores de um trabalho conjunto compartilham os direitos autorais de todo o trabalho resultante.

11. Precedentes norte-americanos

Nos EUA foram julgados alguns casos que ajudaram na construção da melhor interpretação de um regime jurídico para a proteção dos jogos eletrônicos. O estudo desses casos pode contribuir para reflexões sobre a classificação da natureza jurídica do videogame.

Foi apresentado no caso *Midway Mfg. Co v. Artic International Inc*[33] o pedido da proteção dos videogames *Pac-Man*"e *Falaxian* como obras audiovisuais protegidas pelo *Copyright Act Section 102* que define obras audiovisuais como obras que consistem em uma série de imagens relacionadas que são intrinsecamente destinadas a serem exibidas pelo uso de máquinas ou dispositivos como projetores, visores ou equipamentos eletrônicos, juntamente com sons de acompanhamento, se houver, independentemente da natureza dos objetos materiais nos quais as obras são incorporadas 17 U.S.C Sec. 101.91).[34]

Em algum momento, houve a indagação se as escolhas do jogador poderiam ser compreendidas como ato criativo. O jogador de videogame pode variar a ordem em que as imagens armazenadas aparecem na tela movendo a alavanca de controle da máquina. O relator comparou o ato de jogar videogame como organizar palavras em um dicionário em frases ou pintar uma paleta em uma pintura. O cerne da discussão seria verificar se o esforço criativo em jogar um

[33] UNITED STATES COURT OF APPEALS, SEVENTH CIRCUIT. Midway Mfg. Co v. Artic International Inc. 704 F.2d 1009. Disponível em: http://law.justia.com/cases/federal/appellate-courts/F2/704/1009/107395/. Acesso em 26.08.2022.

[34] Plaintiff claims that its "Pac-Man" and "Galaxian" video games are "audiovisual works" protected under the 1976 Copyright Act. *Section 101 of that Act defines audiovisual works as works that consist of a series of related images which are intrinsically intended to be shown by the use of machines or devices such as projectors, viewers, or electronic equipment, together with accompanying sounds, if any, regardless of the nature of the material objects, such as films or tapes, in which the works are embodied.* 17 U.S.C. Sec. 101.91 UNITED STATES COURT OF APPEALS, SEVENTH CIRCUIT. Midway Mfg. Co v. Artic International Inc. 704 F.2d 1009. Disponível em: https://casetext.com/case/midway-mfg-co-v-artic-intern-inc-2. Acesso: 26.08.2022.

videogame seria suficiente como escrever ou pintar para fazer com que cada performance de um videogame seja obra do jogador e não do criador do jogo.[35]

Segundo os julgadores as escolhas de um jogador não consistem em esforço criativo a ser protegido pelo *Copyright Act*. Entenderam que jogar videogame é mais parecido a troca de canais de TV do que é escrever um romance ou pintar um quadro. O jogador de videogame não tem controle sobre a sequência de imagens que aparece no vídeo. Ele não consegue criar nenhuma sequência além daquelas que já estão armazenadas no programa. Ele apenas escolhe uma delas.

Entretanto, no caso de criações intelectuais durante o ato de jogar (tais como: cenários, personagens etc) será regulada contratualmente por uma licença ou transferência click-wrap. Outra alternativa, será a presunção da concessão de licença de uso já que houve por parte do jogador a contribuição voluntária, mediante anuência aos termos de uso do jogo. Sobre a licença presumida, implícita, haveria a incidência de interpretação restritiva ao jogo sem si.

Nos EUA há um grande número de processos judiciais envolvendo a discussão sobre a autoria. Não há a aplicação de um regime único para todo e qualquer tipo de jogo eletrônico. Existe uma zona de subjetividade para a identificação dos principais elementos definidores de cada jogo. O postulante do registro no US Copyright Office deverá apontar no formulário o tipo mais apropriado para a proteção de seu jogo.

Não há dificuldade para que o registro do programa de computador do jogo seja feito como obra literária, assim como no Brasil. O pedido de registro deverá conter todas as telas protegidas geradas pelo programa de computador. É feito um registro único para o programa e suas telas. Não há necessidade de se realizar um registro separado para o programa de computador e outro para as telas.

[35] "The person playing the game can vary the order in which the stored images appear on the screen by moving the machine's control lever. That makes playing a video game a little like arranging words in a dictionary into sentences or paints on a palette into a painting. The question is whether the creative effort in playing a video game is enough like writing or painting to make each performance of a video game the work of the player and not the game's inventor."

Entretanto, se o jogo vai além das características literárias do programa de computador, predominando-se as características artísticas, o registro deverá ser analisado caso a caso: se houver a predominância de autoria pictórica ou gráfica, o registro deverá ser feito como trabalho de artes visuais; se houver predominância de obra cinematográfica ou audiovisual, o registro deverá ser feito como obra cinematográfica/audiovisual.

Sendo assim, a proteção de videogames nos EUA é fragmentada e dependerá dos elementos e características em particular de cada obra. Como analisado, poderão ser protegidos como programa de computador, como obra audiovisual ou obra de artes visuais. A cada tipo de obra aplica-se um regime jurídico próprio, conferindo-se o reconhecimento de autoria e titularidade.

Diferentemente do que ocorre no Brasil, as empresas poderão ser consideradas autoras nas encomendas realizadas para a produção de videogames. Os empregados, por exemplo, não serão considerados autores de obras desenvolvidas segundo contratação. A autoria será atribuída ao empregador, conforme a Seção 201 (b) do Copyright Act.

Outra diferença bastante importante é em relação aos direitos morais, aplicados nos EUA somente em face das obras de artes visuais definidas na Seção 101 do Copyright Act., portanto, os autores de obras formadoras do videogame não exercerão direitos morais sobre as mesmas.

12. A cópia lícita e ilícita

A cópia de ideias de um videogame para a criação de outro é bastante comum e apesar de questionada judicialmente em determinadas ocasiões, as decisões vinham sendo mais progressistas na compreensão de alguns, e, por outro lado, permissivas para outros.

Assim como no Brasil, nos E.U.A. os videogames podem ser protegidos como programas de computador e/ou obra audiovisual. Essas premissas são baseadas justamente em precedentes jurisprudenciais e por isso tão relevantes à compreensão:

> " *Apple Computer, Inc. v. Franklin Computer Corp.*, 714 F.2d 1240, 1249 (3d Cir.1983) " foi decidido que os elementos do programa de computador

> podem ser protegidos por *Copyright law*, incluindo-se tanto o código do programa como os elementos gráficos do programa como os videogames. Desta forma, o programa de computador, esteja em código objeto ou código fonte será protegido como uma obra literária, sendo protegido de cópias desautorizadas, seja em código objeto ou da versão do código-fonte.

Inicialmente, a jurisprudência a respeito de videogames protegia os designs em *Galaxian* e *Pac-Man* . Mas casos posteriores, como *Data East USA, Inc. v. Epyx, Inc.* descobriram que é permitido fazer um clone de videogame com ideias e princípios semelhantes a outro jogo, uma vez que os direitos autorais não protegem uma ideia, apenas a expressão específica dessa ideia.

"*Midway Mfg. Co. v. Bandai–America, Inc.*, 546 F.Supp. 125, 139 (D.N.J.1982) deixou claro ser inquestionável que os videogames em geral tenham a proteção do *Copyright law* como obras audiovisuais.

" *Hart v. Elec. Arts, Inc.*, 808 F.Supp.2d 757, 778 (D.N.J.2011) discutiu direitos autorais de videogames no contexto das questões da Primeira Emenda – Liberdade de expressão.

"*Midway Mfg. Co. v. Artic Intern. Inc.*, 704 F.2d 1009, 1012 (7th Cir.1983)" concluiu que os videogames são protegidos por direitos autorais como obras audiovisuais sob o *Copyright Act 1976* e notamos que todos os outros tribunais federais (incluindo-se este) que enfrentaram essa matéria chegaram à mesma conclusão.

Em nenhuma hipótese a proteção de *Copyright law* de uma obra original de autoria será extensiva a ideia, procedimento, processo, sistema, método de operação, conceito, princípio, descoberta, independentemente da forma em que é descrita, explicada, ilustrada ou incorporada em tal trabalho[36].Uma ideia original sobre a criação de um novo gênero não poderá proibir que outros também passem a desenvolver games para o mesmo gênero, mesmo que isso signifique aproveitar-se da experiência bem-sucedida do jogo pioneiro. Os tribunais não reconhecem ao titular pioneiro o direito exclusivo de desenvolver e distribuir jogos em determinado segmento artístico.

[36] 17 U.S.C. § 102 (b).

Por outro lado, a prática de emprestar a mecânica do jogo de um videogame já bem-sucedido, mudar a arte e o design e apresentá-lo como algo novo e diferente poderá ser entendida como clonagem, imitação e portanto, como infração ao *Copyright Act.* A análise do caso concreto será essencial para a determinação de utilização ou não de elementos originais protegidos.

Segundo McArthur[37], em maio de 2021, um tribunal federal reprimiu um desenvolvedor de jogos para dispositivos móveis que criou um jogo com arte notavelmente semelhante ao Tetris e jogabilidade idêntica. Na ação proposta por Tetris Holding, LLC v. XIO Interactive [38] foram alegadas violações a 14 (quatorze) elementos protegidos: 1. Sete peças de jogo de Tetrimino compostas por quatro quadrados de igual tamanho unidos em seus lados, 2. O delineamento visual dos blocos individuais que compõem cada peça de Tetrimino e a exibição de suas bordas, 3. As cores vivas e distintas utilizadas para cada uma das peças de Tetrimino, 4. Um campo de jogo alto e retangular (ou matriz), com 10 blocos de largura e 20 blocos de altura, 5. O aparecimento de Tetriminos movendo-se do topo do campo de jogo para o fundo, 6. A forma como as peças de Tetrimino parecem se mover e girar no campo de jogo, 7. A pequena tela perto do campo de jogo que mostra a próxima peça de jogo a aparecer no campo de jogo, 8. A orientação inicial particular dos Tetriminos, tanto na parte superior da tela quanto conforme mostrado na tela "próxima peça", 9. A exibição de uma peça de "sombra"sob os Tetriminos enquanto eles caem, 10. A cor muda quando os Tetriminos entram no modo de bloqueio, 11. Quando uma linha horizontal preenche o campo de jogo com blocos, a linha desaparece e as peças restantes parecem se consolidar para baixo, 12. O aparecimento de blocos individuais preenchendo automaticamente o campo de jogo de baixo para cima quando o jogo termina, 12. A exibição de "linhas de lixo" com pelo menos um bloco faltando em ordem aleatória, e, 14. O layout da tela em versões multiplayer com a matriz do jogador aparecendo mais proeminente na tela e as matrizes dos oponentes aparecendo menores

[37] MCaArthur, Stephen in Clone Wars: The five most important cases every Game Developer should know. Disponível em: https://www.gamedeveloper.com/business/clone-wars-the-five--most-important-cases-every-game-developer-should-know. Acesso em 19.09.2022.

[38] Tetris Holding, LLC v. XIO Interactive , LLC, 2012 US Dist. LEXIS 74463 (DNJ, 30 de maio de 2012) Disponível em: https://casetext.com/case/tetris-holding-llc-v-xio-interactive--inc . Acesso em: 10.09.2022.

que a matriz do jogador. Pl. Movimento, 17. Tetris Holding, LLC contra Xio Interactive, Inc., 863 F. Supp. 2d 394, 397-98 (D.N.J. 2012).

Um julgamento ocorreu em 2012, o primeiro caso em muito tempo a ser julgado nesta questão. O tribunal distrital decidiu pela Tetris Holding, com o juiz Wolfson aplicando o teste de abstração-filtragem-comparação para determinar se ocorreu alguma infração. Embora as ideias de jogabilidade padrão não sejam protegidas por direitos autorais, *Mino* ainda era substancialmente semelhante a *Tetris* em termos de seu estilo de arte, e esses elementos são de fato protegidos por direitos autorais.

Conclusões

A despeito das dificuldades encontradas quando surgem os conflitos de interesses, seja nas hipóteses de violação de direitos ou na estratégia de negócio que se aproveita licitamente de ideias de jogos concorrentes, o Direito de autor se mostra um instituto jurídico satisfatório para a proteção do patrimônio intelectual gerado pelo videogame, tanto no que se refere aos elementos integrantes, como para a obra resultante em si.

O Direito de autor em razão da aplicação do domínio público não propicia um direito de exploração perpétuo para as obras protegidas, conforme pode ocorrer no caso das marcas, entretanto, ele perdura por toda a vida dos autores e vai além[39]. No Brasil, os sucessores poderão explorar a obra pelo prazo de 70 anos (contado de 1º de janeiro do ano imediatamente posterior ao da

[39] As marcas e patentes requerem procedimentos complexos de solicitação perante o INPI que demandam assessoria especializada de um agente da propriedade industrial ou de um advogado, e os segredos comerciais exigem o cumprimento de certos requisitos e vigilância constante por parte da empresa. No caso dos direitos autorais, o registro é facultativo, sendo recomendado como medida estratégica e acautelatória para documentar a anterioridade de criação perante terceiros e com a fé pública do órgão competente. Nos Estados Unidos, o registro interfere no cálculo dos danos e é considerado necessário para o litígio judicial. Mesmo no Brasil, o registro acaba sendo um documento necessário em ações de busca e apreensão, cessação de uso, visto que os juízes exigem um documento que comprove a autoria e/ou titularidade da obra em conflito. Os estados-membros da União Europeia não exigem registro para a constituição de direitos autorais (Convenção de Berna). Assim como no Brasil, na França e Espanha existe o sistema de registro facultativo, com a outorga de presunção de autoria e titularidade.

primeira publicação[40]), período satisfatório para a exploração econômica de um produto que depende muito de inovação e atualidades. Nos EUA, as obras corporativas, como em regra ocorre na produção de videogames, podem contar com um prazo ainda maior (para as obras criadas depois de 1978), podem ser exploradas com exclusividade por 95 anos (a contar de sua publicação), ou 120 anos (desde a sua criação). Para as obras de pessoas físicas, o prazo será a vida do autor, mais setenta anos.

Enquanto não se iniciar o domínio público, todos os elementos integrantes do videogame estarão protegidos e não poderão ser utilizados sem autorização e a devida remuneração ao licenciante. Os comerciantes não poderão comercializar e/ou reproduzir os personagens, cenários, itens de vestuário, como camisetas, bonés, cadernos, entre outros. Como também as empresas concorrentes (interessadas pelo mesmo segmento) não poderão copiar a forma de expressão criativa de outro titular de obra protegida pelo Direito de Autor. Por sua vez, as obras em domínio público poderão ser utilizadas por outros desenvolvedores de videogames para a criação de novas obras. A obra derivada de uma obra em domínio público terá a proteção assegurada pelo Direito de Autor. O desenvolvedor deverá se atentar para não violar direitos autorais de obras derivadas de obra em domínio público. Nestes casos, é muito importante observar que a história nova criada como obra derivada e todos os seus elementos integrantes estarão protegidos (tais como, personagens novos, cenários, nomes das localidades imaginárias, gráficos, músicas).

As ideias similares expressadas de forma diferente são permitidas pelo Direito de Autor. A verificação de infração de direitos autorais deverá partir da comparação da forma de expressão das ideias dos dois jogos e sem perder de vista jogos precedentes poderão ser de interesse para a elucidação da natureza originária ou não de um jogo. Um videogame derivado não poderá exigir exclusividade de elementos extraídos do domínio público. Toda cautela contratual e procedimental deverá ser tomada para a gestão de um projeto de desenvolvimento de videogame, uma vez que as ideias não são protegidas pelo Direito de Autor.

[40] Cf. Lei 9.610/98: Art. 44. O prazo de proteção aos direitos patrimoniais sobre obras audiovisuais e fotográficas será de setenta anos, a contar de 1° de janeiro do ano subsequente ao de sua divulgação.

No Brasil, os videogames criados em forma de obra audiovisual, a despeito do programa de computador subjacente, serão protegidos pela Lei 9.610/98 – Lei de Direito Autoral na categoria de obra audiovisual, bem como, o programa de computador em si será protegido pela Lei 9.609/98 – Lei de *Software*. Trata-se de uma classificação distributiva, onde os elementos integrantes da obra audiovisual serão protegidos como obra literária ou artística.

Referências

BALTHAZAR SILVA, LUIZA. Paralelos. Direitos intelectuais e a cultura de games no Brasil *in* MORATO, Antonio Carlos e MORAES, RODRIGO. (organizadores) Propriedade intelectual no cinema. Bahia: EDUFBA, 2022.

BRASIL. Tribunal Regional Federal 4ª. Região. Apelação Cível Nº 5040357-80.2013.4.04.7000/PR. Tributário. Mandado de segurança. Desembaraço aduaneiro. Desvinculação e exclusão dos valores referentes ao "software", para considerar-se apenas a importância relativa ao suporte físico na aferição do valor aduaneiro. Apelante: Inos Import & Export Ltda. Apelado: União – Fazenda Nacional. Relator: Dezembargador Joel Ilan Paciornik. Julgamento: 01/07/2015. BRASIL. Supremo Tribunal Federal. Recurso Extraordinário: 953265 PR – PARANÁ 5040357-80.2013.4.04.7000, Relator: Min. EDSON FACHIN, Data de Julgamento: 21/03/2016, Data de Publicação: DJe-054 28/03/2016.

CARNEIRO, Daniel Zanetti Marques. Tributação na importação de jogos de videogame. Consultor Jurídico – https://www.conjur.com.br/2022-ago-16/daniel-zanetti-tributacao-importacao-game (Acessado em 14.12.2022).

COSTA NETTO, José Carlos. Direito Autoral no Brasil. 3ª. ed. São Paulo: Saraiva, 2019.

CRIVELLI, Ivana Có Galdino. Direitos Autorais na obra cinematográfica. São Paulo: Letras Jurídica, 2008.

FAUST, J. Matthew. Waht do we do with a doctrine like merger? A look at the iminente collision of the DMCA and idea/expression. Dichotomy. Marquette Intellectual Property Law Review, Volume 12, issue 1. A expressão adotada do francês significa cenas que devem ser feitas ou no inglês *must be done*. Esta doutrina foi reconhecida pela primeira vez no precedente Schwartz v. Universal Pictures Co. (85 F. Supp 27º (S.D. Cal.1945). Disponível em: https://core.ac.uk/download/pdf/148687104.pdf . Acesso em 06.12.2022.

YONAY, Ehud. Top Guns. California Magazine, May 1983. Disponível em: http://www.topgunbio.com/top-guns-by-ehud-yonay/ . Acesso em 10.09.2022.

MCaArthur, Stephen in Clone Wars: The five most important cases every Game Developer should know. Disponível em: https://www.gamedeveloper.com/business/clone-wars-the-five-most-important-cases-every-game-developer-should-know. Acesso em 19.09.2022.

MICHAELIS. Dicionário Brasileiro da Língua Portuguesa. Disponível em: https://michaelis.uol.com.br/busca?id=YkXVd . Acesso em 10.09.2022.

OLIVEIRA, Camila. Mercado de Games no Brasil em 2022:números e tendências do setor. Disponível em: https://olist.com/blog/pt/como-vender-mais/inteligencia-competitiva/mercado-de-games-no-brasil/ . Acesso em 10.09.2022.

2022 promissor: mercado de games ultrapassará US$ 200 bi até 2023. Disponível em: https://forbes.com.br/forbes-tech/2022/01/com-2022-decisivo-mercado-de-games-ultrapassara-us-200-bi-ate-2023/ . Acesso em 10.09.2022.

SHELDON, LEE. Desenvolvimento de personagens e de narrativas para games. Tradução da 2ª. ed. Norte-americana. Celgage Learning. São Paulo: Cengage do Brasil, 2017.

O que é videogame? Revista Games. 16.04.2009. Disponível em: https://revistagames.wordpress.com/2009/04/16/o-que-e-um-videogame/ Acesso em 10.09.2022

RAMOS, Andy e et. The Legal Status of Video Games: Comparative analysis in National Approaches, Genebra, Wipo, 2013. Disponível em: https://www.wipo.int/export/sites/www/copyright/en/activities/pdf/comparative_analysis_on_video_games.pdf. Acesso em: 10.09.2022.

VILLELA, Marcelo. MOBA, RPG, MMORPG, FPS e mais: entenda significado dos gêneros de games. Puzzle, Party Games, Simulação, Ação, Aventura e muitos subgêneros também estão entre nomes conhecidos pelos gamers. Disponível em: https://www.techtudo.com.br/noticias/2021/03/moba-rpg-mmorpg-fps-e-mais-entenda-significado-dos-generos-de-games.ghtml. Acesso em 10.09.2022.

17 U.S.C. Sec. 101.91. UNITED STATES COURT OF APPEALS, SEVENTH CIRCUIT. Midway Mfg. Co v. Artic International Inc. 704 F.2d 1009. Disponível em: http://law.justia.com/cases/federal/appellate-courts/F2/704/1009/107395/. Acesso em 26.08.2022.

17 U.S.C. Sec. 101.91UNITED STATES COURT OF APPEALS. Seventh Circuit. 17 U.S.C. Sec. 101.91Midway Mfg. Co v. Artic International Inc. 704 F.2d 1009.Disponível em: https://casetext.com/case/midway-mfg-co-v-artic-intern-inc-2. Acesso: 26.08.2022.

UNITED STATES DISTRICT COURT, D. New Jersey.Tetris Holding, LLC v. XIO Interactive , LLC, 2012 US Dist. LEXIS 74463 (DNJ, 30 de maio de 2012) . Disponível em: https://casetext.com/case/tetris-holding-llc-v-xio-interactive-inc. Acesso em: 19.09.2022.

10. QUESTÕES ATUAIS SOBRE O ART. 108 DA LEI 9.610/1998 E A VIOLAÇÃO DO DIREITO MORAL À DESIGNAÇÃO DE AUTORIA PELAS PLATAFORMAS DE STREAMING MUSICAL

Rodrigo Moraes

Introdução

Em 2008, com a publicação da primeira edição do meu livro "Os direitos morais do autor: repersonalizando o Direito Autoral"[1], fruto de minha dissertação de mestrado na Faculdade de Direito da Universidade Federal da Bahia, analisei a omissão das autorias pelas emissoras de rádio e TV. Teci duras críticas ao atual sistema de radiodifusão, que, salvo raríssimas exceções, ignora o direito moral à designação de autoria (previsto nos arts. 24, II e 108 da Lei 9.610/1998).

Em 2015, aprofundei a questão, no estudo intitulado "O direito moral dos compositores à designação de autoria pelas emissoras de rádio e TV".[2]

[1] MORAES, Rodrigo. *Os direitos morais do autor: repersonalizando o Direito Autoral.* Rio de Janeiro: Lumen Juris, 2008, p. 112-113. A segunda edição da referida obra, revista e ampliada, foi publicada, em 2020, pela mesma editora Lumen Juris.

[2] MORAES, Rodrigo. O direito moral dos compositores à designação de autoria pelas emissoras de rádio e TV. *In*: SIMÃO, José Fernando; BELTRÃO; Silvio Romero (coordenadores). *Direito Civil: estudos em homenagem a José de Oliveira Ascensão.* Volume 1. São Paulo: Atlas, 2015.

Analisei, de maneira minudente, a temática, criticando, inclusive, a omissão das associações de direitos autorais brasileiras, participantes do sistema de gestão coletiva, na luta pela defesa dessa importante prerrogativa extrapatrimonial. No referido estudo, discordei de José de Oliveira Ascensão, que afirmava que, em algumas situações, inexiste sentido no exercício do direito à designação de autoria.

Eis as palavras de Oliveira Ascensão:

> O exercício deste direito não suscita dúvidas nas hipóteses normais. A indicação da autoria nos filmes ou nos livros é uma evidência. Noutras poderá trazer dificuldades, mas é exequível: assim acontece nas fotografias. Noutras ainda não faz sentido, e o costume se encarregou de restringir a afirmação demasiado absoluta da lei. Ninguém pede ao executante da música ligeira ou à emissora de radiodifusão que quebrem continuamente os programas com a apresentação dos nomes dos autores da letra e da música.[3]

Continuo discordando, veementemente, desse entendimento. Anunciar autorias não pode significar "quebra" da dinâmica dos programas radiofônicos. As emissoras devem cumprir função social. Existe, sim, sentido no exercício desse direito moral, tanto para os criadores intelectuais quanto para a sociedade em geral.

O presente estudo pretende lançar luzes no direito moral à designação de autoria com ênfase nas plataformas de *streaming*, onde ainda existe a invisibilidade da célula embrionária de toda a indústria musical: o(a) autor(a).

1. Uma alvissareira notícia

No dia 08 de junho de 2022, o G1 – o portal de notícias da Globo – publicou uma reportagem, assinada pelo jornalista Rodrigo Ortega, intitulada: "Juiz

[3] ASCENSÃO, José de Oliveira. *Direito Autoral*. 2. ed. Rio de Janeiro: Renovar, 1997, p. 139.

dá liminar para obrigar Google a mostrar nome de compositor em streaming do YouTube".[4]

A reportagem se refere à ação indenizatória ajuizada, em 2022, pelo músico, cantor e compositor Deni Domenico contra a Google Brasil Internet Ltda. O autor afirmou que a plataforma de *streaming* YouTube Music, que iniciou seus serviços no Brasil em 2018, violava o direito moral à designação de autoria, porque, diferentemente de outras plataformas de *streaming*, não permitia que o compositor fosse identificado pela autoria de sua obra.[5]

No YouTube Music, era impossível, até meado de 2023, ter acesso a informações de autoria, tanto por meio do aplicativo da plataforma instalado em *smartphones*, quanto pelo website. O YouTube Music disponibilizava tão somente informações sobre os intérpretes das obras musicais.

O juiz Mario Chiuvite Júnior, da 22ª Vara Cível da Comarca de São Paulo, deferiu a

> "tutela provisória de urgência antecipada para determinar que a ré seja impedida, a partir da ciência deste decisum, de retirar as músicas elencadas na inicial de sua base de acesso ou de impedir ou dificultar o acesso aos fonogramas pelos usuários, por qualquer meio que seja, e ainda para que a ré seja obrigada a divulgar o nome do autor como compositor das obras aludidas no exórdio, no prazo de cinco dias, a partir da ciência desta decisão, nos termos do artigo 108 da Lei 9.610 de 1998, tudo sob pena do pagamento da multa diária de R$ 1.000,00 [...]".[6]

A Google Brasil Internet Ltda. interpôs agravo de instrumento com pedido de efeito suspensivo, alegando "ausência de qualquer ilegalidade na conduta da Google em relação às obras musicais em discussão". Eis, em síntese

[4] Disponível em: https://g1.globo.com/pop-arte/musica/noticia/2022/06/08/juiz-da-liminar-para-obrigar-google-a-mostrar-nome-de-compositor-em-streaming-do-youtube.ghtml. Acesso em: 02 jul. 2022.

[5] Os advogados do autor são Yves Finzetto e Leandro Bauch.

[6] Ação indenizatória sob nº 1051417-97.2022.8.26.0100. O juiz da 22ª Vara Cível da Comarca de São Paulo, Mario Chiuvite Júnior, em sentença prolatada em 18 de novembro de 2022, julgou procedente em parte a ação, para determinar que o Google divulgue o nome do Autor como compositor das músicas descritas na petição inicial, bem como para condenar o réu ao pagamento de indenização por danos morais no valor de R$ 15.000,00 (quinze mil reais).

apertada, os dois principais argumentos utilizados pelo Google no recurso de agravo:

(i) "a responsabilidade de disponibilizar informações sobre os direitos autorais das obras musicais disponibilizadas no YouTube Music é das editoras, produtoras, gravadoras, distribuidoras e agregadoras digitais que compartilham arquivos e dados relacionados às obras musicais na plataforma, de modo que eventual ordem de retificação dos dados das obras deve ser direcionada a elas, e não ao Google". Atribui, pois, a terceiros a responsabilidade, sob o fundamento de que o art. 80, I, da Lei Autoral (Lei 9.610/1998) dispõe que "ao publicar o fonograma, o produtor mencionará em cada exemplar o título da obra incluída e seu autor";

(ii) a liminar "deturpa as obrigações do YouTube Music face ao regime legal do MCI [Marco Civil da Internet], que prevê somente a possibilidade de remoção do conteúdo de terceiro na hipótese de violação à lei". Em outras palavras, o Google sustenta a tese de que a única solução cabível seria a aplicação do art. 19 da Lei 12.965/2014 (Marco Civil da Internet), ou seja, a remoção das obras musicais em discussão. Enfim, alega que "o único (e o melhor) remédio legalmente previsto para cessar tal situação de suposta violação de direitos seria a remoção do conteúdo".[7]

Não se pode concordar com esses argumentos utilizados pelo Google.

Em primeiro lugar, de nada adianta atribuir a responsabilidade civil a terceiros – editoras, produtores fonográficos e distribuidoras (agregadoras) –, porque, como já dito, o YouTube Music, diferentemente de outras plataformas de *streaming*, não permitia, até meado de 2023, que o compositor fosse identificado pela autoria de sua obra. Ainda que editores, produtores fonográficos e agregadores compartilhassem corretamente os dados de autoria, a plataforma YouTube Music simplesmente continuaria, em 2022, não oferecendo ao público ouvinte a função de divulgação dos autores, em nítida infração

[7] Agravo de instrumento sob nº 2145230-73.2022.8.26.0000, em trâmite na 9ª Câmara Cível do Tribunal de Justiça de São Paulo. sob a relatoria de Galdino Toledo Júnior.

à Lei Autoral pátria. Essa poderosa empresa de tecnologia, por incrível que pareça, não dispunha, até meado de 2023, de ferramenta tecnológica para a disponibilização dos nomes dos autores musicais.

Ainda que, em 2022, a plataforma YouTube Music dispusesse de ferramenta tecnológica, mas incorresse na omissão do crédito autoral em situações pontuais, não estaria afastado o dever de indenizar, cabendo-lhe o dever de fiscalizar as informações que lhe são fornecidas por terceiros.[8] Na hipótese de produtores fonográficos e agregadores não fornecerem informações sobre autoria de obras musicais, as plataformas deveriam se abster de disponibilizá-las. Em outras palavras, os *players* deveriam agir proativamente: "Sem informação de autoria, não é possível subir 'conteúdo'". Em outras palavras, sem informar os nomes dos autores, é inviável o *upload*. Simples assim.

Em segundo lugar, a alegação de que "o único (e o melhor) remédio legalmente previsto para cessar tal situação de suposta violação de direitos seria a remoção do conteúdo" consiste numa aberração jurídica. *Mutatis mutandis*, esse tipo de argumento seria como o de alguém, que viola às escâncaras a lei do silêncio, dizer, após uma queixa de um vizinho: "Não irei baixar o som. Os incomodados que se retirem". A remoção do "conteúdo" (leia-se obras musicais) sem a devida designação de autoria aumentaria o prejuízo do autor. Passaria a haver uma cumulação de danos, tanto de ordem extrapatrimonial quanto de ordem patrimonial. Ademais, esse prejuízo atingiria terceiros que não ajuizaram a ação indenizatória, como o produtor fonográfico e a editora. Estes seriam atingidos pela "remoção do ilícito", sem sequer exercer o direito à ampla defesa e ao contraditório. E, em última análise, toda a comunidade de consumidores assinantes da plataforma de *streaming* seria prejudicada, pois deixaria de ter acesso às obras do acionante que pleiteou, judicialmente, o cumprimento da Lei Autoral.

O comportamento refratário do Google demonstra um descompromisso com a cultura musical brasileira. Plataforma de *streaming* que viola o direito

[8] Na ação sob nº 1062989-50.2022.8.26.0100, o juiz da 4ª Vara Cível da Comarca de São Paulo, Rodrigo Cesar Fernandes Marinho, em 24 de agosto de 2022, condenou o Spotify em danos morais pela omissão do nome do autor Deni Domenico. Esta plataforma de *streaming* – Spotify –, diferentemente do YouTube Music, dispõe de tecnologia para a designação de autoria, mas ainda existem diversas omissões nesse quesito de "créditos". Muitas obras musicais ainda estão sem a devida designação de autoria.

moral à designação de autoria descumpre a Lei Autoral e sua função social de empresa. O problema dessa gigante da indústria *pontocom* não era (e não é) a falta de especialistas em tecnologia, mas a ausência de uma cultura empresarial que valorize a célula embrionária de toda a indústria musical: o(a) autor(a), criador(a) intelectual.

Infelizmente, os efeitos da decisão liminar contra o Google foram sustados por uma decisão do desembargador Galdino Toledo Júnior, datada de 1º de julho de 2022. Esta decisão, despida de fundamentação, limitou-se a dizer o seguinte:

> "[...]
> Diante das alegações da recorrente, defiro o pedido liminar para sustar os efeitos da decisão combatida visando evitar risco de dano patrimonial, ao menos até a mais profunda análise da questão pelo colegiado. Anoto que os atos imputados à ré datam desde a estreia do serviço de fornecimento de conteúdo musical em 25.09.2018 (fl. 17 da inicial), o que afasta o risco de grave dano inverso ao autor, sendo certo ainda que eventual ilegalidade porventura ocorrida poderá ser dirimida pela via indenizatória."[9]

O Google não assumiu expressamente, no mencionado processo, que a sua plataforma YouTube Music não dispunha de ferramenta tecnológica para a designação de autoria. Tergiversou nesse aspecto, e ainda conseguiu a sustação dos efeitos da liminar.

A liminar foi cassada. Mas o juiz da 22ª Vara Cível da Comarca de São Paulo, Mario Chiuvite Júnior, em sentença prolatada em 18 de novembro de 2022, julgou procedente em parte a ação, para determinar que o Google divulgue o nome do Autor como compositor das músicas descritas na petição inicial, bem como para condenar o réu ao pagamento de indenização por danos morais no valor de R$ 15.000,00 (quinze mil reais).

Já a Napster do Brasil Licenciamento de Música Ltda. reconheceu expressamente, num agravo de instrumento, que não possui, "no momento, um

[9] Agravo de instrumento sob nº 2145230-73.2022.8.26.0000, julgado pela 9ª Câmara Cível do Tribunal de Justiça de São Paulo, sob a relatoria de Galdino Toledo Júnior.

campo específico para cadastro da autoria da composição". O desembargador relator do agravo, Maurício Campos da Silva Velho, da 4ª Câmara de Direito Privado do TJSP, decidiu, em 28 de junho de 2022, monocraticamente, de maneira absurda:

> "Considerando as limitações da plataforma NAPSTER – que não apresenta espaço para inserção do autor da obra – de se ver que a manutenção de parte da decisão que exige a manutenção da música de autoria do agravado se afigura teratológica pois obriga a agravante a se submeter à multa porquanto sua plataforma não teria condições técnicas de inserir o nome do autor da obra.
> Nesse passo, concedo parcialmente a tutela para determinar que a agravante cumpra as regras do direito autoral inserindo a autoria da música na plataforma e, em caso de impossibilidade técnica, a retire imediatamente da plataforma por ela mantida, no prazo de 48 horas, sob pena de multa de R$ 5.000,00 ao dia".[10]

Essa absurda decisão monocrática cassou a liminar dada pelo juiz Claudio Salvetti Angelo, da 3ª Vara Cível da Comarca de São Paulo. O referido magistrado tinha concedido a tutela de urgência para que o Napster se abstivesse "*de retirar as músicas elencadas nesta inicial de sua base de acesso ou de impedir ou dificultar o acesso aos fonogramas pelos usuários, por qualquer meio que seja, sob pena de pagamento de multa pecuniária diária no valor de R$ 1.000,00, limitada a 60 dias*". A decisão de primeiro grau também determinou que o Napster cumprisse "*a obrigação de fazer consistente em divulgar o nome do autor ora compositor, ao disponibilizar todas suas obras musicais, no prazo de 5 dias, nos termos do art. 108 da Lei nº 9.610/98, sob pena de pagamento de multa pecuniária diária no valor de R$ 1.000,00, limitada a 60 dias*".[11]

O desembargador Maurício Campos da Silva Velho, infelizmente, chancelou a possibilidade de a empresa Napster descumprir a Lei Federal 9.610/1998. A questão é simples: se essa plataforma de *streaming* não tem condições técnicas

[10] Agravo de instrumento 2142130-13.2022.8.26.0000, em trâmite na 4ª Câmara de Direito Privado do Tribunal de Justiça de São Paulo (TJSP), sob a relatoria do desembargador Maurício Campos da Silva Velho.

[11] Ação indenizatória nº 1035983-71.2022.8.26.0002, que tramita no TJSP.

de inserir o nome dos autores das obras musicais que ela disponibiliza ao público, ela descumpre a Lei Autoral e, portanto, não merece atuar no mercado brasileiro. É preciso que o Napster se adeque à legislação autoral pátria, que protege os direitos morais do autor.

Importante mencionar que o juiz Claudio Salvetti Angelo, da 3ª Vara Cível da Comarca de São Paulo, na mencionada ação contra a Napster, no dia 28 de julho de 2022, julgou procedente a pretensão do compositor Deni Domenico e condenou a requerida: "a) na obrigação de se abster de retirar as músicas elencadas nesta inicial de sua base de acesso ou de impedir ou dificultar o acesso aos fonogramas pelos usuários, por qualquer meio que seja; b) na obrigação de fazer consistente em divulgar o nome do autor ora compositor, ao disponibilizar todas suas obras musicais, nos termos do art. 108 da Lei nº 9.610/98; c) ao pagamento de indenização no valor de R$ 10.000,00, a ser corrigido (pela tabela prática do Tribunal de Justiça) a partir desta data (súmula 362 do Superior Tribunal de Justiça) e acrescido de juros de mora legais (de 1% ao mês) a partir da citação."[12] Assim fundamentou o juiz sentenciante:

> "Eventual omissão da licenciadora, pela qual transmitidos os dados das músicas, ou a conjeturada falha do próprio autor no tocante ao adequado registro das obras não a eximiam de se inteirar da autoria delas antes de torná-las disponíveis aos usuários de sua plataforma. Procedendo sem essa cautela, a requerida assumiu o risco de violação ao direito autoral, pela qual deve responder. Não obstante a qualificação como provedora de aplicação de internet, a requerida não pode se valer do evocado art. 19 da Lei n. 12.965/2014 para isenção de responsabilidade porque, no caso, trata-se de conteúdo que, embora produzido por terceiro, foi gerado em sua plataforma por ela mesma. O dano moral decorrente do uso das obras sem a informação da autoria é presumido, ou seja, "in re ipsa", de acordo com o art. 108 da Lei nº 9.610".

A Napster apelou, mas a indenização foi mantida pelo Tribunal de Justiça do Estado de São Paulo, em acórdão de 23 de abril de 2023, sob a relatoria do desembargador Maurício Campos da Silva Velho. Eis a ementa:

[12] Ação indenizatória nº 1035983-71.2022.8.26.0002, que corre na 3ª Vara Cível de São Paulo.

> "APELAÇÃO. Direitos autorais. Obras musicais disponibilizadas em plataforma de *streaming* sem os dados identificadores do autor. Violação de direito autoral caracterizada, independentemente da reprodução do fonograma por usuários. Dano moral bem quantificado. Juros moratórios que incidem desde o evento danoso. Responsabilidade civil extracontratual. Obrigação de abster-se de retirar as obras da plataforma que deve, de outro lado, ser afastada. Sentença reformada em parte. Recurso da requerida parcialmente provido e recurso do autor provido
> (TJSP, Apelação Cível nº 1035983-71.2022.8.26.0002, Rel. Maurício Campos da Silva Velho, 4ª Câmara de Direito Privado, julgamento em 27 de abril de 2023)."

O Napster nasceu violando direitos autorais. Shawn Fanning abandonou a faculdade de Ciências da Computação da Universidade de Northeastern, em Boston, para se dedicar à criação solitária de um *software*, que ganhou o nome de Napster – este era o apelido de Fanning, que só andava de boné e tinha um cabelo desajeitado (*nappy*, em inglês, significa amarrotado, desgrenhado, bagunçado).[13]

Em 1999, quando Shawn Fanning tinha apenas dezenove anos, foi publicizada a primeira versão do seu programa Napster, que bagunçou, intensa e imediatamente, a indústria musical.

A tecnologia P2P (*peer-to-peer* ou ponto a ponto) inaugurou uma nova maneira de troca de arquivos – entre os próprios usuários –, viabilizando uma computação descentralizada, diretamente entre pares.

O Napster é considerado um grande divisor de águas. O troca-troca ganhou, rapidamente, gigantescas proporções. Em dois anos de operação, chegou a 26 milhões de usuários.[14]

A primeira versão do Napster ficou pronta em junho de 1999 e agitou a rede mundial de computadores. O fenômeno massivo de compartilhamento "gratuito" de músicas teve uma imediata e enérgica reação da indústria

[13] TEIXEIRA JR. Sérgio. *MP3: A Revolução da Música Digital*. Coleção Para Saber Mais. Super Interessante. São Paulo: Abril, 2002, p. 49.

[14] O documentário *Downloaded*, de 2013, dirigido por Alex Winter, conta a história do Napster, que, atualmente, é um serviço de *streaming*.

fonográfica. Na verdade, inexistia "gratuidade". Se o Napster não lucrava diretamente com a venda de música, se beneficiava, sim, indiretamente, com anúncios publicitários. Estes eram a sua fonte de receita.

Metaforicamente, pode-se dizer que não havia pedágio nessas infovias, mas, sem dúvida alguma, existiam diversos *outdoors*. E no mercado publicitário digital, assim como no analógico, o valor de um *outdoor* é proporcional à quantidade de tráfego. Quanto maior a audiência nas infovias, maior o valor cobrado para um anúncio publicitário, assim como quanto maior a visibilidade de uma via pública, maior será o preço para esse tipo de exposição publicitária.[15]

A rede mundial de computadores não escapa ao sistema comercial da televisão, rádio e imprensa "gratuitas". Estas mídias são financiadas pela publicidade. Não vendem conteúdos aos consumidores, mas consumidores (audiências) aos anunciantes.[16]

O Napster, que teve gigantesca audiência, foi um negócio lucrativo, não para os titulares de direitos autorais, mas para os seus proprietários. A falácia da gratuidade[17] do Napster foi desmascarada pelo fato de ele ter sido vendido por mais de cinco milhões de dólares. Sean Parker, cofundador do Napster, tornou-se um executivo milionário e presidente fundador do Facebook.

A indústria fonográfica, no mesmo ano de 1999, ajuizou uma ação contra o Napster e logrou êxito.[18] Em julho de 2001, o judiciário norte-americano ordenou o fim desse sistema de compartilhamento de arquivos, no famoso caso – *A&M Records, Inc. v. Napster.*[19]

15 MÜLLER, João Carlos. *Consultor jurídico da ABPD diz que P2P é a desgraça do direito autoral e que falta boa-fé ao Creative Commons.* Disponível em: https://extra.globo.com/noticias/saude-e-ciencia/consultor-juridico-da-abpd-diz-que-p2p-a-desgraca-do-direito-autoral-que-falta-boa-fe-ao-creative-commons-222837.html. Acesso em 02 jul. 2022.

16 OLIVENNES, Denis. *La gratuidad es el robo.* Tradução de Henar Pascual Malvar. Barcelona: FNAC, 2008, p 87.

17 A expressão "falácia da gratuidade" foi utilizada, em 2000, pela professora Claudia Lima Marques, no campo do Direito do Consumidor. MARQUES, Claudia Lima. *Proposta de uma teoria geral dos serviços com base no Código de Defesa do Consumidor – a evolução das obrigações envolvendo serviços remunerados direta ou indiretamente.* Revista da Faculdade de Direito da UFRGS, Porto Alegre, v. 18, p. 35-76, 2000.

18 A&M RECORDS, Inc. v. NAPSTER, INC., 239 F.3d 1004 (9th Cir. 2001). Disponível em: https://www.law.cornell.edu/copyright/cases/239_F3d_1004.htm. Acesso em 02 jul. 2022.

19 No REsp. nº 1.512.647 – MG, o ministro relator Luis Felipe Salomão fez uma sinopse do caso Napster.

Tempos depois, o Napster mudou seu modelo de negócio, passando a atuar no mercado com os devidos licenciamentos. Todavia, sua atuação, no mercado brasileiro, continua ilícito, tendo em vista que essa sociedade empresária confessa expressamente não possuir, "no momento, um campo específico para cadastro da autoria da composição".

2. O direito moral à designação de autoria nas plataformas de *streaming*

Anunciar os nomes dos compositores, pelas emissoras de rádio, implica perda de espaço publicitário. Eis o antigo discurso das emissoras de rádio, que alegam, ainda, impossibilidade técnica para mencionar os nomes dos autores (falta de funcionários para o turno noturno, falta de conhecimento das autorias das canções, etc.).

Com a chegada das plataformas de *streaming* musical, a omissão continua e se agrava. Sequer o antigo argumento das emissoras de rádio – de "perda de tempo" para o anúncio das autorias – é servível.

No dia 11 de março de 2017, proferi uma palestra – intitulada "A interface da Propriedade Intelectual com o Direito do Consumidor" – no I Congresso da Região Nordeste de Defesa do Consumidor, organizado pela Associação Baiana de Defesa do Consumidor – ABDECON em parceria com o Ministério Público do Estado da Bahia. Na ocasião tive a honra de participar de um painel intitulado "Consumidor, Direitos da Personalidade e Propriedade Intelectual" com a ilustre Professora Titular Silmara Juny de Abreu Chinellato, da Faculdade de Direito da Universidade de São Paulo. Afirmei que a omissão dos nomes dos compositores gera um duplo ilícito, uma vez que lesa simultaneamente os autores e os consumidores, como é possível depreender dos pontos que elencamos a seguir:

(i) os inúmeros usuários de plataformas de *streaming* musical não conseguem visualizar os nomes dos compositores; portanto, como consumidores de tais serviços digitais, os usuários são lesados, pois há uma ofensa ao direito à informação, previsto no art. 6º, III, do Código de Defesa do Consumidor. Os usuários têm o direito de saber quem são os criadores intelectuais das canções que ouvem. Esse direito à informação é essencial para quem consome música de maneira legal.[20]

(ii) as empresas de *streaming* violam a Lei de Direitos Autorais (arts. 24, II e 108 da Lei 9.610/1998), pois omitem os nomes dos autores, que são a célula embrionária de toda a indústria cultural.

Essa discussão do direito moral de autor não está confinada em território nacional, mas é planetária. No dia 15 de agosto de 2017, quatro importantes entidades – *British Academy of Songwriters, Composers and Authors* (BASCA), *European Composer & Songwriter Alliance* (ECSA), *MusicAnswers e Music Creators in North America* (MCNA) – emitiram uma carta aberta à *Recording Industry Association of America* (RIAA), considerando a postura da entidade representativa da indústria fonográfica "irresponsável" por não velar pelo respeito ao direito moral à designação de autoria (*moral right of attribution*).[21] Na referida *open letter*, a RIAA foi acusada de, historicamente, nunca ter abraçado a ideia dos direitos morais de autor, e os ter sempre encarado como um "risco de litígio".[22] No manifesto, foi dito que as informações (metadados) são fundamentais para a proteção dos autores no ambiente digital.[23]

A quem interessa a invisibilidade dos autores no ambiente digital? As associações autorais, dotadas de legitimação extraordinária para a defesa dessa prerrogativa extrapatrimonial, não podem se omitir. Tampouco o Estado.

Por serem "empresas de tecnologia", as plataformas de *streaming* possuem, incontestavelmente, ferramentas tecnológicas para que o direito à designação de autoria seja, de fato, respeitado.

Acredito que não há necessidade de alteração da legislação autoral (Lei 9.610/1998) para exigir das plataformas de *streaming* musical o cumprimento do dever de designação de autoria. Vê-se, no art. 108, III, que o legislador, a fim de evitar obsolescência, utilizou a expressão "tratando-se de outra forma

[20] MORAES, Rodrigo. *Invisibilidade dos compositores*. Jornal A Tarde, edição de 31 de julho de 2017, p. A3.

[21] Disponível em http://www.ciamcreators.org/wp-content/uploads/2017/03/Open-Letter-to-RIAA-15-Aug-2017.pdf. Acesso em: 16 nov. 2017.

[22] "*We certainly are aware that the RIAA and its members have historically not embraced the idea of* moral *rights, and have tended to view it as a litigation risk*".

[23] "*Accurate metadata is essential to the healthy digital future of music creators, it is also critical to the healthy digital future of each and every Citizen Creator*".

de utilização" (para diferenciar do uso pela radiodifusão, prevista no inciso I, ou por publicação gráfica ou fonográfica, prevista no inciso II). Sendo assim, utilização de obras musicais pelas plataformas de *streaming* se subsume ao art. 108, III, sendo desnecessária alteração legislativa. Portanto, não há vácuo normativo.

É muito comum a existência de *playlists* (listas de músicas) nas plataformas de *streaming* musical, que podem ser criadas pelas próprias empresas de *streaming*, por artistas ou pelos próprios usuários. Neste último caso, para criar a sua própria *playlist*, o usuário pode fazer uma pesquisa a partir de: o nome de um artista (intérprete); o nome de um álbum; o nome de uma obra. Não é possível, todavia, realizar uma busca a partir do nome de um autor (compositor). Por exemplo, se for colocado, nos sistemas de busca do Spotify, Deezer, Apple Music, YouTube Music e Napster, o nome do compositor mineiro Fernando Brant, aparecerá o álbum *Conspiração dos Poetas*, em que Tavinho Moura e Fernando Brant são os intérpretes. Sabe-se, todavia, que Fernando Brant era um exímio letrista, mas não costumava atuar como intérprete. Sendo assim, se um usuário quiser conhecer todas as músicas de Fernando Brant disponibilizadas naquelas plataformas de *streaming*, terá de pesquisar, nos sistemas de busca, os nomes de suas obras ou intérpretes. Isso, sem dúvida alguma, é algo prejudicial, que fere não apenas o direito à informação do usuário comum, mas, também, o direito à informação do pesquisador da música popular brasileira. Estes, para fazerem uma *playlist* contendo somente músicas de um determinado compositor, terão de pesquisar o repertório através de outros critérios de busca.

Indaga-se: por que o nome de um compositor, célula embrionária de toda a indústria musical, não serve como palavra-chave para a pesquisa de seu repertório? Por que o processo de rastreamento, nas milhões de músicas existentes nas plataformas de *streaming*, não permite que o nome de um autor (que não é intérprete) seja palavra-chave? Por que a tecnologia do sistema de busca trata com hostilidade os criadores intelectuais?

Ainda que as plataformas de *streaming* sejam consideradas "empresas de tecnologia" e não "empresas de música", mantêm, sim, um dever para com a cultura e as legislações autorais dos diversos países que oferecem seus serviços.

Carlos Taran, empresário e gestor cultural, traz um importante depoimento:

> Em 2014 estive reunido com altos executivos dos diferentes serviços de *streaming* presentes no Brasil. Só agora percebo que parte da conversa com um deles me influenciou bastante na hora de escrever este texto. Enquanto esperava na bonita e arejada sala de reuniões, me detive a ler a letra de uma música escrita em uma das paredes. Era uma música do The Smiths, banda de que sou fã e na época estava lendo a biografia. Imaginem como fiquei contente. Enquanto gravadoras históricas estão quase desaparecendo e outras diminuindo, demitindo e outros "indo's". Eu estava em um escritório novo, lindo, dedicado à música e, na parede, estava escrita a letra de uma música de uma das minhas bandas favoritas. Pensei: existe luz no fim do túnel! Só que, ao fim da letra percebi um erro. O nome dos autores estava grafado "Morrissey e Mars". Morrissey e Mars? Mas, peraí! Não, não é Mars, é Marr. Johnny Marr! Com r no final. Na chegada do meu interlocutor, elogiei o bom gosto do escritório e alertei para o erro de digitação no nome de um dos compositores da música. Comentei com ele que, sendo ali uma empresa que tratava com música e um local de possível grande circulação de artistas, não pegava bem ter nomes de autores errados. E a resposta dele até hoje não saiu da minha cabeça: "Não se preocupe com esses detalhes, Taran. Aliás, você tem que entender que nós não somos uma empresa de música, nós somos uma empresa de tecnologia".[24]

Enfim, os compositores são hostilizados na Era Digital. As entidades de gestão coletiva podem ser o caminho mais eficaz para o enfrentamento desse abominável quadro de indiferença e desrespeito ao direito moral à designação de autoria.

[24] TARAN, Carlos. *Precisamos falar sobre o streaming*. Rio de Janeiro, março de 2015, p. 20. Disponível em: https://pt.slideshare.net/ctaran/precisamos-falar-sobre-o-streaming. Acesso em 01 jul. 2022.

3. A missão das associações autorais na defesa do direito moral à designação de autoria

O art. 97, §1º, da Lei nº 9610/1998, com a redação dada pela Lei nº 12.853/2013, estabelece que as associações que integram o Ecad (Abramus, Amar, Assim, Sbacem, Sicam, Socinpro e UBC) "exercem atividade de interesse público", "devendo atender a sua função social". Tais associações ocupam um espaço público não-estatal. Há, sem dúvida alguma, interesse público na questão da defesa do direito moral à designação de autoria pelas plataformas de *streaming* e pelas emissoras de rádio e TV.

O Supremo Tribunal Federal, mais de uma vez, já analisou essa questão do interesse público exercido pelas associações que integram o Ecad. O Ministro Luiz Fux, relator da ADI 5.062, afirmou com precisão:

> O art. 97, §1º, da Lei nº 9.610/1998, com a redação dada pela Lei nº 12.853/2013, estabelece que as associações de titulares de direitos autorais exercem atividade de interesse público e devem atender a sua função social, ocupando, assim, um espaço público não-estatal, conforme sedimentado pelo Egrégio Supremo Tribunal Federal no julgamento do RE nº 201.819 (red. p/ acórdão: Min. Gilmar Mendes, rel. Originária, Min. Ellen Gracie, Segunda Turma, j. 11/10/2005, DJ 27-10-2006).[25]

Há estatutos de associações que integram o Ecad que preveem, expressamente, a defesa do direito moral.

O art. 2º, "a", do estatuto da UBC, por exemplo, afirma que consiste em finalidade desta associação "defender moral e materialmente os direitos autorais ou a propriedade artística e literária de seus associados, representando-os, em Juízo ou fora dele, no Brasil e no estrangeiro".[26]

O art. 3º da Abramus, por sua vez, afirma que "a Associação terá a função precípua de representar os seus associados no exercício e defesa dos seus

[25] ADI 5062, Relator(a): LUIZ FUX, Tribunal Pleno, julgado em 27/10/2016, PROCESSO ELETRÔNICO DJe-134 DIVULG 20-06-2017 PUBLIC 21-06-2017.

[26] Disponível em: http://ubc.org.br/ubc/estatuto. Acesso em 12 jul. 2022.

direitos autorais de ordem patrimonial, sendo que a defesa dos direitos de natureza moral dependerá de solicitação e mandato específicos e expressos do interessado, em cada caso"[27]. Deveria haver alteração dessa cláusula estatutária da Abramus, que retrata uma visão que prioriza a defesa dos direitos patrimoniais em relação aos direitos morais. A Abramus não depende "de solicitação e mandato específicos expressos do interessado" para adotar medidas judiciais e extrajudiciais em defesa do direito moral à designação de autoria pelas plataformas de *streaming* e emissoras de rádio e TV.

As associações autorais têm legitimidade extraordinária para o ajuizamento de ação civil pública contra as plataformas de *streaming*. O art. 1.º, incisos III e IV, da Lei da Ação Civil Pública (Lei nº 7.347/1985) prevê a possibilidade de reparação por dano moral coletivo, quando o dano é causado "a bens e direitos de valor artístico, estético, histórico, turístico e paisagístico" e "a qualquer outro interesse difuso ou coletivo".

Os compositores, que costumam não ter voz nem vez, precisam de associações que briguem por seus interesses, não somente patrimoniais como também extrapatrimoniais. A tutela coletiva permite o acesso eficaz à justiça. Existe legitimação extraordinária, na Lei Autoral, para as associações que integram o Ecad defenderem os direitos morais de seus associados. Portanto, o fato de o direito moral à designação de autoria ser inalienável e irrenunciável (art. 27 da Lei 9.610/1998) não significa que nunca poderá ser exercido pelas entidades de gestão coletiva.[28]

No Congresso organizado pela ALAI (*Association Littéraire et Artistique Internationale*), em 2014, em Bruxelas, sobre o direito moral no século XXI, a Associação Brasileira de Direito Autoral (ABDA) respondeu ao questionário enviado a diversos países.

Eis a sua décima pergunta: "*Em seu país as sociedades de gestão coletiva desempenham um papel no exercício do direito moral?*"

A resposta enviada pela ABDA, redigida pela professora Silmara Chinellato, destacou que "a preocupação principal das sociedades de gestão coletiva é com a arrecadação e defesa de direitos patrimoniais".

[27] Disponível em: https://www.abramus.org.br/estatuto-abramus/. Acesso em 12 jul. 2022.

[28] O STJ vem decidindo sobre a possibilidade de "dano moral coletivo", que atinge direitos de personalidade de grupo massificado. Eis algumas decisões: REsp 1269494, REsp 1367923, REsp 1291213, REsp 1221756.

A despeito de existir, nos estatutos de algumas associações, a previsão de poderes para a defesa de direitos morais, há dificuldades, na prática, e alguns dirigentes autorais alegam que "os juízes geralmente não acolhem o exercício *coletivo* dos direitos morais, por entenderem que, por serem personalíssimos, só podem ser exercidos individualmente".

Chegou-se à triste conclusão de que, no Brasil, "a gestão coletiva se centraliza em direitos patrimoniais, mas as Associações disponibilizam aos associados serviços específicos para defesa de direitos morais, nos casos concretos".[29] Infelizmente, o Brasil não foi um caso isolado.

Diversos outros países, nas respostas enviadas ao questionário, reconheceram que as sociedades de gestão coletiva de seus países não desempenham um papel relevante no exercício do direito moral.[30]

Enfim, as entidades de gestão coletiva, tanto brasileiras quanto estrangeiras, precisam avançar muito nesse quesito da defesa coletiva dos direitos morais de seus associados.

Essa luta pela designação de autoria não pode ser individual, quixotesca, sonhadora. Ela tem de ser coletiva e conectada na realidade.

4. A histórica recalcitrância das emissoras de rádio e TV no cumprimento do direito moral de designação de autoria

Muitas emissoras de rádio são inadimplentes em relação a direitos patrimoniais de autor. Além dessa grave questão de ordem econômica, não anunciam os nomes dos compositores, salvo pouquíssimas e honrosas exceções.

O art. 24, II, da atual LDA afirma que é direito moral do autor "o de ter seu nome, pseudônimo ou sinal convencional indicado ou anunciado, como sendo o do autor, na utilização de sua obra". O art. 108, I, da Lei 9.610/1998 prevê *in verbis*:

[29] CHINELLATO, Silmara. *In:* MORAES, Rodrigo (Coord.). *Estudos de Direito Autoral em homenagem a José Carlos Costa Netto*. Salvador: EDUFBA, 2017, p. 518.

[30] Disponível em: http://www.aba-bva.be/Rapports-nationaux-117?lang=fr. Acesso em: 12 maio 2022.

> Art. 108. Quem, na utilização, por qualquer modalidade, de obra intelectual, deixar de indicar ou de anunciar, como tal, o nome, pseudônimo ou sinal convencional do autor e do intérprete, além de responder por danos morais, está obrigado a divulgar-lhes a identidade da seguinte forma:
> I – tratando-se de **empresa de radiodifusão**, no mesmo horário em que tiver ocorrido a infração, por três dias consecutivos.

O anúncio da autoria é um dever legal. As emissoras de rádio e TV têm de cumprir as finalidades informativas, educativas, artísticas e culturais, consagradas expressamente na Constituição Federal (art. 221, I). O desrespeito ao anúncio dos compositores consiste em uso nocivo de obras intelectuais. Emissora de rádio e TV que não divulga os nomes dos autores descumpre sua função social de empresa.

Ademais, se os nomes dos compositores fossem devidamente anunciados, haveria denúncia pública de alguns empresários "comprositores" (neologismo criado pelo genial Noel Rosa), que adquirem autoria alheia, sem qualquer ética, sem qualquer escrúpulo. Ter os seus nomes anunciados traria a lume uma conduta que eles têm interesse em camuflar.

Os canais de áudio de TVs pagas também omitem os nomes dos compositores, mesmo sem qualquer espécie de prejuízo ou perda de espaço publicitário. Percebe-se, portanto, que o problema é também de ordem cultural, visto que a sociedade brasileira ainda não faz muita questão de saber quem são os criadores intelectuais de nosso cancioneiro popular. Lamentavelmente, essa é a verdade: há desinteresse por cultura, educação e arte. E as emissoras de rádio e TV, em geral, incentivam e disseminam essa indiferença.

O autor deve reivindicar o direito moral de ter seu nome indicado na utilização de suas obras. Se os compositores brasileiros continuarem apáticos, terminarão por morrer no esquecimento. Desorganizados, ainda não sabem a força que têm.[31]

[31] A Comissão de Educação, Cultura, Esporte e Lazer da OAB-BA, no dia 17 de maio de 2007, organizou um Debate específico sobre a obrigatoriedade das emissoras de rádio e televisão de anunciar os nomes dos compositores. Naquela época, a Comissão era presidida por este advogado. O radialista Perfilino Neto criticou com absoluta clareza o alegado pretexto de "falta de tempo": "O tempo que se consome para dar o crédito é de uns três segundos por

Há décadas, o Poder Legislativo discute a problemática da omissão do anúncio dos autores pelas emissoras de rádio e TV. Em 12 de dezembro de 1963, foi publicado, no Diário do Congresso Nacional, o Projeto de Lei n. 1.448/1963, de autoria do deputado federal Adrião Bernardes. O PL versava sobre a divulgação, escrita ou sonora, de obras musicais. O PL n. 1.448/1963, que recebeu aprovação das Comissões de Constituição e Justiça e de Educação e Cultura, foi rejeitado pela Comissão de Finanças, que acolheu o parecer do relator Flores Soares.

O deputado federal paulista Ivan Valente, em 17 de março de 2004, apresentou o Projeto de Lei n. 3156, de 2004.[32] A deputada federal Zelinda Novaes, em 14 de abril de 2004, apresentou o Projeto de Lei n. 3.364/2004. Este foi apensado ao PL 3156/2004. A deputada federal Luiza Erundina, relatora dos referidos projetos, propôs o acréscimo do art. 68-A à LDA-98.

música". O compositor Carlinhos Marques afirmou com precisão: "Ninguém nunca ouviu alguém mencionar algum livro de Jorge Amado sem citar o autor". Walter Queiroz, por sua vez, disse corajosamente: "A melhor maneira de punir a rádio que não diz o nome do autor é não escutá-la". Segundo ele, a omissão "fere a autoestima" do criador intelectual, sendo uma "lesão irreparável". O saudoso autor Vevé Calasans, também presente no Debate, afirmou corretamente: "Enquanto não criarem mecanismos que obriguem os caras das rádios a citar o autor, pode existir mil leis". (SOUZA, Karen. Anonimato fora! Ele que é o sucesso. *Jornal A TARDE*. Caderno 2. Edição de 27 de maio de 2007, pp. 1-3). A Ordem dos Advogados do Brasil – Seção Bahia promoveu, em 2009, um Concurso Nacional de Jingle em homenagem ao compositor brasileiro. O cantor e compositor paulistano Marcelo Quintanilha ficou em primeiro lugar. Eis a letra do jingle vencedor: "*O nome da canção todo mundo sabe/ O nome do cantor todo mundo diz/ Minha música toca na rádio,/ Mas ninguém sabe que fui eu que fiz/ Fale meu nome aí, seu locutor/ Pra todo mundo saber quem foi que fez/ Fale meu nome aí/ Que eu sou o compositor/ Tenha respeito, é o meu direito, tá na lei/ Fale meu nome aí, seu locutor/ Pra todo mundo saber quem foi que fez/ Essa música é minha/ Eu sou o compositor/ Também quero ter voz/ Também quero ter vez!*" Disponível em: http://www.youtube.com/watch?v=YE_A3lyE_eE. Acesso em 01 jul. 2022.

32 Eis um trecho da justificativa do PL n. 3156/2004: "Cumpre-nos atentar, também, para o alcance sociocultural da presente Lei no que tange à valorização e à perpetuação da memória do nosso patrimônio cultural, ao darmos publicidade não apenas às obras, mas também aos seus criadores. Estaremos assim contribuindo de forma decisiva para que as gerações atuais e futuras reconheçam e valorizem, ainda mais, os artistas e suas criações. Assim, não só como expressão do direito à informação e transparência detido pelo público em geral, mas como instrumentalização dos direitos autorais, bem como da garantia do acesso à cultura e da sua difusão, além do nosso reconhecimento àqueles que criaram e criam obras musicais, é que se impõe a aprovação do projeto de lei em tela, objetivo para o qual contamos com o apoio dos ilustres pares".

O deputado federal Chico Alencar fez pertinentes alterações no PL 3156/2004. Deu mesmo tratamento para músicas estrangeiras e brasileiras, respeitando-se, assim, o *princípio da reciprocidade* disposto na Convenção de Berna. Ademais, voltou a prever a aplicação de multa.

Outros projetos existem na Câmara Federal. Por exemplo, o PL nº 4339, de 2008, de Décio Lima; o PL nº 1757, de 2007, de Edigar Mão Branca. Este último projeto contém inegável equívoco, pois obriga as emissoras a informar, após a veiculação de cada obra musical, o número do ISRC (International Standard Recording Code). A Coordenação-Geral de Direito Autoral do Ministério da Cultura elaborou parecer técnico (CGDA/SPC nº 012/07), criticando, com acerto, o PL nº 1757/2007. O parecer afirma *in verbis*: "Não percebemos qualquer sentido de informar ao público um código alfanumérico que é fixado no fonograma digitalmente. O que poderia ser exigido, isso sim, é a implantação de recursos tecnológicos para que este ISRC possa ser de fato útil para a fiscalização do aproveitamento econômico das obras".

Mister noticiar a Indicação nº 1.093, de 2000, do então deputado federal Rubens Furlan, publicada no Diário da Câmara dos Deputados, no dia 1º de setembro de 2000. Eis, na íntegra, o conteúdo da referida indicação:

> **INDICAÇÃO Nº 1.093, DE 2000**
> (Do Sr. Rubens Furlan)
> **Sugere ao Poder Executivo, por intermédio do Ministério das Comunicações, providências no sentido de fiscalizar o cumprimento da legislação de direito autoral pelas emissoras de radiodifusão.**
> (Publique-se. Encaminhe-se.)
> Excelentíssimo Senhor Ministro,
> Como é do conhecimento público, diversas emissoras de radiodifusão sonora descumprem claramente a Lei nº 9.610, de 19 de fevereiro de 1998, que estabelece em seu art. 108 que "quem, na utilização, por qualquer modalidade, de obra intelectual, deixar de indicar ou de anunciar, como tal, o nome, pseudônimo ou sinal convencional de autor e de intérprete, além de responder por danos morais, está obrigado a divulgar-lhes a identidade....".

Considerando que compete a esse Ministério fiscalizar a programação das emissoras de radiodifusão, vimos sugerir providências no sentido de coibir tais abusos por parte dessas empresas.
Sala das Sessões, 23 de agosto de 2000. Deputado Rubens Furlan.

REQUERIMENTO
(Do Sr. Rubens Furlan)
Requer o envio de Indicação ao Ministério das Comunicações, relativa à aplicação da legislação de direito autoral às emissoras de radiodifusão.
Senhor Presidente,
Nos termos do art. 113, inciso I e §1º, do Regimento Interno da Câmara dos Deputados, requeiro a V. Exa. seja encaminhada ao Ministério das Comunicações a Indicação em anexo, sugerindo providências no sentido de fiscalizar o cumprimento da legislação de direito autoral pelas emissoras de radiodifusão.
Sala das Sessões, 23 de agosto de 2000. Deputado Rubens Furlan.

A Indicação nº 1.093/2000 foi remitida ao então Chefe da Casa Civil da Presidência da República, Pedro Parente, através do ofício nº 2916/2000. Consta, no site da Câmara dos Deputados, que a indicação foi arquivada em 15 de dezembro de 2000 ("Coordenação de Comissões Permanentes – Ao arquivo – Guia 105/2000). Inexiste qualquer fundamentação ou justificativa para isso.

Indaga-se: por que a referida Indicação nº 1.093, de 2000, fora misteriosamente arquivada? Por ordem de quem? Com quais justificativas? Vale lembrar que o Ministro das Comunicações, em 2000, era o mineiro João Pimenta da Veiga Filho, e o Chefe da Casa Civil, Pedro Parente. Induvidosamente, houve falta de transparência no trâmite dessa Indicação, o que merece enérgico rechaço da sociedade civil brasileira. Sobretudo, dos compositores nacionais.

5. A condenação de Rodrigo Faro, da TV Record e do cantor Pablo

Não raro, programas televisivos de auditório não se preocupam com a questão da designação de autoria das canções executadas. A busca por audiência é o que sempre foi (e ainda é) o elemento mais importante.

Importante noticiar uma decisão do TJSP que condenou a TV Record, o apresentador Rodrigo Faro e o cantor Pablo por violação do direito moral à designação de autoria. Angelo Marinho de Almeida, conhecido pelo nome artístico de Anginho dos Teclados, é o autor da música "Mãe", que foi executada no programa de televisão *Hora do Faro*, transmitido pela TV Record.

No dia 10 de maio de 2015, um domingo em que se comemorava o Dia das Mães, o cantor Pablo, conhecido como "rei da sofrência", interpretou a música "Mãe", de autoria de Anginho dos Teclados. A autoria da obra, todavia, foi atribuída indevidamente a Pablo. Aparecia a seguinte legenda: "*Pela 1ª vez, Pablo canta com as irmãs a música que compôs para a mãe*". Além disso, o corréu Rodrigo Faro, durante a apresentação e após, em entrevista, anunciou que a música era de autoria de Pablo. Rodrigo Faro afirmou: "*a música que ele (Pablo) compôs*", "*linda música que ele compôs para a mãezinha dele*". Pablo, mesmo ciente de que não era o autor da canção, permaneceu silente diante da fala reiterada do apresentador Rodrigo Faro de que a autoria seria sua.

A sentença condenatória consignou que o programa não foi transmitido ao vivo e que, portanto, competia ao intérprete Pablo ou mesmo à sua assessoria alertar a direção ou a produção do programa *Hora do Faro* que, em verdade, não se tratava do autor da música "Mãe", tal qual afirmou o apresentador. Ao revés, quedou-se inerte, num silêncio tumular, de modo que os créditos referentes à canção foram a ele atribuídos. Pablo foi considerado, equivocadamente, aos olhos do público em geral que assistia ao programa televisivo, o criador da composição.

A sentença de primeiro grau condenou os réus em danos morais, no montante total de R$ 105.000,00, devendo cada um dos requeridos arcar com a quantia de R$ 35.000,00.

Em sede de apelação, o TJSP reduziu o valor da condenação para R$ 60.000,00, devendo cada corréu arcar com R$ 20.000,00.

Ficou mantida a obrigação de fazer para que a TV Record, em 30 dias, retirasse do portal R7 e de todos os seus demais canais de divulgação nas redes sociais o vídeo do cantor Pablo interpretando a canção "Mãe", bem como divulgasse errata no portal R7, informando ao público que a referida música cantada programa *Hora do Faro*, no dia 10/05/2015, foi composta pelo autor Angelo Marinho de Almeida, sob pena de multa diária a ser oportunamente fixada na fase de cumprimento de sentença.[33]

Mas, infelizmente, a sentença negou vigência ao art. 108, I, da Lei 9.610/1998. O acórdão do TJSP utilizou os mesmos equivocados argumentos da sentença exarada pelo juiz Aléssio Martins Gonçalves para a não aplicação da tutela específica do art. 108, I:

> A pretensão de retratação em três programas consecutivos, com a apresentação do requerente no programa *Hora do Faro* cantando a música *"Mãe"*, contudo, não comporta acolhimento, haja vista que, em vez de sanar o equívoco quanto à reprodução não autorizada da canção, apenas serviria para a promoção e divulgação do trabalho do autor, à custa da ré Record, sendo medida desproporcional à ofensa.

A obrigação de fazer constante no art. 108, I, da Lei Autoral não pode ser considerada uma "medida desproporcional à ofensa". O art. 108, I, impõe que a empresa de radiodifusão que viola o direito moral divulgue a autoria da obra, no mesmo horário em que tiver ocorrido a infração, *por três dias consecutivos*. Essa condenação não serviria apenas para "a promoção e divulgação do trabalho do autor, à custa da ré Record". Pensar assim é desconsiderar as funções pedagógica e punitiva da responsabilidade civil. A condenação em "três programas consecutivos" serviria, sim, para que a emissora de TV cumprisse a sua função social, de educar a população no respeito aos direitos autorais.

O Recurso Especial interposto pelo autor recorrente limitou-se a pleitear a majoração do dano moral, que, como já dito, foi reduzido, pelo TJSP, de R$ 105.000,00 para R$ 60.000,00. O Recurso Especial, infelizmente, se omitiu quanto ao importante quesito do não acolhimento do pedido de aplicação do art. 108, I, da Lei Autoral.

[33] TJSP; Apelação Cível 1068345-70.2015.8.26.0100; Relator (a): Edson Luiz de Queiróz; Órgão Julgador: 9ª Câmara de Direito Privado; Foro Central Cível - 17ª Vara Cível; Data do Julgamento: 05/04/2022; Data de Registro: 05/04/2022.

6. A tutela específica do art. 108 da Lei 9.610/1998

Em 1973, a Lei 5.988 deu ao Direito Autoral uma autonomia legislativa. Topograficamente, a matéria saiu do Código Civil de 1916 e ganhou lei própria.

O art. 126 da Lei 5.988/1973 trouxe uma importante inovação para a proteção do direito moral à designação de autoria.[34]

A vigente Lei de Direitos Autorais (Lei 9.610/1998), que revogou a Lei 5.988/1973, repetiu, em seu art. 108, a norma prevista no art. 126 da revogada Lei Autoral.[35]

O legislador, no *caput* do art. 108, afirma: "*além de responder por danos morais*". Portanto, as tutelas específicas – (i) inclusão de errata nos exemplares ainda não distribuídos; (ii) comunicação, com destaque, por três vezes consecutivas, em jornal de grande circulação – não excluem a tutela ressarcitória.

Imagine-se que um produtor fonográfico ou editor gráfico tenha distribuído disco ou livro com ilícito autoral (falta de designação de autoria de uma

[34] "Art. 126. Quem, na utilização, por qualquer meio ou processo, de obra intelectual, deixar de indicar ou de anunciar, como tal, o nome, pseudônimo ou sinal convencional do autor, intérprete ou executante, *além de responder por danos morais*, está obrigado a divulgar-lhe a identidade:
a) em se tratando de empresa de radiodifusão, no mesmo horário em que tiver ocorrido a infração, por 3 (três) dias consecutivos;
b) em se tratando de publicação gráfica ou fonográfica, mediante inclusão de errata nos exemplares ainda não distribuídos, *sem prejuízo de comunicação, com destaque, por três vezes consecutivas, em jornal, de grande circulação,* do domicílio do autor, do editor, ou do produtor;
c) em se tratando de outra forma de utilização, pela comunicação através da imprensa, na forma a que se refere a alínea anterior.
Parágrafo único. O disposto neste artigo não se aplica a programas sonoros, exclusivamente musicais, sem qualquer forma de locução ou propaganda comercial".

[35] "Art. 108. Quem, na utilização, por qualquer modalidade, de obra intelectual, deixar de indicar ou de anunciar, como tal, o nome, pseudônimo ou sinal convencional do autor e do intérprete, *além de responder por danos morais*, está obrigado a divulgar-lhes a identidade da seguinte forma:
I - tratando-se de empresa de radiodifusão, no mesmo horário em que tiver ocorrido a infração, por três dias consecutivos;
II - tratando-se de publicação gráfica ou fonográfica, mediante inclusão de errata nos exemplares ainda não distribuídos, sem prejuízo de *comunicação, com destaque, por três vezes consecutivas em jornal de grande circulação,* dos domicílios do autor, do intérprete e do editor ou produtor;
III - tratando-se de outra forma de utilização, por intermédio da imprensa, na forma a que se refere o inciso anterior."

obra musical ou fotográfica) para inúmeros consumidores. A edição de uma nova tiragem, contendo a informação correta de autoria, *não exclui a responsabilidade pelo dano praticado anteriormente.* Pode minorar o *quantum* do dano moral, mas não pode excluir a aplicação do art. 108, II, que diz expressamente: "sem prejuízo de comunicação".

Portanto, o violador é obrigado a incluir errata nos exemplares ainda não distribuídos, mas "sem prejuízo de comunicação, *com destaque, por três vezes consecutivas em jornal de grande circulação, dos domicílios do autor, do intérprete e do editor ou produtor*". A Lei Autoral, em seu art. 108, não diz que se houver inclusão de errata em nova tiragem, estará extinta a obrigação de comunicar em jornal de grande circulação a autoria da obra. Ao revés, a Lei Autoral diz: "sem prejuízo de comunicação".

Na tutela específica do art. 108 inexiste essa lógica binária: inclusão de errata nos exemplares ainda não distribuídos *ou* comunicação em jornal de grande circulação. Os pedidos não são excludentes entre si, mas cumulativos.

A TV Globo foi condenada, nos termos do art. 126 da Lei 5.988/1973, pelo Juízo de Direito da 29ª Vara Cível da Comarca de São Paulo (processo nº 9073589-77.1997.8.26.0000). Isso porque, na reportagem sobre os carteiros, transmitida em 26 de outubro de 1995, no *Jornal Nacional*, e em 27 de novembro de 1995, no *São Paulo Já*, as fotografias ali veiculadas eram de autoria de Mario Rui Feliciani, cujos créditos não foram a ele atribuídos. A Justiça determinou que a nota retificadora – de anunciação de autoria – fosse lida, por três dias consecutivos, no Jornal Nacional, o que foi feito nos dias 09, 10 e 12 de outubro de 2009. Trata-se de decisão alvissareira, que demonstra que é possível, sim, uma prestação jurisdicional em prol do direito moral à designação de autoria.[36]

O Tribunal de Justiça do Estado de São Paulo, em acórdão exemplar da lavra do desembargador José Carlos Costa Netto, condenou a TV Globo por violação de direito patrimonial e direito moral à designação de autoria. A emissora utilizou indevidamente a música "Despedida", de autoria de Alda Cavalcante, em dia de eliminação de participante no Programa Big Brother Brasil. Não houve os devidos créditos de autoria. O dano moral foi caracterizado, e a ré foi condenada na publicação dos créditos de autoria da música,

[36] MORAES, Rodrigo. *Os direitos morais do autor: repersonalizando o Direito Autoral.* 2. ed. Rio de Janeiro: Lumen Juris, 2021, p. 153.

por três dias consecutivos, no mesmo horário que ocorreu a violação, nos termos do art.108 da Lei nº 9.610/98.[37]

Importante registrar, ainda, um fato histórico relevante. José Carlos Costa Netto, quando era presidente do Conselho Nacional de Direito Autoral (CNDA), nos anos 1981/1982, envidou esforços para que o direito moral à designação de autoria fosse devidamente cumprido pelas emissoras de radiodifusão. Houve a iniciativa de que fossem multadas as emissoras de radiodifusão que não comunicavam os nomes dos autores das músicas apresentadas em suas programações.

7. Jurisprudência envolvendo o art. 108 da lei 9.610/1998 nas plataformas de *streaming*

Em relação à aplicação do art. 108 da Lei 9.610/1998 por violação do direito moral à designação de autoria pelas plataformas de *streaming*, a jurisprudência brasileira ainda é tímida. Precisa avançar mais.

De qualquer sorte, eis algumas ementas recentes sobre a aplicação do art. 108 no ambiente das plataformas digitais: duas do Tribunal de Justiça de São Paulo[38] e uma do Tribunal de Justiça do Rio Grande do Sul.

[37] TJSP. Apelação Cível 1002488-76.2019.8.26.0637; Relator (a): Costa Netto; Órgão Julgador: 6ª Câmara de Direito Privado; Foro de Tupã - 2ª Vara Cível; Data do Julgamento: 13/07/2021; Data de Registro: 13/07/2021.

[38] "INDENIZATÓRIA – VIOLAÇÃO DE DIREITOS AUTORAIS – **VEICULAÇÃO DE MÚSICAS SEM OS DEVIDOS CRÉDITOS PELA RÉ EM PLATAFORMA DIGITAL (STREAMING) – VIOLAÇÃO AO DIREITO MORAL DO AUTOR COMPROVADA - NÃO CARACTERIZADA CULPA DE TERCEIRO – RÉ QUE DISPONIBILIZA AS MÚSICAS E AUFERE LUCRO COM A ATIVIDADE EXERCIDA - CONDUTA ILÍCITA CARACTERIZADA** – RESPONSABILIDADE DEVIDAMENTE AFASTADA EM RELAÇÃO ÀS MÚSICAS CUJA AUTORIA FOI PREVIAMENTE INFORMADA À RÉ - AÇÃO PARCIALMENTE PROCEDENTE - FUNDAMENTOS DA SENTENÇA QUE DÃO SUSTENTAÇÃO ÀS RAZÕES DE DECIDIR – APLICAÇÃO DO ARTIGO 252 DO REGIMENTO INTERNO DO TRIBUNAL DE JUSTIÇA DE SÃO PAULO – PRECEDENTES DO EGRÉGIO SUPERIOR TRIBUNAL DE JUSTIÇA – ÔNUS DA SUCUMBÊNCIA, NO ENTANTO, QUE DEVE SER CARREADO EXCLUSIVAMENTE À RÉ - SÚMULA 326 DO SUPERIOR TRIBUNAL DE JUSTIÇA - RECURSO DO AUTOR PARCIALMENTE PROVIDO E, APELO DA RÉ, NÃO PROVIDO.

Conclusões

As plataformas de *streaming* musical, ao não respeitarem o direito moral à designação de autoria, fomentam o mito de que os intérpretes são também os autores das canções. Na prática, existem muitos intérpretes que não compõem.

Ao desrespeitarem a legislação, as plataformas de *streaming* fomentam a desmemória nacional. Não é à toa que dizem que "brasileiro não tem memória", que somos amnésicos.

(TJSP; Apelação Cível 1001110-76.2021.8.26.0100; Relator (a): Erickson Gavazza Marques; Órgão Julgador: 5ª Câmara de Direito Privado; Foro Central Cível - 41ª Vara Cível; Data do Julgamento: 24/02/2022; Data de Registro: 24/02/2022)."
"Apelações. Ação de indenização por danos morais por violação de direitos autorais. Sentença de procedência, condenando a ré Spotify ao pagamento de indenização por danos morais no valor de R$16.500,00. Inconformismo de ambas as partes. Preliminar de falta de interesse processual afastada. No mérito, descabimento dos recursos. **Disponibilização pela ré em sua plataforma de oito canções de autoria do autor sem a indicação do mesmo na condição de compositor**. Autoria inequívoca. **Como exploradora comercial de obras de terceiros a ré tem a obrigação de se assegurar de que os direitos destes estejam sendo respeitados. Obrigação da ré de creditar o nome dos respectivos autores ao disponibilizar as obras em sua plataforma. Violação do direito moral autoral. Direito inalienável e irrenunciável.** Valor da indenização por danos morais mantido em R$16.500,00, porquanto razoável e proporcional, sem provocar enriquecimento indevido ao autor. Sentença mantida por seus próprios fundamentos (art. 252, do RITJSP). Recursos desprovidos. (TJSP; Apelação Cível 1002762-31.2021.8.26.0100; Relator (a): Pedro de Alcântara da Silva Leme Filho; Órgão Julgador: 8ª Câmara de Direito Privado; Foro Central Cível - 38ª Vara Cível; Data do Julgamento: 18/02/2022; Data de Registro: 18/02/2022)."

[39] "APELAÇÃO CÍVEL. AÇÃO DE CONTRAFAÇÃO A DIREITO AUTORAL. REPRODUÇÃO DE MÚSICA NA PLATAFORMA MUSICAL PELO SERVIÇO DE "STREAMING" AOS ASSINANTES, SEM AUTORIZAÇÃO DO AUTOR DA OBRA E **SEM ATRIBUIÇÃO DE SUA AUTORIA. DANO MORAL DEVIDO**. VERBA SUCUMBENCIAL ARBITRADA. ADEQUADA AO CASO. 1) No caso dos autos, vislumbra-se claramente a violação do direito autoral do autor, o que, por si só, caracteriza o abalo moral *in re ipsa*. 2) Na fixação do dano moral deve-se ponderar sobre as condições socioculturais e econômicas dos envolvidos, o grau de reprovabilidade da conduta ilícita, a gravidade do dano, bem como o caráter punitivo-pedagógico e as finalidades reparatório-retributivas da condenação, de tal forma não seja tão irrisória que sirva de desestímulo ao ofensor, nem tampouco exacerbada a ponto de implicar enriquecimento indevido à parte autora. 3) No caso em espécie, a parte ré ostenta poderio econômico, razão pela qual majoro o dano moral para R$ 20.000,00. 4) Verba sucumbencial fixada em 10% sobre o valor da condenação, de conformidade com o art. 85, § 2º, do CPC. DERAM PARCIAL PROVIMENTO À APELAÇÃO DO AUTOR E NEGARAM PROVIMENTO AO RECURSO ADESIVO DA RÉ. (Apelação Cível, Nº 70085024719, Sexta Câmara Cível, Tribunal de Justiça do RS, Relator: Eliziana da Silveira Perez, Julgado em: 26-08-2021)."

Sou da geração analógica. Comprava muitos LPs e CDs. Gostava de ir às lojas, perguntar sobre os lançamentos, ouvir dicas, conversar com o vendedor. Desde adolescente, amava ler a ficha técnica de um álbum; tinha a curiosidade de saber quem eram os autores das músicas e quem tocava cada instrumento. O encarte do disco era (e é), para mim, algo importante. Mas não tenho, aqui, o intuito de ser saudosista.

A geração digital, da qual meus dois filhos (nativos digitais) fazem parte, não compra mais CDs. Mas esta geração ouve muita música. Ama música.

Se a evolução tecnológica é algo inexorável, não se pode dizer o mesmo em relação à mentalidade da indústria de tecnologia em condenar os(a) compositores à invisibilidade nas plataformas de *streaming*. É preciso que essas sociedades empresárias cumpram a Lei Autoral brasileira, dignificando os criadores intelectuais no exercício do direito moral à designação de autoria.

Chega de fomento à desinformação musical. Chega de invisibilidade dos criadores intelectuais!

Referências

ASCENSÃO, José de Oliveira. *Direito Autoral*. 2. ed. Rio de Janeiro: Renovar, 1997.

CHINELLATO, Silmara. *In:* MORAES, Rodrigo (Coord.). *Estudos de Direito Autoral em homenagem a José Carlos Costa Netto*. Salvador: EDUFBA, 2017.

MORAES, Rodrigo. O direito moral dos compositores à designação de autoria pelas emissoras de rádio e TV. *In*: SIMÃO, José Fernando; BELTRÃO; Silvio Romero (coordenadores). *Direito Civil: estudos em homenagem a José de Oliveira Ascensão*. Volume 1. São Paulo: Atlas, 2015.

MORAES, Rodrigo. *Invisibilidade dos compositores*. Jornal A Tarde, edição de 31 de julho de 2017, p. A3.

MORAES, Rodrigo. *Os direitos morais do autor: repersonalizando o Direito Autoral*. 2. ed. Rio de Janeiro: Lumen Juris, 2020.

MORAES, Rodrigo. *Evolução da Gestão Coletiva de Direitos Autorais no Brasil: do rádio ao streaming*. Rio de Janeiro: Lumen Juris, 2021.

OLIVENNES, Denis. *La gratuidad es el robo*. Tradução de Henar Pascual Malvar. Barcelona: FNAC, 2008.

SANSEVERINO, Paulo de Tarso Vieira. *Princípio da reparação integral: indenização no Código Civil*. São Paulo: Saraiva, 2010.

TARAN, Carlos. *Precisamos falar sobre o streaming*. Rio de Janeiro, março de 2015, p. 20. Disponível em: https://pt.slideshare.net/ctaran/precisamos-falar-sobre-o-streaming. Acesso em 01 jul. 2022.

TEIXEIRA JR. Sérgio. *MP3: A Revolução da Música Digital*. Coleção Para Saber Mais. Super Interessante. São Paulo: Abril, 2002.

11. EDUCAÇÃO E DIREITO AUTORAL: O NOVO PAPEL DO PROFESSOR-AUTOR

Monica Walter Rodrigues

Introdução

A pandemia de Covid-19 atuou como evento catalisador de um processo de digitalização da vida que vinha se construindo paulatinamente e que contribuiu de modo significativo no plano educacional para efetiva mudança de paradigmas. Contudo, não se pode atribuir ao evento a exclusividade pelas mudanças sentidas, sendo a realidade atual algo anunciado desde "A Condição pós-moderna"[1] de Lyotard. Ainda, a verificação histórico-filosófica da educação que a inscreve como projeto político das sociedades que se delinearam ao longo dos tempos auxilia na compreensão de que os discursos atuais acerca dos rumos sobre a educação não podem ser tomados como isolados do contexto político-econômico em que se insere. Assim é que se apresenta o tema sobre os Recursos Educacionais Abertos, a Alfabetização Midiática de Professores e até mesmo alguns aspectos da proposta de reforma da Lei de Direitos Autorais, vez que falar-se em direito à educação passou a ser sinônimo de direito ao acesso. Contudo, a utilização em larga escala de recursos tecnológicos na educação,

[1] Lyotard, Jean-François. **A Condição pós-moderna.** 5.ed. Tradução de Ricardo Corrêa Barbosa; Posfácio Silviano Santiago. Rio de Janeiro: José Olympio: 1998.

se por um lado equipa e amplia a prática docente e o acesso aos materiais de ensino pelos alunos, por outro, expõe seus criadores que se veem alijados de seus direitos toda vez que quaisquer de seus materiais são publicados em rede sem autorização. Ademais, o enfrentamento das tensões existentes em matéria autoral já não pode ignorar a realidade da circulação de informações falsas, motivo pelo qual o papel docente, deveria ser tanto exaltado quanto fomentado, servindo como um aliado até do implemento de políticas públicas e privadas no uso de sistemas de inteligência artificial para a educação. Por fim, acrescenta-se ao tema a imposição fática posta pelas tecnologias da informação e comunicação, que instauraram novos paradigmas solicitando reflexões mais abrangentes no campo do direito autoral, que possam não apenas verificar a questão circunscrevendo-a dentro do espectro direitos autorais versus direitos à educação, informação e cultura, mas contemplando outras vozes que também participam de ambos os lados, notadamente a dos professores, tanto partícipes da educação, quanto alçados à condição de autores.

1. A pandemia de Covid-19 como evento catalisador do processo de digitalização

O tema do direito à educação vinha dando sinais de uma guinada no sentido de migrar o debate do acesso à educação para o direito ao acesso aos meios tecnológicos, quando em 31 de dezembro de 2019 a Organização Mundial da Saúde (OMS) foi alertada sobre casos de pneumonia em razão de uma nova cepa de coronavírus que ainda não havia sido identificada em humanos e que estava gerando casos de pneumonia na cidade de Wuhan, na República Popular da China. Apenas cerca de um mês depois, a situação se constituiu em Emergência de Saúde Pública de Importância Internacional, conforme Regulamento Sanitário Internacional, decorrendo exatos 72 dias até 11 de março de 2020, entre o primeiro comunicado de Wuhan e a declaração da OMC, de se tratar de uma pandemia em razão do avanço de sua distribuição geográfica[2]. O que se assistiu a partir de então foi uma intensa tentativa de

2 OMS, OPAS. Histórico da pandemia de COVID-19. Fonte: Organização Pan-Americana da Saúde – Organização Mundial da Saúde: https://www.paho.org/pt/covid19/historico-da-pandemia-covid-19. Acesso em 23-06-2022, às 18:16.

reacomodação de diversos setores diante de algo que nunca mais se tornou estável. Aliás, a expressão "novo normal" era o jeito de se referir a um modo de vida jamais experimentado antes. E, semelhante às diversas ondas de contaminações experimentadas nos países, os indivíduos surfaram nas ondas do isolacionismo, do medo, da solidariedade, do negacionismo, da hibridez, na estreita relação cotidiana entre vida e morte e que pôs às claras a realidade dos pobres no mundo. Nas palavras do diretor-geral da Organização Mundial da Saúde a campainha do alarme havia sido tocada, alta e clara. Nesse sentido, o setor da educação no Brasil, ouvindo soar o alerta, e diante da mensagem da diretora da Organização Pan-Americana da Saúde (OPAS), Carissa F. Etienne, de que nas semanas seguintes o enfrentamento com Covid-19 se daria em grandes surtos em locais fechados com transmissão comunitária em massa, também buscou readequar-se à nova realidade.

Contudo, a readequação do setor não contou com uniformidade, seja em relação às práticas educacionais, seja pelo fato de que a própria organização da educação não permite que tais práticas sejam únicas para todos os níveis, etapas e modalidades a que se destina vez que, conforme estabelece a Lei de Diretrizes e Bases da Educação – LDB, seus níveis vão desde a educação básica à superior, dividindo-se as etapas em: a) da educação básica, educação infantil; ensino fundamental e médio e b) da educação superior, graduação e pós-graduação, e as modalidades em: (EAD) educação a distância, (EJA) educação de jovens e adultos, educação profissional, educação escolar indígena, educação especial e educação do campo. Outrossim, não bastassem tais argumentos somou-se a isso a questão tecnológica, revelando a diferença entre os que têm acesso às Tecnologias da Informação e Comunicação (TICs) e os que não têm, mas também seu preparo ou despreparo para lidar com elas.

Seja pela impossibilidade de um tratamento uniforme em razão de sua organização, seja em razão de habilidades e acesso às TICs ou mesmo dos interesses diversos dos atores dos setores público e privado, certo é que as diretrizes foram sendo instituídas paulatinamente e de acordo com cada momento vivido. Nesse sentido, ao final de 2019 a Portaria Ministerial 2.117 já havia possibilitado às instituições de ensino superior a oferta de 40% da carga horária presencial de seus cursos de graduação na modalidade à distância, situação em que tanto foram realizadas as necessárias adequações aos contratos de trabalho de seus docentes, quanto lançadas no mercado novas contratações tendo em vista as produções de conteúdos educacionais, orientações e tutorias no ambiente *on line*. Contudo, a partir da declaração da situação de pandemia, em março de 2020, a Portaria 343 autorizou a substituição das disciplinas presenciais, em caráter excepcional, por aulas que viessem a utilizar meios e tecnologias de informação e comunicação, seguida de Resoluções nos âmbitos estaduais, como no Estado de São Paulo, a Resolução Seduc, que homologou a Deliberação 177, também de março de 2020, fixando normas para a readequação dos calendários escolares em razão da suspensão de aulas, propondo como uma das formas de realização de atividades escolares não presenciais, a utilização dos recursos oferecidos pelas Tecnologias de Informação e Comunicação para alunos do ensino fundamental e do ensino médio e da educação profissional de nível técnico, considerando como modalidade semipresencial quaisquer atividades didáticas, módulos ou unidades de ensino centrados na autoaprendizagem e com a mediação de recursos didáticos organizados em diferentes suportes de informação com utilização de tecnologias de informação e comunicação remota.

2. O papel de instituições e educadores em epidemias

Não foi a primeira vez que a educação se viu desafiada em razão de epidemias de proporções mundiais. Conforme narra Santos, outrora, no Brasil, por ocasião da epidemia de gripe espanhola em 1918, as escolas foram fechadas e muitas utilizadas como postos de socorro, especialmente na capital do país, à época no Rio de Janeiro, passando a atender às famílias necessitadas de remédios e alimentos, o que implicou numa tomada de posição em termos de valorização e importância tanto do espaço escolar, quanto pelo protagonismo dos professores que atuaram nas frentes de trabalho, atribuindo-se lhes uma nova finalidade durante a epidemia[3], contribuindo para o alinhamento entre o higienismo e o processo de modernização social que eram vistos como fatores de liderança[4] pela população, atuando a transformação das escolas

[3] SANTOS, Ademir Valdir. Escolas como postos de socorro: instituições escolares na epidemia de gripe espanhola no Rio de Janeiro (1918), **Revista Brasileira de História**. São Paulo, v. 41, nº 87, 2021, p.292.

[4] SANTOS, Ademir Valdir. Ob. cit., p.298.

em postos de socorro como estratégia do ideário republicano de atuação das escolas como regeneradoras e civilizatórias[5]. Cumpre ressaltar, na visão apurada de Santos que *"quando as doenças são estudadas mediante a aplicação de uma perspectiva histórica, nos avizinhamos da compreensão das estruturas de poder e dos comportamentos humanos"*[6].

Em cenário recente, contudo, importa notar o papel que foram chamados a assumir instituições e docentes no processo de digitalização da vida durante a pandemia de Covid-19, cujo esvaziamento da escola deu espaço a novos discursos que passaram a incluir palavras como mediação, engajamento, *gamificação*, numa transposição do espaço escolar físico para o digital a reforçar nova visão tanto da educação, quanto da vida mediada por tecnologias a corroborar com a ideia de acesso às TICs (Tecnologias da Informação e Comunicação) como viabilizadora do direito à educação. Contudo, a tal processo não se pode atribuir exclusividade à recente pandemia visto que a construção do ideário tecnológico atual remonta à própria história da Sociedade da Informação[7] a partir da década de 60 e às pesquisas sobre as políticas de liberalização das comunicações no âmbito da Organização da Cooperação e Desenvolvimento – OCDE, desenvolvidas a partir do artigo publicado por Marc Porat – intitulado "Implicações globais na sociedade da informação", em 1977[8].

No âmbito da educação no Brasil, mesmo o Livro Verde da Sociedade da Informação, no ano 2.000, já reconhecia a chamada alfabetização digital como elemento-chave na construção de uma sociedade baseada na informação,

[5] SANTOS, Ademir Valdir. Ob. cit., p.299.

[6] SANTOS, Ademir Valdir. Ob. cit., p.298.

[7] A "História da Sociedade da Informação" apresentada por Armand Mattelart, revela que sob o aparelhamento de visões instrumentais do ciberespaço, descreve-se as novas tecnologias a serviço da justiça, liberdade e igualdade entre os homens, muito embora tais explicações simplistas revelam que estamos na verdade entrando numa 'era do otimismo' que tem servido como resposta à complicação crescente das sociedades. Para ele *"a própria noção de complexidade é pervertida e transformada em álibi"*, atribuindo-se *"uma patente de novidade, e, portanto, de mudança revolucionária, àquilo que na verdade é produto de evoluções estruturais e de processos que estão em curso há muito tempo"*. E completa: *"A falta de uma propedêutica da apropriação das tecnologias digitais anda lado a lado com a fascinação pelo objeto técnico e a carência de uma reflexão sobre a história [...]"*. Mattelart, Armand. **História da sociedade da informação**. São Paulo: Edições Loyola, 2006, p.172-173.

[8] BARBOSA, Marco Antonio; RODRIGUES, Monica Walter. Da Informação ao Conhecimento na Sociedade Aprendente. ***Revista Científica Direitos Culturais***, v.10, n.20, 2015, p.65.

no conhecimento e no aprendizado para que o salto tecnológico viesse a ter paralelo quantitativo e qualitativo nas dimensões humanas, éticas e econômicas. Nesse sentido, a popularização de computadores e dispositivos móveis referida pelo Livro Verde como "dinâmica da indústria" auxiliou na popularização e forte presença massiva de indivíduos na internet e, portanto, no acesso aos conteúdos veiculados por tais meios tecnológicos. A construção paulatina desse cenário, auxiliada pela pandemia enquanto evento catalisador de mudança de paradigmas contribuiu para uma guinada no âmbito da educação que hoje passa a discutir temas como: metaverso, avatares, nomofobia[9], aulas síncronas, assíncronas, entre outros[10], sendo natural, portanto, que surjam inúmeras indagações acerca do futuro de docentes, instituições e alunos. Contudo, para que se possa compreender os efeitos dessa relação educacional tecnologicamente mediada para o direito autoral é preciso que se acompanhe a trajetória da educação sob o ponto de vista histórico-filosófico, especialmente no que tange à condição pós-moderna.

3. A condição pós-moderna

Desde a constatação de Heráclito de Éfeso[11] de que não há um cosmos em estabilidade, ao contrário, tudo está em movimento, que a solicitação filosófica se fez sentir nas respostas dadas desde a Antiguidade até a Modernidade nas diversas concepções político-educacionais que procuraram desenvolver modelos aptos a atender à necessidade de preparar as próximas gerações. Contudo, Nietzsche no século XIX, nos colocou diante de um paradigma

[9] Trata-se da Síndrome da Dependência Digital. Para maiores esclarecimentos verificar o estudo publicado no artigo de Abreu, Cristiano Nabuco de et al. Dependência de Internet e de jogos eletrônicos: uma revisão. **Brazilian Journal of Psychiatry** [online]. 2008, v. 30, n. 2 [Acessado 13 julho 2022], pp. 156-167. Disponível em: <https://doi.org/10.1590/S1516-44462008000200014>. Epub 23 Jun 2008. ISSN 1809-452X. https://doi.org/10.1590/S1516-44462008000200014.

[10] Verificar em https://brasil.bettshow.com/bett-blog?&page=2&searchgroup=00000001-bett-blog, os temas discutidos por ocasião da 27ª edição do evento Bett Brasil sobre educação e tecnologia que ocorreu entre 10 e 13 de maio de 2022.

[11] Heráclito de Éfeso convidou à percepção de que tanto a água quanto os homens mudam constantemente, de modo que ninguém poderá banhar-se no mesmo rio duas vezes, convidando desde então toda filosofia a dar resposta a ideia de um mundo em mutação.

sobre o qual incessantemente nos mantemos ocupados: o de que a verdade é uma representação viabilizada pela linguagem[12]. Não bastasse, no século XX Wittgenstein acrescentou que se focasse não apenas nas metáforas (representações) produzidas pela linguagem, mas nas circunstâncias ou nos "jogos de linguagem"[13].

Jean-François Lyotard ao enfrentar o tema da produção, distribuição e legitimação do saber em sua obra "A condição pós-moderna"[14] já anunciava a profunda modificação ora assistida no plano educacional, percebendo que os grandes relatos da humanidade que sempre sustentaram os saberes passavam a sofrer mudança de estatuto frente a hegemonia da informática, causando não apenas aquilo que denominou afrouxamento da *"trama enciclopédica"*[15], mas também duas importantes situações: uma, a tradução dos saberes em quantidades de informação aptas a serem lidas por máquinas; e a outra, relacionada ao fato de que uma vez traduzida uma quantidade significativa de informação, o "saber" passa e ser aquilo que estiver devidamente decodificado[16]. Entretanto, Lyotard não tece protestos acerca dessa mudança de estatuto afirmando que *"lamentar-se sobre a "perda do sentido" na pós-modernidade seria deplorar que o saber não seja mais principalmente narrativo"*[17], afirmando inclusive que *"somente na perspectiva de grandes relatos de legitimação – vida do espírito e/ou emancipação da humanidade – que a substituição parcial dos professores por máquinas pode parecer deficiente, e mesmo intolerável. [...]"*[18]. Segundo ele, *"a pedagogia não sofrerá necessariamente com isso, pois será preciso apesar de tudo ensinar alguma coisa aos estudantes: não os conteúdos, mas o uso de terminais"*[19]. Portanto, conforme

[12] Ghiraldelli afirma que "Nietzsche abriu o mundo contemporâneo como a época cujo paradigma básico é a interpretação", colocando a metafísica na berlinda e estabelecendo que a linguagem que confere substância ontológica aos signos nada mais é do que uma interpretação da realidade. GHIRALDELLI JR., Paulo. **Filosofia da educação**. São Paulo: Ática, 2006, p.94-96.

[13] Atribui-se à Wittgenstein o desenvolvimento da filosofia denominada "virada linguística" que passou a considerar as relações entre a filosofia e a linguagem.

[14] Lyotard, Jean-François. Ob. cit.

[15] Lyotard, Jean-François. Ob. cit. p. 71.

[16] Lyotard, Jean-François. Ob. cit. p. 5-7.

[17] Lyotard, Jean-François. Ob. cit. p. 49.

[18] Lyotard, Jean-François. Ob. cit. p. 92.

[19] Lyotard, Jean-François. Ob. cit. p. 92.

Lyotard, não se trata do fim do saber, pois *"a enciclopédia de amanhã são os bancos de dados"*, a verdadeira *"natureza para o homem pós-moderno"*[20].

4. Filosofias e sistemas político-educacionais

A solicitação do pensamento filosófico sempre esteve atrelada à construção das bases político-educacionais das sociedades diversas ao longo da história. Monteiro, citando Copernolle, identifica que na Antiguidade não há primazia quanto à ideia de um 'direito' à educação, mas sim a prevalência do 'dever': *"o Estado deve 'obrigar' as crianças a instruírem-se, porque pertencem à cidade mais do que aos pais"*[21]. De fato, o primado político educacional presente na República de Platão propugna pela construção da cidade justa em que a educação do rei-filósofo e o disciplinamento dos apetites[22] da juventude são pontos primordiais, sugerindo uma abordagem da educação e da política como faces da mesma moeda e como um dever: o dever de ser preparado para servir à cidade ideal. Mesmo o período medieval, tendo seus principais nomes em Agostinho e Tomás de Aquino, tem forte influência da religião cristã na manutenção da educação e dos costumes. Segue-se o movimento humanista, contando com nomes de expressão como de Montaigne para quem mais vale uma cabeça bem formada do que exageradamente cheia, palavras estas que inclusive soam atuais na defesa de Edgard Morin quanto à reforma do pensamento. Outrossim, já no movimento iluminista, não se pode deixar de mencionar a importância do legado de Kant e Rousseau este último ofertando-nos O Contrato Social e o Émile, que conforme análise de Monteiro, se completam ao tratarem da questão da legitimidade do poder, verificando que *"o Contrato Social expõe 'os verdadeiros princípios do direito político', isto é do 'bom governo', o Émile*

[20] Lyotard, Jean-François. Ob. cit. p. 93.

[21] MONTEIRO, A. Reis. **História da Educação: do antigo "direito de educação" ao novo "direito à educação"**. São Paulo: Cortez, 2006, p.11.

[22] O primado educacional de Platão estava alicerçado tanto na educação dos reis filósofos, quanto na Teoria da alma, segundo a qual ela dirige uma biga de corrida puxada por dois cavalos, um nobre, inclinado ao que é reto e disposto a seguir o percurso, e o outro levado pelos apetites, que deveriam ser disciplinados, devendo o processo educacional se encarregar de revelar as reais tendências dos indivíduos.

expõe os verdadeiros princípios [...] da boa educação"[23]. Não menos importante é o legado das discussões acerca do Plano Nacional de Instrução, conhecido como Relatório Condorcet (muito embora não tenha sido implementado) mas que influenciou princípios democráticos da escola pública, laica e gratuita na passagem do *Ancien Régime* com vistas ao acesso à educação a todos e à igualdade de oportunidades[24]. E mesmo as formulações educacionais de base marxista como a do revolucionário italiano Antônio Gramsci com sua proposta de "escola do trabalho" tiveram sua contribuição no pensamento educacional.

À guisa de sequência do pensamento esposado por Lyotard verificamos na pós-modernidade a ideia de acesso amplamente ventilada, não apenas como o acesso à educação enquanto direito, mas no contexto dos "jogos de linguagem" em que a expressão "acesso" no contexto em que se pretende tratá-la no âmbito da educação e do direito autoral, implica no acesso não apenas aos espaços, físico ou virtuais de aprendizagem, mas de acesso aos meios tecnológicos e aos conteúdos autorais veiculados por tais meios, os quais permitem a viabilização dos processos cognitivos aos sujeitos que entram em contato com a informação.

A construção dessa ampla ideia de acesso no tocante à educação é fruto dos desdobramentos da própria Sociedade da Informação e conta com aparato legislativo, tanto quanto dos discursos que se apropriam de termos como "dado", "informação" e "conhecimento" passando a compor os "jogos de linguagem". Ora, Lyotard acerca dos "jogos de linguagem" assevera que *"todo enunciado deve ser considerado como um "lance" feito num jogo"*, portanto, *"[...] falar é combater, no sentido de jogar"*[25]. Assim, quando o §1º do art.87 da LDB (Lei de Diretrizes e Bases da Educação) estabelece a definição decenal de metas nos termos do chamado Plano Nacional de Educação o faz em sintonia com as metas estabelecidas com o Programa Educação para Todos da Organização das Nações Unidas para a Educação e Cultura (UNESCO)[26], passando

[23] MONTEIRO, A. Reis. Ob. cit., p.66.

[24] BOTO, Carlota. Na revolução francesa os princípios democráticos da escola pública, laica e gratuita: o relatório de Condorcet. **Educ. Soc.**, Campinas, vol. 24, n. 84, p. 735-762, setembro/2003.

[25] Lyotard, Jean-François. Ob. cit. p.17.

[26] O PNE 2010-2020, deveria ter entrado em vigor em 2011, porém só foi apresentado pelo Poder Executivo ao Plenário em 20/12/2010, transformando-se no Projeto de Lei 8.035/2010

a orientar as instituições de ensino no processo de catalisação da informação e conhecimento, tanto quanto em seus mecanismos de aquisição, cuja práxis está relacionada à transposição didática do conhecimento[27], fazendo com que se sinta forte presença das pressões internacionais e econômicas na adoção de políticas educacionais do modelo de Sociedade da Informação[28].

Mesmo a expressa referência ao conhecimento como um dos objetivos do uso da internet no Brasil ao lado do acesso à informação e à participação na vida cultural e na condução dos assuntos públicos, prevista no art. 4º do Marco Civil da Internet (Lei 12.965/2014) denota o ponto nevrálgico em torno do valor do acesso ao referido conhecimento pelas sociedades conectadas em rede.

Mas é importante que se destaque, no tocante ao acesso à informação, que o direito constitucionalmente garantido possui desdobramentos relativos à liberdade de pensamento e expressão, tanto quanto à democracia, aduzindo Frank I. Michelman que as práticas sociais relacionadas a ambas são *"primas próximas que viajam juntas"*, dizendo que *"onde encontramos democracia esperamos encontrar também liberdade de expressão e vice-versa"*[29]. Contudo, ao verificar tais práticas sociais relacionadas aponta o autor para concepções "tênues" e "densas" de liberdade de expressão e democracia, lembrando que não basta seu reconhecimento formal no arcabouço jurídico é preciso que se possa reconhecer sua existência efetiva. Nesse sentido, Paulo Ferreira da Cunha lembra que *"a maior ambiguidade do direito à informação residirá no fato de dela se poder também enfatizar a perspectiva quietista e passiva do consumidor de conteúdos informativos"*[30]. Ora, já em 2006, Koichiro Matsuura, à época Diretor-Geral

que, apesar da prioridade no Regime de Tramitação, foi promulgado sob a Lei ordinária apenas em 25/06/2014, com vigência de dez anos, passando a PNE 2014-2024.

[27] GASQUE, Teles Gonçalvez Dias; TESCAROLO, Ricardo. Sociedade da Aprendizagem: informação, reflexão e ética. **Ci. Inf. Brasília**, v.33, n. 3, dez. 2004, p. 36.

[28] O Capítulo 1 do Livro Verde da Sociedade da Informação no Brasil afirma que "a sociedade da informação não é um modismo" (TAKAHASHI et. al, 2000: 5) em clara alusão à adesão do Brasil ao processo de digitalização de todos os aspectos da vida sócio político-econômica, por se tratar acima de tudo de um fenômeno global.

[29] MICHELMAN, Frank I. **Relações entre democracia e liberdade de expressão: discussão de alguns argumentos**. In: SARLET, Ingo Wolfgang (org.) [et.al.]. Direitos fundamentais, informática e comunicação: algumas aproximações. Porto Alegre: Livraria do Advogado Ed., 2007, p.49.

[30] CUNHA, Paulo Ferreira da. **Direito à informação ou deveres de proteção informativa do Estado?** In: SARLET, Ingo Wolfgang (org) [et.al.]. Direitos fundamentais, informática e

da Unesco, exortava, por ocasião do Dia Mundial da Liberdade de Imprensa[31] acerca da importância da consolidação da proteção dos direitos fundamentais de liberdade de expressão e da liberdade de imprensa, lembrando sua contribuição para a libertação da pobreza[32]. Nesse ínterim, falar em acesso à informação, conhecimento e mesmo em melhores chances de equidade é falar sobre educação. Questiona-se apenas sua concepção: se tênue ou densa.

Posta a questão assim, duas situações emergem: uma, a do direito constitucional à educação, com vistas ao pleno desenvolvimento e preparo para o exercício da cidadania e qualificação para o trabalho[33]; outra, a de conceitos como dado, informação e conhecimento que sob o enfoque educacional implicam num processo relacional humano entre dado e informação, o que exige a habilidade de intenção e seleção de um leque de possibilidades a que Gasque e Tescarolo[34] denominam comportamento estratégico em oposição à ideia de que a mera disponibilização da informação se concretize em termos de apreensão do conhecimento. De fato, o incremento das TICs se por um lado amplia as possibilidades educacionais, por outro não pode ser alçado à condição de tábua de salvação das políticas públicas no setor. Dados do INAF-2018[35] dão conta de que nem 64% da população brasileira chega ao

comunicação: algumas aproximações. Porto Alegre: Livraria do Advogado Ed., 2007, p.168-169.

[31] Declaração realizada por ocasião da Conferência Internacional sobre Imprensa, Desenvolvimento e Erradicação da Pobreza, promovida pela UNESCO em Colombo, Sri Lanka, de 1 a 3 de maio de 2006.

[32] Disponível em: https://www.observatoriodaimprensa.com.br/educacao-e-cidadania/caderno-da-cidadania/liberdade_de_imprensa_fundamental_para_o_desenvolvimento/. Acesso em 17/09/2022, às 11:42.

[33] CF/88 – Art.205. "A educação, direito de todos e dever do Estado e da família, será promovida e incentivada com a colaboração da sociedade, visando ao pleno desenvolvimento da pessoa, seu preparo para o exercício da cidadania e sua qualificação para o trabalho".

[34] GASQUE, Kelley Gonçalvez Dias; TESCAROLO, Ricardo. Sociedade da aprendizagem: informação, reflexão e ética. **Ci. Inf. Brasília**, v.33, n.3, dec.2004, p.36.

[35] Criado em 2001, o INAF Brasil é realizado por meio de entrevistas e testes cognitivos aplicados a partir de amostra nacional de 2000 pessoas representativa de brasileiros entre 15 e 64 anos de idade, residentes em zonas urbanas e rurais de todas as regiões do país. Os itens que compõem o teste de alfabetismo envolvem a leitura e interpretação de textos do cotidiano (bilhetes, notícias, instruções, textos narrativos, gráficos, tabelas, mapas, anúncios etc.). O índice define cinco níveis de alfabetismo: analfabeto, rudimentar, elementar, intermediário e proficiente. As habilidades medidas incluem letramento e numeramento.

nível intermediário de habilidades de letramento e numeramento, indicando que a tarefa é mais ampla do que se supõe em termos de discussões acerca de acesso a conteúdos autorais. Prontos a contribuir com novos lances compondo os "jogos de linguagem" estão os Recursos Educacionais Abertos (REA) e a Educação a Distância (EAD).

5. Recursos educacionais abertos e educação à distância

Importa destacar que enquanto na modalidade EAD as TICs são vistas como meios de aproximação entre professores e alunos separados pela distância e tempo, sem enveredar pelo campo da utilização de conteúdo autoral de terceiros, o movimento de REA se orienta pela construção livre do saber, mediada ou não por professor e alicerçada em licenças de uso livre. Ainda, os defensores de um movimento de educação aberta mais abrangente, desprendidos de qualquer pragmatismo educacional, chegam a afirmar que *"não há dúvida de que o fortalecimento e a expansão da educação à distância [...] deve muito à disponibilidade de recursos didáticos digitais (abertos ou não)"*[36]. Contudo, o §1º do art.80 da Lei de Diretrizes e Bases da Educação, ao prever a organização da educação a distância com abertura e regime especiais e oferecida por instituições especificamente credenciadas pela União, denota a vinculação da modalidade aos ditames do ordenamento jurídico, tanto que sua regulamentação se deu pelo Decreto 5.622/2005, revogado pelo atual Decreto 9.057/2017, que entre outros aspectos prevê metodologias, gestão e avaliação de conteúdos definindo-a como:

> modalidade educacional na qual a mediação didático-pedagógica nos processos de ensino e aprendizagem ocorra com a utilização de meios e tecnologias de informação e comunicação, com pessoal qualificado, com políticas de acesso, com acompanhamento e avaliação

[36] AMIEL, Tel. **Educação aberta: configurando ambientes, práticas e recursos educacionais.** In: SANTANA, Bianca; ROSSINI, Carolina; PRETTO, Nelson De Lucca (org.). Recursos Educacionais Abertos: práticas colaborativas políticas públicas – 1. ed. – Salvador: Edufba; São Paulo: Casa da Cultura Digital. 2012, p.25.

compatíveis, entre outros, e desenvolva atividades educativas por estudantes e profissionais da educação que estejam em lugares e tempos diversos.

De outro lado, os defensores dos Recursos Educacionais Abertos, ancorados tanto na Declaração REA de Paris de 2012, emitida no Congresso Mundial sobre Recursos Educacionais Abertos, quanto em parcerias estabelecidas com organizações da sociedade civil, dentre as quais se encontra a organização sem fins lucrativos *Creative Commons*, sugerem a aquisição do conhecimento livre, ao mesmo tempo que propugnam pela remoção a um dos entraves, qual seja o direito autoral.

Declaração REA de Paris 2012

a) O reforço da sensibilização e da utilização dos REA. – A promoção da utilização dos REA com vista a ampliar o acesso à instrução em todos os níveis, tanto à educação formal como não-formal, numa perspectiva de aprendizagem ao longo da vida, contribuindo, assim, para a inclusão social, a equidade entre os gêneros, bem como para o ensino com necessidades específicas. O aumento da qualidade e da eficiência dos resultados do ensino e do aprendizado, através de uso mais amplo dos REA.
b) A promoção da compreensão e da utilização de estruturas com licenciamento aberto. – A facilitação da reutilização, da revisão, da remixagem e da redistribuição de material didático no mundo inteiro, através de licenciamento aberto, que inclua um grande número de estruturas que permitem diferentes tipos de utilização, respeitando, ao mesmo tempo, quaisquer direitos de autor. (PARIS, 2012)

As tensões em matéria de direito autoral que colocam de um lado a tutela dos direitos do autor e de outro direitos à educação, informação e cultura se, com efeito, exigem a harmonização de interesses por certo não podem servir de estímulo a práticas que impeçam a aplicação da lei. Hildebrando Pontes aponta com precisão a plena campanha para que *"autores de obras de criação intelectual adotem as ideias contidas no sistema Creative Commons"*[37], reforçando a falsa afirmação de que a legislação impede a formação e desenvolvimento do processo cultural no país. Acertadamente, o mesmo autor dedica amplo esclarecimento em sua obra à importância cultural do direito autoral, demonstrando não apenas a inexistência da incompatibilidade entre a proteção autoral e o processo de construção cultural, mas sobretudo alertando quanto *"aos interesses das grandes corporações, das telecomunicações, dos provedores de acesso e de conteúdo na internet"*[38] . Sob a perspectiva da educação já tivemos a oportunidade de nos manifestarmos dizendo:

> "Sob o enunciado de que a proteção autoral não deve ser usada apenas em favor da indústria do entretenimento, esquece-se que já se formou um novo mercado cuja matéria-prima é a própria informação, em que a circulação "aberta" se dá em razão da junção de produtores e consumidores na mesma figura. Na perspectiva da utilização de recursos abertos na educação [...] a batalha que se trava é [...] a favor da oportunidade de unir na mesma função docência e autoria [...]"[39]

Ronaldo Lemos expõe acerca dos quatro elementos de regulação da internet – lei, normas sociais, mercado e arquitetura – apresentando como atuam no fechamento da rede em oposição ao seu caráter de abertura, entretanto, mesma analogia pode ser realizada na verificação de que tais elementos podem atuar no alcance de um modelo aberto. Nesse sentido, a popularização das legendas *Creative Commons* em suas várias versões, legíveis por máquina, em textos *standards* – que conforme anuncia o projeto atende ao *"gênero de linguagem que os advogados conhecem e adoram"*[40] – e no formato de interface amigável, legível por humanos, contribuem para a incrementação de um mercado cuja matéria-prima é a própria informação, em que a circulação aberta se dá na junção de produtores e consumidores na mesma figura.

[37] PONTES, Hildebrando. **Os contratos de cessão de direitos autorais e as licenças creative commons**. 2ª edição – Belo Horizonte: Del Rey, 2009, p. 132-133.
[38] PONTES, Hildebrando. Ob. cit. p. 145.
[39] RODRIGUES, Monica Walter. Tecnologia na sociedade da informação: recursos educacionais abertos e desafios ao direito de autor. Curitiba: Juruá, 2021, p.139.
[40] Verificar em https://br.creativecommons.net/licencas/. Acesso em 18/09/2022, às 12:27.

6. Educando educadores

Na perspectiva da utilização de REA não se trata apenas do compartilhamento de boas ideias com colegas educadores, mas sobretudo de projeto que exige ampla adesão dos professores. No âmbito da Unesco a elaboração do relatório (2011) "Alfabetização Midiática e Informacional – Currículo para a Formação de Professores" foi o resultado das Declarações de Grünwald (1982), de Alexandria (2005) e da Agenda de Paris (2007), tendo como *"estratégia central [...] alcançar um efeito multiplicador: de professores alfabetizados em termos informacionais para seus alunos e, eventualmente, para a sociedade em geral"*[41].

Na verdade, em tempos de usos extensivos de tecnologias e *fake news*, a capacitação cada vez maior de professores deve servir com especial ênfase à viabilização da práxis para que possam oferecer subsídios na seleção, avaliação e uso ético da informação por seus alunos, atendendo à consecução dos direitos à liberdade de expressão e informação[42]. Em Vida Líquida, Baumann alerta para o importante papel da educação na preservação das liberdades, sobretudo quanto às condições de escolha para que possam se efetivar.

> [A] educação deve ser para que os homens e mulheres do mundo líquido-moderno possam perseguir seus objetivos existenciais com pelo menos um pouco de engenhosidade e autoconfiança. [...] Mas há outra *razão*, menos discutida, embora mais poderosa do que aquela que temos discutido até agora: não se refere a adaptar as habilidades humanas ao ritmo acelerado da mudança mundial [...].
> A liberdade dos cidadãos não é propriedade adquirida de uma vez por todas; não está a salvo quando trancada em cofres privados. Foi plantada e enraizada no solo sociopolítico, que deve ser fertilizado diariamente e que vai secar e definhar se não for cuidado dia após dia

[41] Wilson, Carolyn. **Alfabetização midiática e informacional: currículo para formação de professores** / Carolyn Wilson, Alton Grizzle, Ramon Tuazon, Kwame Akyeampong e Chi-Kim Cheung. – Brasília: UNESCO, UFTM, 2013, p.17.

[42] Declaração Universal dos Direitos da Pessoa Humana – Art.19. Todo ser humano tem direito à liberdade de opinião e expressão; este direito inclui a liberdade de opinar livremente e de procurar, receber e transmitir informações ideias por quaisquer meios, independentemente de fronteiras.

> pelas ações bem-informadas de um público instruído e comprometido. Não são apenas as habilidades técnicas que precisam ser continuamente renovadas, nem é somente a educação *voltada para o mercado de trabalho* que precisa ocorrer ao longo da vida.
> Precisamos da educação ao longo da vida para termos escolha. Mas precisamos dela ainda mais para preservar as condições que tornam essa escolha possível e a colocam ao nosso alcance[43].

Nesse sentido, a recente Lei 14.533/23, ao instituir a Política Nacional de Educação Digital, amplia o objetivo do eixo da Educação Escolar Digital para além da inserção da "educação digital nos ambientes escolares, em todos os níveis e modalidades, a partir do estímulo ao letramento digital e informacional e à aprendizagem de computação, de programação, de robótica" para incluir outras competências dentre as quais a prevista no inciso III do art.3º que expressamente se refere à

> "aprendizagem destinada à participação consciente e democrática por meio das tecnologias digitais, o que pressupõe compreensão dos impactos da revolução digital e seus avanços na sociedade, a construção de atitude crítica, ética e responsável em relação à multiplicidade de ofertas midiáticas e digitais e os diferentes usos das tecnologias e dos conteúdos disponibilizados".

Mas, para os defensores de REA não se trata de proporcionar formação aos professores para que no contexto das transformações tecnológicas desenvolvam capacidade de identificação, seleção e processamento de informações midiáticas com o consequente desenvolvimento para os alunos e sociedade, mas sobretudo de formação voltada à produção de conteúdo alicerçado em licenças de uso livre, o que implica em verdadeira mudança comportamental. Aliás, para as pretensões do movimento, importa que se diga que nem todas as legendas CC (Creative Commons) adotadas como licenças serão consideradas REA. Assim, se uma legenda CC for atribuída com reserva à possibilidade de

[43] BAUMAN, Zygmunt. Vida Líquida. Tradução de Carlos Alberto Medeiros. Rio de Janeiro, Jorge Zahar, 2007, p. 164-167.

derivação da obra ou de seu uso comercial isso implicará na dificuldade de seu reconhecimento enquanto REA[44].

7. O PL 3.133/2012 e a educação

Em 15/03/2012, o Deputado Nazareno Fonteles fazia uso da palavra na Câmara do Deputados para falar sobre o projeto de lei a que tinha dado entrada há poucos dias e que versava sobre a revisão da Lei de Direitos Autorais. O motivo? A preocupação pública e notória, como deixou entrever de suas palavras o próprio deputado, com um posicionamento conservador frente ao avanço tecnológico, realizando à época inclusive apelo para que nas Comissões os projetos, tanto da lei de revisão dos direitos autorais, quanto do Marco Civil da Internet atendessem aos novos costumes de acesso ao conhecimento e aos bens culturais. Como exemplo contundente de suas afirmações verifica-se:

> Temos, muitas vezes, interpretações judiciais feitas em função de um direito em detrimento de outro. Por exemplo, valorizam-se os direitos autorais e prejudicam-se o direito à educação. Todos os dois merecem tratamento importante, porque atendem a interesses muito relevantes da população como um todo e do desenvolvimento da Nação[45].

Da análise da proposta conhecida como Reforma da Lei de Direitos Autorais em sua relação com o tema da educação, verifica-se a oportuna ampliação do rol de isenções previstos no art.46, o que de fato, para aqueles que atuam no segmento representa um avanço em termos de consolidação do direito constitucional à educação quando confrontado com alguns aspectos do direito autoral.

[44] Ver em https://aberta.org.br/faq/ itens 3.15. Por que obras com a restrição ND (Não-a-Derivados) não são REA? e 3.16. Quais as consequências da restrição NC (Não-Comercial)?

[45] https://www.camara.leg.br/internet/sitaqweb/TextoHTML.asp?etapa=5&nuSessao=042.2.54.O%20%20%20%20%20&nuQuarto=47&nuOrador=1&nuInsercao=0&dtHorarioQuarto=16:18&sgFaseSessao=CP%20%20%20%20%20%20%20%20&data=15/03/2012&txApelido=NAZARENO+FONTELES+PT- PI&txFaseSessao=Comunica%E7%F5es+ Parlamentares++++&txTipoSessao=Ordin%E1ria+-+CD+&txEtapa= Acesso em 19/09/2022, às 14:35.

Contudo, as TICs possibilitaram novos cenários para além da mera ideia de acesso e compartilhamento, mas de verdadeiros novos mercados e modelos de contratações, além de relações que se desenvolvem entre instituições de ensino e professores no tocante à educação remota. Nesse sentido, a proposta de reforma apresenta em seu art.8⁰ o acréscimo ao art.52-A do texto da Lei 9.610/98, incluindo a previsão da realização da obra sob encomenda, situação em que caberá ao empregador, ente público ou comitente o exercício da titularidade dos direitos patrimoniais das obras (caput, art.52-A), tanto criadas em cumprimento a dever funcional a contrato de trabalho (inciso I), quanto criadas em cumprimento de contrato de encomenda (inciso II), permitindo entretanto ao autor a conservação daquelas modalidades de direitos patrimoniais que não tenham constituído objeto de contratação (§1⁰) e desde que não importe em prejuízo injustificado ao empregador (§2⁰). Outrossim, importa dizer que nos termos propostos pela reforma, professores e pesquisadores, em suas relações com instituições de ensino e pesquisa decorrentes de contrato de trabalho ou vínculo seriam alijados de seus direitos patrimoniais por força da previsão contida no §10, nos seguintes temos:

> Art. 52-A. Salvo convenção em contrário, caberá ao empregador, ente público, ou comitente, exclusivamente para as finalidades que constituam o objeto do contrato ou das suas atividades, o exercício da titularidade dos direitos patrimoniais das obras:
> I – criadas em cumprimento a dever funcional ou a contrato de trabalho;
> II – criadas em cumprimento de contrato de encomenda, inclusive para os efeitos dos art. 54 e 55 desta Lei.
> §1.º O autor conservará seus direitos patrimoniais com relação às demais modalidades de utilização da obra, podendo assim explorá-la livremente.
> §2.º A liberdade conferida ao autor de explorar sua obra, na forma deste artigo, não poderá importar em prejuízo injustificado para o empregador, ente público ou comitente na exploração da obra.
> [...]
> §10. As disposições deste artigo não se aplicam:

III – às relações decorrentes de contrato ou vínculo de professores ou pesquisadores com instituição que tenha por finalidade o ensino ou a pesquisa;
IV – quando a criação exceder claramente o desempenho da função, ou tarefa ajustada, ou quando forem feitos usos futuros da obra que não haviam sido previstos no contrato;

Conclusões: acerca do professor-autor

Cumpre destacar, conforme se discorreu no início deste trabalho que não se pode atribuir à pandemia a exclusividade de transformação e digitalização do setor, vendo-a apenas como evento catalisador de tal processo. Ocorre, que de modo ainda mais acentuado, o papel dos professores sofreu modificações que se antes eram objeto dos lances dados pelos "jogos de linguagem", hoje encontram-se verdadeiramente inseridos no jogo.

A fala do professor e a produção autoral que de sua relação com os alunos emerge em sala de aula é apenas um dos instrumentos de transmissão do saber, situação que inclusive, quando confrontada com o interesse dos alunos encontra previsão no rol das isenções do art.46 da Lei 9.610/98, de modo que não constitui ofensa aos direitos autorais o apanhado de lições em estabelecimentos de ensino por aqueles a quem elas se dirigem (inciso IV), equilibrando-se os interesses de um lado da coletividade nos direitos à informação, educação e cultura e de outro dos criadores. Sim, criadores, pois para que uma aula ocorra faz-se necessário uma boa soma de investimento intelectual que não se traduz apenas em investimento financeiro, mas em tempo e dedicação à pesquisa, conforme o princípio da indissociabilidade entre ensino e pesquisa previsto no art.207 da Constituição Federal de 1988.

Se antes da pandemia já era perceptível aos docentes a necessidade de aproximação de suas práticas ao universo tecnológico ao disputarem palmo a palmo a atenção de seus alunos imersos na relação com seus smartphones, tablets e notebooks, a crise de saúde mundial não deixou opções a alunos e professores que precisaram reinventar a práxis educativa. Assim, apoiando ou não a ideia de Recursos Educacionais Abertos, com ou sem reforma da legislação autoral, com ou sem alteração de contratos de trabalho, diversas violações de direitos autorais foram perpetuadas em nome da "excepcionalidade" do momento no intuito de que os conteúdos educacionais previstos nos planos de ensino continuassem a serem transmitidos. E mesmo agora, o retorno ao ambiente presencial, após larga campanha de alteração dos costumes, impôs a presença às salas de aula das TICs de modo que urge o debate sobre a questão autoral. Acerca disso tudo, é preciso que se diga que não há uniformidade quando o assunto é produção, utilização e disseminação de conteúdos educacionais, em parte pelo aspecto já apontado anteriormente de que a própria organização da educação em níveis, etapas e modalidades não permite que tais práticas sejam únicas, mas em parte porque a própria relação com as instituições de ensino, privadas e públicas, não é uniforme. Há aquelas que se apresentam preocupadas quanto aos aspectos relativos aos direitos autorais, seja de terceiros, como por exemplo na disponibilização de banco de imagens licenciadas e acesso à bibliotecas digitas aos docentes que produzem materiais de aprendizagem, seja no tocante aos termos de cessão de direitos quanto aos materiais que produzidos pelos docentes, mas há aquelas absolutamente silentes quanto a qualquer aspecto no que tange aos direitos autorais, seja de terceiros, seja quanto à produção autoral de seus docentes. A tudo isso acresce-se a falta de controle, verificando-se muitas vezes tais conteúdos sendo publicados e replicados à revelia de seus autores na internet.

Mendes, Souza e Caregnato[46] discutindo a questão da reusabilidade dos objetos de aprendizagem – conteúdos autorais – apontam que esta é uma característica que tende a gerar conflitos futuros em matéria autoral e que, portanto, a *"questão que se torna necessária abordar é aquela relacionada à política adotada pelos repositórios"*. Na percepção das autoras a comunidade envolvida, vale nomear, a comunidade de professores, *"parece ainda não ter considerado todas as implicações legais do uso de objetos de aprendizagem"*.

A questão na verdade é mais complexa do que a princípio pode parecer. A visão de que a internet é um espaço livre e de que tudo que lá está posto não deve sofrer restrição pode até mesmo contrariar o alcance das melhores

[46] CAREGNATO, Sônia Elisa; MENDES, Rozi Mara; SOUZA, Vanessa Inácio. A propriedade intelectual na elaboração de objetos de aprendizagem. **Anais do V Encontro Nacional de Ciência da Informação** (5.: 2004 jun.: Salvador, BA). Anais. Salvador: Ufba, 2004, p.7.

intenções no que tange aos objetivos do direito à educação. O debate que se encerra entre o direito autoral versus o direito à educação apenas considerando que os interesses dos autores são meramente de ordem privada, faz a balança pender unicamente para o lado do direito ao acesso ao conhecimento, aos bens culturais e direito à informação, sem que se abra espaço para o debate acerca dos interesses dos criadores, principalmente da importância que exercem no contexto de redes em que circulam informações falsas, cujo papel docente deveria ser tanto exaltado como fomentado, servindo como um aliado até do implemento de políticas públicas e privadas no uso de sistemas de inteligência artificial para a educação, vez que as características da Sociedade da Informação impõem questionar acerca da temporalidade útil do conhecimento.

Por fim, ainda no vasto cenário de possibilidades inaugurado pelas TICs encontram-se as chamadas *EdTechs*, ocupando um novo status no mercado educacional, incluindo novos atores, que distantes dos espaços físicos das salas de aula passam a se reconhecer num novo universo em que são chamados tutores, mediadores, designers instrucionais, coordenadores de projetos, gestores educacionais, dentre outras denominações a depender da função desempenhada. Acerca desses novos papéis o direito ainda precisa voltar seus esforços em debater as relações que se estabelecem entre o direito do trabalho e direitos autorais dos envolvidos em tais projetos, mas este certamente é tema para o desenvolvimento de novas pesquisas.

Referências

Abreu, Cristiano Nabuco de et al. Dependência de Internet e de jogos eletrônicos: uma revisão. **Brazilian Journal of Psychiatry** [online]. 2008, v. 30, n. 2 [Acessado 13 julho 2022], pp. 156-167. Disponível em: <https://doi.org/10.1590/S1516-44462008000200014>.

AMIEL, Tel. **Educação aberta: configurando ambientes, práticas e recursos educacionais.** In: SANTANA, Bianca; ROSSINI, Carolina; PRETTO, Nelson De Lucca (org.). Recursos Educacionais Abertos: práticas colaborativas políticas públicas – 1. ed. – Salvador: Edufba; São Paulo: Casa da Cultura Digital. 2012.

BARBOSA, Marco Antonio; RODRIGUES, Monica Walter. Da Informação ao Conhecimento na Sociedade Aprendente. ***Revista Científica Direitos Culturais***, v.10, n.20, 2015.

BAUMAN, Zygmunt. Vida Líquida. Tradução de Carlos Alberto Medeiros. Rio de Janeiro

Jorge Zahar, 2007.

BOTO, Carlota. Na revolução francesa os princípios democráticos da escola pública, laica e gratuita: o relatório de Condorcet. **Educ. Soc.**, Campinas, vol. 24, n. 84, p. 735-762, setembro 2003.

CAREGNATO, Sônia Elisa; MENDES, Rozi Mara; SOUZA, Vanessa Inácio. A propriedade intelectual na elaboração de objetos de aprendizagem. **Anais do V Encontro Nacional de Ciência da Informação** (5.: 2004 jun.: Salvador, BA). Anais. Salvador: Ufba, 2004.

CUNHA, Paulo Ferreira da. **Direito à informação ou deveres de proteção informativa do Estado?** In: SARLET, Ingo Wolfgang (org.) [et.al.]. Direitos fundamentais, informática e comunicação: algumas aproximações. Porto Alegre: Livraria do Advogado Ed., 2007.

GASQUE, Teles Gonçalvez Dias; TESCAROLO, Ricardo. Sociedade da Aprendizagem: informação, reflexão e ética. **Ci. Inf. Brasília**, v.33, n. 3, dez. 2004.

GHIRALDELLI JR., Paulo. **Filosofia da educação**. São Paulo: Ática, 2006.

Lyotard, Jean-François. **A Condição pós-moderna**. 5.ed. Tradução de Ricardo Corrêa Barbosa; Posfácio Silviano Santiago. Rio de Janeiro: José Olympio: 1998.

Mattelart, Armand. **História da sociedade da informação**. São Paulo: Edições Loyola, 2006.

MICHELMAN, Frank I. **Relações entre democracia e liberdade de expressão: discussão de alguns argumentos**. In: SARLET, Ingo Wolfgang (org.) [et.al.]. Direitos fundamentais, informática e comunicação: algumas aproximações. Porto Alegre: Livraria do Advogado Ed., 2007.

OMS, OPAS. Histórico da pandemia de COVID-19. Fonte: Organização Pan-Americana da Saúde – Organização Mundial da Saúde: https://www.paho.org/pt/covid19/historico-da-pandemia-covid-19. Acesso em 23-06-2022, às 18:16.

PONTES, Hildebrando. **Os contratos de cessão de direitos autorais e as licenças creative commons**. 2ª edição – Belo Horizonte: Del Rey, 2009.

RODRIGUES, Monica Walter. Tecnologia na sociedade da informação: recursos educacionais abertos e desafios ao direito de autor. Curitiba: Juruá, 2021.

SANTOS, Ademir Valdir. Escolas como postos de socorro: instituições escolares na epidemia de gripe espanhola no Rio de Janeiro (1918), **Revista Brasileira de História**. São Paulo, v. 41, nº 87, 2021.

Wilson, Carolyn. **Alfabetização midiática e informacional: currículo para formação de professores** / Carolyn Wilson, Alton Grizzle, Ramon Tuazon, Kwame Akyeampong e Chi-Kim Cheung. – Brasília: UNESCO, UFTM, 2013.

12. A DESTRUIÇÃO DAS OBRAS DE ARTES

HILDEBRANDO PONTES

Introdução

Analisarei o direito à integridade das obras de artes plásticas, tomando como ponto de partida a obra audiovisual "Frida", uma produção cinematográfica mexicana sob a direção da cineasta Julie Taymor, interpretada por Salma Hayek no papel principal de Frida Kahlo, Alfred Molina encarnando o artista mexicano Diego Rivera, circundados pelos intérpretes Geoffrey Rush, Antônio Banderas, Ashley Judd, Edward Norton. O filme me agradou como um todo, sobremaneira o trabalho fotográfico de Rodrigo Prieto, a retratar com cores fortes, típicas da cultura mexicana, o amor vivido por Frida Kahlo e Diego Rivera. Porém, a história do filme não se circunscreve à vida amorosa desses dois criadores. Revela com fidelidade a destruição do mural de Diego Rivera, fato de triste memória que permanecerá para sempre, a vestir como luvas o estudo que se seguirá.

Considero uma afronta ao patrimônio cultural da humanidade a destruição de qualquer obra artística. Creio que a sua preservação é dever de todos. Todavia, sabemos que o caso Rivera não é um caso isolado, nem muito menos será o último deles. Por isso, este estudo abordará a proteção da integridade das obras de artes plásticas, à luz da legislação autoral brasileira, sem deixar de considerar os conceitos de natureza autoral de há muito consagrados pela doutrina nacional e internacional. Casos que tais me convencem cada vez mais de que é preciso sedimentar entre nós uma mentalidade comprometida com a defesa das obras de criação artísticas.

1. A legislação brasileira

A nossa lei autoral, Lei 9.610, de 19 de fevereiro de 1998, protege as criações do espírito, as obras expressas por qualquer meio ou fixadas em qualquer modalidade de suporte, quer tangível ou intangível, conhecido ou que se invente no futuro, para expressamente, no inciso VIII, proteger as obras de desenho, pintura, gravura, escultura, litografia e arte cinética (art. 7º). Portanto, dúvidas não podem existir de que as obras de artes plásticas encontram-se protegidas pela lei autoral brasileira.

Protegida as obras de criação intelectual, a lei autoral cuidou de proteger os seus criadores. E o fez de maneira exemplar, firmando o entendimento de que o autor é a pessoa física que cria obra literária, artística ou científica (art. 11). Afastou qualquer dúvida quanto à criação de uma obra, uma vez que o ato de criar é uma faculdade exclusiva do ser humano. Contudo, a proteção concedida ao autor, poderá ser estendida às pessoas jurídicas nos casos previstos pela lei (parágrafo único deste artigo).

Protegidos os autores e as obras, o legislador estabeleceu os dois pilares fundamentais que respondem pela sustentação de toda a edificação autoral, quais sejam, os direitos morais e os direitos patrimoniais dos criadores nacionais.

2. Os direitos morais

Destaco do núcleo do direito moral o direito de paternidade e o direito à integridade da obra, faculdades essenciais a proteger o criador e permitir a defesa da originalidade da obra. O direito moral por ser considerado *erga omnes* se impõe ao respeito e ao cumprimento de todos.

Esse direito encerra faculdades, características próprias, fruto de uma singular construção doutrinária, entre algumas, a condição de ser um direito inalienável, característica alojada no universo individual do criador, até mesmo quando se processa, total ou parcialmente, a transferência dos direitos patrimoniais da obra.

Por ser inalienável é também imprescritível. Se o autor não pode livremente dispor de seu direito moral por ser considerado inalienável, preservá-lo inerte, por certo, não poderia configurar causa de sua extinção.

A atual lei autoral brasileira permite a transmissão dos direitos morais aos herdeiros, obedecida a ordem sucessória prevista no nosso ordenamento civil. O exercício das faculdades morais de reivindicação de autoria, de paternidade, de ineditismo e de integridade da obra se transmite aos herdeiros, exceto os direitos de modificação e de arrependimento (art. 28). O exercício de um direito por si só não transfere a sua titularidade para quem o exerce. Significa dizer, pois, que os herdeiros exercitarão os direitos morais do autor, em estrita consonância com o que dispõe o diploma autoral.

Há quem entenda que o direito moral do autor é perpétuo, o que não deixa de causar polêmicas e dissensões. O fato é que alguns ordenamentos consagram o caráter perpétuo do direto moral, com respeito à paternidade da obra e à sua integridade, outros não o acolhem. Quanto ao nosso ordenamento, a perpetuidade alcança o direito de paternidade do autor e o direito de integridade de sua criação intelectual. Considero essas duas faculdades como sendo as mais importantes dentre todas as demais elencadas pelo direito moral de autor. Penso que é razoável supor que sem essas garantias, a criação, por certo, não se perpetuaria.

O direito de paternidade é faculdade essencial colocada à disposição dos autores nacionais. Garante aos criadores que, no ato de divulgação de suas obras, o seu nome seja indicado, que permaneça vinculado a sua obra. Mediante essa faculdade, o direito de paternidade preserva a ligação entre o autor e a sua própria criação. Sem a garantia desse liame a obra não seria conhecida, consagrada junto ao público consumidor, a divulgar, a elevar o nome do seu criador.

Portanto, é inerente ao direito de paternidade a sua vinculação indissociável com o criador da obra. Por conseguinte, o direito irrenunciável de nominação da obra em favor do autor o transforma em um direito personalíssimo, a permitir que ele venha a ser recepcionado pelos direitos de personalidade. É defeso, pois, que se publique, que se reproduza uma obra, sem que se mencione o nome do autor como sendo o seu criador.

Outra faculdade de ordem moral não menos expressiva alcança a publicação da obra. É direito exclusivo do criador decidir se a sua obra será ou não publicada, pouco importando se a divulgação destina-se a finalidade de lucro ou não. Cumpre ao autor decidir se a obra ficará circunscrita ao seu universo pessoal, ou se será total ou parcialmente divulgada, ou se permanecerá para sempre inédita.

Em casos de ofensa à integridade da obra, poderão ocorrer prejuízos à honra ou mesmo à reputação, independentemente de sua publicação ou mesmo com a divulgação da obra. O direito de integridade permite que o autor impeça que se promovam modificações na sua obra, mesmo que venham a ser praticadas por quem adquire o seu objeto material.

Com relação às obras de artes plásticas, é preciso ponderar sobre a especificidade de que são dotadas essas obras. Quem adquire o suporte físico da obra, o seu corpo mecânico, adquire igualmente o seu corpo místico, ou seja, a própria obra. E somente por tê-lo adquirido, não estará autorizado, em hipótese alguma, a realizar modificações que venham adulterar a concepção original da obra, o que dirá sua destruição.

Junto ao direito de integridade da obra o direito de modificá-la, antes ou depois de utilizada. É de compreensão linear que se o autor detém para si o direito de integridade da obra, é uma decorrência natural que somente ele, e, ninguém mais, possa modificá-la, alterar a sua concepção primeira. Todavia, o direito de modificação não pode causar prejuízo ao direito de terceiros. A nossa lei autoral ao estabelecer em favor do autor o direito de modificação, também o impede de causar prejuízos a terceiros. Em casos em que a modificação da obra traga prejuízos para terceiros, fica o autor obrigado a indenizar. Com o falecimento do autor não se transmite o direito de modificação da obra, simplesmente deixa de existir.

Em pleno exercício dos direitos morais poderá o autor retirar a obra de comércio, a impedir a sua normal circulação. Mediante arrependimento, o autor da obra pode proibir que o detentor dos direitos patrimoniais prossiga explorando-a nas condições previamente estabelecidas. O direito de arrependimento advém da circunstância de que a criação representa a expressão maior do pensamento do autor. Por esse só fato, pode o autor impedir que a obra continue sendo reproduzida e publicada por terceiros interessados. Contudo, fica o autor obrigado a indenizar os utilizadores de boa-fé, prejudicados pelo direito de arrependimento por ele exercido. Similar ao direito de modificação, o direito de arrependimento também se extingue com a morte do autor.

Dentre todas as faculdades que constituem o direito moral de autor, a que diz respeito ao direito de manutenção da integridade da obra se me afigura a mais eficaz. Trata-se de uma garantia em favor do autor, a impedir que a sua obra seja desfigurada.

Registre-se que as ofensas de ordem moral têm reflexos patrimoniais, enquanto as ofensas de cunho patrimonial provocam reflexos de ordem moral, mesmo configurando vertentes independentes e de conceituação própria no campo autoral.

3. Direitos patrimoniais de autor

Os direitos patrimoniais de autor pelo conjunto de suas faculdades, pelo significado de que se revestem e pela importância do que representam, são considerados pela doutrina como sendo exclusivos, ilimitados, disponíveis, expropriáveis, renunciáveis, temporais e embargáveis. Contudo, a essência do direito patrimonial reside na exclusividade do direito de exploração obra, ou seja, as diferentes possibilidades de que dispõe o autor de obter, com a comercialização de seu trabalho intelectual, os frutos econômicos para a sua sobrevivência.

De conseguinte, a obra que cria poderá ser por ele explorada da forma que melhor lhe convier. Por isso mesmo, a utilização da obra que se dê sem a sua prévia e expressa autorização ingressa na esteira da ilicitude, submetendo o infrator a procedimentos tanto de ordem civil quanto criminal. Todavia, como não existe um direito absoluto, também o direito patrimonial de autor sofre restrições relativamente à sua utilização exclusiva, limitações impostas pelo nosso ordenamento quanto ao processo de exploração das obras.

No campo dos direitos patrimoniais de autor, a lei autoral brasileira, consagra em favor do autor três princípios essenciais. Impõe interpretação restritiva para os negócios jurídicos; exige prévia contratação para a utilização das obras; estabelece que cada utilização da obra de criação intelectual é independente entre si.

Especialistas são unânimes em considerar que a essência dos direitos patrimoniais está no fato de que a obra esteja vinculada a uma remuneração quando de sua utilização por terceiros. Remunerar o produto da inteligência criadora é fundamental. Não sendo assim, o autor de obras não teria condições de suprir suas necessidades fundamentais, viver do resultado de seu trabalho criativo.

4. O caso Diego Rivera

Nelson D. Rockefeller contratou o pintor Diego Rivera para conceber um mural para decorar o vestíbulo do Rockefeller Center, recém edificado na cidade de Nova York. Rivera concebeu o mural denominado "O Homem na Encruzilhada do Caminho", pintando aspectos da cultura social da época, composição estética equilibrada, concepção carregada de simbolismos, introduzindo no contexto do mural a imagem de Vladimir Lenin.

Este fato provocou revolta em setores da sociedade nova-iorquina, acompanhada de uma expressiva reação da imprensa americana. Diante disso, os Rockefeller pediram a Diego que ele substituísse a figura de Lenin pela de um trabalhador anônimo. Rivera não concordou, alegando que não poderia aceitar interferência em sua visão criativa.

Todavia, tentou buscar uma saída ecumênica, oferecendo-se para pintar no mural, no lado oposto onde se encontrava a figura de Lenin, a imagem de Abraham Lincoln, uma tentativa de conciliar interesses. Os Rockefeller não aceitaram. A notícia que se tem é que o encontro entre Diego Rivera e Rockefeller foi áspero, duro e definitivo. Enquanto Diego afirmava que a obra era sua, Rockefeller lhe dizia que a parede do Rockefeller Center era de sua propriedade. A radicalização entre partes se consumou, tornando-se insuperável.

Concluído o mural em 1933, foi imediatamente coberto por uma lona. No ano seguinte, os Rockefeller ordenaram a demolição da obra. O mural restou totalmente destruído. Diego Rivera considerou a violação de sua obra como sendo um "ato de vandalismo cultural".

Como um assistente de Rivera fotografou as diferentes etapas de elaboração do mural em Nova York, foi possível ao pintor recriá-lo na cidade do

México, no Palácio de Belas Artes, sob a denominação de "O Homem Controlador do Universo".

À época em que a destruição do mural se deu, é de se destacar que a legislação americana não dispunha de qualquer previsão legal que dissesse respeito à proteção dos direitos morais dos criadores de obras de criação intelectual. As relações que se estabeleciam entre criadores e usuários de obras eram de natureza meramente contratual. O contratante remunerava o autor pela obra adquirida, para tornar-se o seu proprietário exclusivo. Nessa condição, o adquirente se sentia legitimado a fazer com a obra o que bem quisesse, até mesmo o ato extremo de promover a sua destruição. Os Rockefeller, ao determinarem a destruição do mural por razões políticas, revelaram insensibilidade moral pela criação artística, desprezo pelo seu criador, e, o pior de tudo: atrás dessa radical decisão, o empobrecimento do universo cultural americano!

5. O caso Yara Tupinambá

O caso Yara Tupinambá tornou-se, entre nós, paradigmático. Foi o primeiro caso discutido e decido pela Justiça brasileira a envolver a destruição de um mural, no caso, o mural "Guerra e Paz", assim intitulado pela sua criadora.

Yara Tupinambá ingressou com um procedimento judicial contra o Município de Belo Horizonte e a sua Câmara Municipal, com o objetivo de compeli-los a indenizá-la por danos morais advindos com a destruição do mural por ela criado, pertencente ao patrimônio público mineiro, que depois de concluído estava sob a guarda e uso da Câmara Municipal de Belo Horizonte. Contudo, o Legislativo Municipal foi excluído do processo, respondendo pela ação proposta apenas o Município de Belo Horizonte.

Por ocasião das comemorações do aniversário da cidade de Belo Horizonte, foi encomendado a Yara Tupinambá a concepção e execução de um mural, com aproximadamente 34 metros quadrados, para figurar no plenário da sede do executivo municipal. A obra foi entregue pela pintora depois de árduos seis meses de trabalho. No decurso do tempo, informada de que a Câmara Municipal iria remover o mural "Guerra e Paz" para um novo prédio, Yara Tupinambá procurou o então Presidente do Legislativo Municipal, para juntos definirem as condições que envolveriam a transferência da obra. Diante do silêncio do Legislador municipal, Yara Tupinambá notificou a Prefeitura de Belo Horizonte e a Câmara Municipal, alertando que caso a obra viesse a sofrer quaisquer prejuízos decorrentes de sua remoção, os Entes públicos responderiam judicialmente por este fato.

Diante da destruição do mural de há muito consumada, os Administradores municipais, com o propósito de acobertarem a sua incúria e irresponsabilidade, urdiram uma sórdida e inaceitável trama. Convidaram Yara Tupinambá para participar de uma solenidade no salão nobre da Assembleia Legislativa de Minas Gerais, onde foi assinado um termo de comodato entre a Assembleia Legislativa do Estado de Minas Gerais e a Prefeitura Municipal de Belo Horizonte. Conforme disposto no contrato, o Legislativo estadual assumiria a obrigação de recepcionar e expor o mural "Guerra e Paz" no seu salão nobre. Este empréstimo se deu por mera liberalidade da Prefeitura Municipal de Belo Horizonte. Enquanto isso, o mural permanecia destruído no depósito do Parque das Mangabeiras, sem que a autora tivesse conhecimento deste lamentável fato. A bem da verdade, quanta insensatez, quanta imoralidade!

Quando a nova Administração substituiu a anterior, pressionados pela autora da obra, os novos Administradores foram obrigados a dizer sobre o paradeiro do mural. Veio a público que o mural havia sido removido de seu lugar de origem com pés de cabra, faltando-lhe placas que compunham a sua concepção original, com diversas rachaduras expostas, mutilado no seu todo, a inviabilizar sua restauração. Na impossibilidade de outra conduta, Yara Tupinambá bateu às portas do Poder Judiciário mineiro.

Em sua defesa, o Município pediu pela improcedência da ação, pelo fato de não haver partido dele qualquer ação prejudicial à obra, aduzindo que não havia sido indicado quais e qual o montante dos danos morais, e que o ato de terceiro não havia ofendido a honra e a reputação da criadora da obra, que ao contrário do afirmado, tinha havido "*grande manifestação de solidariedade do meio artístico em razão do ocorrido*".

O juiz de origem, ao decidir o feito em favor da artista plástica, deixou dentre outras reflexões de ordem jurídica, esta de inequívoca sensibilidade: "A meu juízo, revela-se impertinente para a caracterização se houve ou não a lesão moral, ser ou não possível a restauração da obra, interessando tal questão tão somente à fase de execução, quando seria quantificada a extensão do dano moral, por privar ou não a autora da suprema ventura para seu espírito, de ver a mesma admirada por quantos com ela tivessem contato, uma vez que ninguém nega por evidente que uma obra de arte é criada visando a eternidade, sendo a suprema recompensa do artista o aplauso sincero e a possibilidade de despertar emoções em quantos a observem" (negritos nossos).

A ação foi julgada procedente em parte, o Município de Belo Horizonte condenado a indenizar Yara Tupinambá pelo dano moral que lhe causou a destruição da obra. Quanto ao valor da indenização, a sentença determinou que o mesmo fosse apurado em fase de sua liquidação, mediante arbitramento.

Insatisfeito, o Município apelou para o Tribunal de Justiça de Minas Gerais. Yara Tupinambá se defendeu, oferecendo suas razões de apelo em resposta ao recurso apresentado. O TJMG reformou a sentença de origem, dando ganho de causa ao Município de Belo Horizonte. Com esta decisão o TJMG negou que a autora tivesse direitos decorrentes da destruição de sua obra. Dentre os três votos que decidiram contra os interesses da artista, reproduzo, a seguir, algumas de sua considerações que me pareceram significativas.

Quanto ao primeiro voto: "*É que, a meu ver, apesar de admitida pelo Apelante a danificação parcial da obra, comprovada aliás pela prova pericial, que informa às fls. 116, da possibilidade de sua restauração, não tendo havido adulteração do referido mural, não ficou suficientemente caracterizado nos autos o alegado dano moral a ser reparado.* Com efeito, por dano moral deve-se entender prejuízo à reputação e à honra do que se diz o ofendido, diminuição de seu prestígio e respeitabilidade no meio que vive, o que evidentemente não ocorreu na hipótese dos autos. Na verdade, a Apelada em nada teve abalado seu nome artístico, pela infeliz remoção do mural de sua autoria, que muito ao contrário, motivou manifestações de solidariedade, como as juntadas aos autos". Por fim, "pertencendo a obra de arte ao patrimônio público municipal, sobre esse repercute negativamente sua danificação, empobrecendo-o culturalmente inclusive, a denunciar o descaso e a pouca civilidade de Administradores anteriores" (negritos nossos). Com esses argumentos, o primeiro julgador concluiu pela inexistência de danos morais, e julgou improcedente a ação.

Quanto ao segundo voto: "...Nem houve destruição, modificação ou adaptação capaz de prejudicar a Autora, na sua reputação artística ou honra, que continua enaltecida por quantos a admiram, não se caracterizando lesionados os direitos autorais. O admirável Painel continua a engrandecer sua Criadora. O patrimônio ideal, a personalidade psíquica, a honra e a boa fama não foram lesados, mas tão-só a exteriorização material, consequente à necessária remoção. Se reparação há, seria ao Quadro, não à sua criadora, salvo por seus trabalhos na recuperação, possível, como informado pela Perícia. E tal indenização não foi pedida" (negritos nossos). Com essas manifestações o TJMG julgou improcedente o pedido de Yara.

O terceiro voto proferido verbalmente pelo terceiro Julgador colocou-se de acordo com os votos que o antecederam.

Yara Tupinambá recorreu ao Superior Tribunal de Justiça (Recurso Especial 37.374-3/MG), que reconheceu parcialmente o seu direito, com apenas um dos Ministros desconhecendo as razões apresentadas pela artista. O resumo do julgamento foi assim publicado: "Indenização. Danos morais. Destruição da obra de arte pertencente ao patrimônio público. Ato ilícito. Direito de Autor. Indenização devida. Voto vencido. - São invioláveis a honra e a imagem das pessoas assegurado o direito à indenização pelo dano material ou moral consequente à sua violação. - Não se apaga a dor, tendo a prestação pecuniária função meramente satisfatória. - Assim como o detrimento de bens materiais ocasiona prejuízo patrimonial, 'a agressão aos bens imateriais configura prejuízo moral'. - Uma vez incontroversa a existência do dano admitida sua responsabilidade, decorre daí ser o mesmo indenizável, não pelo simples decurso do tempo ou pelo desgaste natural, mas justamente pela comprovada destruição da obra de arte, que é projeção da personalidade do autor".

O voto discordante dos demais apresentou a seguinte decisão: "Sua Excelência reformou o acórdão do Tribunal Mineiro, para estabelecer a sentença que condena a Municipalidade de Belo Horizonte a indenizar a autora pelo dano moral sofrido... Com a devida vênia dos Ministros que me antecederam, não vejo nestes autos ofensa à reputação e honra da autora. Vejo, isto sim, a consagração, o reconhecimento de seu povo, e do Tribunal que julgou o seu pedido nesta passagem: 'O admirável Painel continua a engrandecer sua Criadora. O patrimônio ideal, a personalidade psíquica, a honra e a boa fama não foram lesados, mas tão-só a exteriorização material, consequente à necessária remoção. Se reparação há, seria do Quadro, não à sua criadora, salvo por seus trabalhos na recuperação, possível, como informado pela Perícia. E tal indenização não foi pedida.' (fls. 224/225). A questão como se viu, não é de dano moral, e sim material, mas este não foi postulado. Pelo exposto, não conheço do recurso". (negritos nossos).

6. O caso Goya

Os irmãos Jake e Dinos Chapman, integrantes do movimento "*Young British Artists*", considerados os *bad boys* da arte britânica, interferiram diretamente nos originais de 80 gravuras (série denominada *Desastres da Guerra*), de autoria de Francisco de Goya, onde os rostos de carrascos e de vítimas foram coloridos com aquarela e, por isso, transformados em seres com cabeça de cachorro, macaco e palhaço. Quando tomei conhecimento deste fato, a minha primeira impressão foi de perplexidade, inconformismo.

Desde o advento da Convenção de Berna de 1886, as obras artísticas tornaram-se objeto de proteção no âmbito de quase toda a comunidade internacional. Os princípios dos direitos autorais nela consagrados irradiaram-se para as legislações de todos os países signatários, inclusive o Brasil (Lei 9.610/98).

Portanto, se alguém adquire uma gravura original, pelo só fato de tê-la adquirido, volta-se a repisar, não está autorizado a promover qualquer espécie de intervenção na sua concepção original. Sem prévia permissão do criador da obra, qualquer que seja a modificação na obra configurará o ato ilícito, a submeter aquele que o praticou aos procedimentos de ordem civil e criminal.

Quanto às obras caídas em domínio público, caso o autor não tenha deixado herdeiros depois de sua morte ou não tenha firmado testamento a instituir o seu destino, a nossa legislação transfere para o Estado a proteção da integridade e autoria das obras caídas em domínio público. Cumprirá ao Estado brasileiro zelar pela proteção e defesa do patrimônio cultural do país (§ 2º do art. 24).

Embora o direito autoral inglês difira do direito continental do qual o nosso é originário, esse fato por si só não modifica a questão. Os ingleses integram a Convenção de Berna, além do que, a destruição das gravuras de Goya, esse gênio da pintura universal, ultrapassa os limites do direito de propriedade e da malfadada arte que se decidiu convencionar, por muitos, como sendo arte convencional.

Os vândalos Chapman, sob o olhar desatento da Inglaterra e da Espanha, destruíram as gravuras originais de Goya, e o que é desolador - para sempre! Indago, diante disso, onde o ato de criar desses marginais ingleses? Que obras originais eles ofereceram ao mundo artístico. Aceito a ideia de que o artista, quando cria, pode, se o desejar, desfazer-se de sua obra. O que é inaceitável é chancelar o vandalismo que destrói as obras de arte, pouco importando o nome que a isso se dê.

Em 1919, quando Michel Duchamp interferiu na célebre obra de Leonardo da Vince, a *Mona Lisa,* desenhando-lhe com lápis um cavanhaque acompanhado de um respeitável bigode daliniano, teve de suportar uma avalanche de críticas sobre a sua obra, somada à cólera dos críticos. Destaque-se que essa interferência, ocorreu sobre uma mera reprodução da obra original. Ainda bem que foi assim.

O ato praticado pelos irmãos Chapman é criminoso. Caso Goya estivesse vivo e fosse previamente consultado, teria permitido que os *bad boys* ingleses interferissem em suas gravuras? Pena que ele não esteja aqui para responder.

Conclusões

Com certeza que vários outros casos de destruição de obras artísticas poderiam aqui ser relembrados. Uma das mais famosas obras de arte do mundo, a *Pietá,* a única peça assinada por Michelangelo, concluída no final da década de 1490. Em 1972, dentro da Basílica de São Pedro, no Vaticano, a obra foi atacada a marretadas por Laszlo Toth, um desequilibrado mental, que quase a destruiu por completo. Atualmente a Pietá está protegida por vidros à prova de bala. Um brasileiro participou com sucesso dos trabalhos de restauração dessa escultura. Por muito pouco estaríamos privados de contemplar uma obra-prima.

Quem não se lembra da lamentável destruição das gigantescas estátuas dos *Budas de Bamiyan* em 2001, determinada pelo governo fundamentalista Talibã. Uma das representações de Buda foi esculpida com 53 metros de altura, até então considerado o Buda mais alto do mundo. As estátuas foram escavadas em nichos na rocha, por volta do século V. Com a destruição das estátuas restaram apenas contornos, algumas feições possíveis de serem reconhecidas entre os escombros. Um filme iraniano de 2007, denominado *"E Buda desabou de vergonha"*, narra a vida da população naquela região com a presença dos Talibãs.

Não me iludo de que o patrimônio artístico da humanidade está sempre sob ameaça, sujeito à pequenez moral do ser humano, a correr o risco de destruição. Esse é o motivo pelo qual se impõe a sua intransigente defesa junto aos povos civilizados. O patrimônio cultural não pode e não deve ser amesquinhado, banalizado dessa forma estúpida. Cada vez mais me convenço de que a garantia da integridade das obras de arte é um dever de cidadania, uma obrigação indeclinável do Estado Democrático de Direitos. Vou prosseguir repetindo como se fosse um mantra: sem autor não existe obra, sem obra não se constrói o processo artístico e cultural de uma nação.

13. O ACÓRDÃO C-401/19, DO TRIBUNAL DE JUSTIÇA DA UNIÃO EUROPEIA: O ADVENTO DO SISTEMA "*STAY DOWN*" PARA OS PRESTADORES DE SERVIÇOS DE PARTILHA DE CONTEÚDOS EM LINHA A – FILTRAGEM AUTOMATIZADA E OS DIREITOS AUTORAIS

Leonardo Machado Pontes

Introdução

No dia 26 de abril de 2022, o Tribunal de Justiça da União Europeia (TJUE)[1] julgou *improcedente* o recurso de apelação interposto pelo Estado polonês em face do Parlamento Europeu e do Conselho da Europa, visando a anulação parcial ou total do artigo 17, n.º 4, da Diretiva (UE) 2019/790, de 17 de abril de 2019, relativa aos direitos de autor e aos direitos conexos no

[1] Polónia v. Parlamento Europeu e Conselho da Europa, C-401/19, 26 de abril de 2022, ECLI:EU:C:2022:297. Disponível em <https://curia.europa.eu/juris/document/document.jsf;jsessionid=2AC27E2E508D16408849BAD33BE621FA?text=&docid=258261&pageIndex=0&doclang=pt&mode=lst&dir=&occ=first&part=1&cid=4908284>. Acesso em 08/06/2022.

mercado único digital (DAMUN)[2]. Os Estados francês, espanhol e português, bem como a Comissão Europeia, intervieram no processo em favor dos apelados.

O Estado polonês argumentou em apelação que o referido artigo[3], que estabeleceu um regime específico de responsabilidade referente a meios

[2] Diretiva (UE) 2019/790 do Parlamento Europeu e do Conselho, de 17 de abril de 2019, relativa aos direitos de autor e direitos conexos no mercado único digital e que altera as Diretivas 96/9/CE e 2001/29/CE, *Official Journal* L 130, 17.5.2019, p. 92–125. Disponível em <https://eur-lex.europa.eu/legal-content/PL/TXT/PDF/?uri=CELEX:32019L0790&from=PT>. Acesso em 08/06/2022.

[3] "Artigo 17.º

Utilização de conteúdos protegidos por prestadores de serviços de partilha de conteúdos em linha

1. Os Estados-Membros devem prever que os prestadores de serviços de partilha de conteúdos em linha realizam um ato de comunicação ao público ou de colocação à disponibilização do público para efeitos da presente diretiva *quando oferecem ao público o acesso a obras ou outro material protegido protegidos por direitos de autor carregados pelos seus utilizadores.* Os prestadores de serviços de partilha de conteúdos em linha devem, por conseguinte, obter uma autorização dos titulares de direitos a que se refere o artigo 3.º, n.os 1 e 2, da Diretiva 2001/29/CE, por exemplo, através da celebração de um acordo de concessão de licenças, a fim de comunicar ao público ou de colocar à disposição do público obras ou outro material protegido.

2. Os Estados-Membros devem prever que, caso um prestador de serviços de partilha de conteúdos em linha obtenha uma autorização, por exemplo, através da celebração de um acordo de concessão de licenças, essa autorização compreenda também os atos realizados pelos utilizadores dos serviços abrangidos pelo âmbito de aplicação do artigo 3.º da Diretiva 2001/29/CE se estes não agirem com caráter comercial ou se a sua atividade não gerar receitas significativas.

3. *Quando os prestadores de serviços de partilha de conteúdos em linha realizam atos de comunicação ao público ou de colocação à disposição do público nas condições estabelecidas na presente diretiva, a limitação da responsabilidade prevista no artigo 14.º, n.º 1, da Diretiva 2000/31/CE não se aplica às situações abrangidas pelo presente artigo.*

O disposto no primeiro parágrafo do presente número, não prejudica a possível aplicação do artigo 14.º, n.º 1, da Diretiva 2000/31/CE a esses prestadores de serviços para fins não abrangidos pelo âmbito de aplicação da presente diretiva.

4. Caso não seja concedida nenhuma autorização, os prestadores de serviços de partilha de conteúdos em linha *são responsáveis por atos não autorizados de comunicação ao público, incluindo a colocação à disposição do público*, de obras protegidas por direitos de autor e de outro material protegido, *salvo se os prestadores de serviços demonstrarem que*:

a) *Envidaram todos os esforços para obter uma autorização*; e

b) *Efetuaram, de acordo com elevados padrões de diligência profissional do setor, os melhores esforços para assegurar a indisponibilidade de determinadas obras e outro material protegido relativamente às quais os titulares de direitos forneceram aos prestadores de serviços as informações pertinentes e necessárias e, em todo o caso;*

c) Agiram com diligência, após receção de um aviso suficientemente fundamentado pelos titulares dos direitos, *no sentido de bloquear o acesso às obras ou outro material protegido objeto de*

de bloqueio automatizados de conteúdos infringentes de direitos autorais para prestadores de serviços de partilha de conteúdos em linha, o chamado sistema "*notice, take down and stay down*"[4], violava o art. 11[5], da Carta dos Direitos Fundamentais da União Europeia (CDF)[6], que protege o direito à liberdade de expressão e informação, mesmo que contrabalançado pelo art. 17, nº 2, da CDF, que protege o direito fundamental à propriedade intelectual[7].

Embora o recurso não tenha alegado que o artigo 17 da diretiva DAMUN desrespeitava o princípio à liberdade de empresa, estabelecido pelo art. 16 da CDF[8], o TJUE citou o princípio no acórdão, entendendo que ele havia

notificação nos seus sítios Internet, ou de os retirar desses sítios e envidaram os melhores esforços para impedir o seu futuro carregamento, nos termos da alínea b) [...]" (destacamos).

4 VIVANT, Michel. Sites de partage : la responsabilité nouvelle est arrivée, *Communication Commerce électronique*, n° 10, octobre 2021, étude 16, § 8. « Ensuite qu'en prévoyant que le site doit fournir ses meilleurs efforts pour empêcher que ces œuvres soient téléversées dans le futur, on bascule ici d'une obligation de *take down* à une obligation de *stay down* » ; CARRE, Stéphanie; MACREZ, Franck. Propriété intellectuelle – Les ambivalences du *copyright* européen dans la construction du marché unique numérique, *Europe*, n° 7, juillet 2020, étude 6, §12 « Le dispositif revient donc sur le mécanisme du « *notice and take down* », toujours valable s'agissant des hébergeurs, pour adopter le système du « *notice and stay down* » déjà existant dans certaines lois étrangères pour ces derniers ».

5 "Art. 11º

Liberdade de expressão e de informação

1. Qualquer pessoa tem direito à liberdade de expressão. Este direito compreende a liberdade de opinião e a liberdade de receber e de transmitir informações ou ideias, sem que possa haver ingerência de quaisquer poderes públicos e sem consideração de fronteiras.
2. São respeitados a liberdade e o pluralismo dos meios de comunicação social".

6 Carta dos Direitos Fundamentais da União Europeia, OJ C 326, 26.10.2012, p. 391-407. Disponível em <https://eur-lex.europa.eu/legal-content/PT/TXT/PDF/?uri=CELEX:12012P/TXT&from=PT>. Acesso em 08/06/2022.

7 "Artigo 17.º

Direito de propriedade

1. Todas as pessoas têm o direito de fruir da propriedade dos seus bens legalmente adquiridos, de os utilizar, de dispor deles e de os transmitir em vida ou por morte. Ninguém pode ser privado da sua propriedade, exceto por razões de utilidade pública, nos casos e condições previstos por lei e mediante justa indemnização pela respetiva perda, em tempo útil. A utilização dos bens pode ser regulamentada por lei na medida do necessário ao interesse geral.
2. *É protegida a propriedade intelectual*" (destacamos).

8 "Artigo 16.º

Liberdade de empresa

É reconhecida a liberdade de empresa, de acordo com o direito da União e as legislações e práticas nacionais".

sido igualmente respeitado pela Diretiva, em linha com os precedentes do tribunal[9].

O objetivo deste artigo é analisar sucintamente o referido regime de responsabilização criado pela Diretiva e a decisão, que se inserem no contexto de um regime *lex specialis*[10], que derroga o regime geral dos "*safe habours*" anteriormente estabelecido pelo art. 14[11], da diretiva sobre o comércio

[9] Ver C-401/19, ECLI:EU:C:2022:297, § 75: "Além disso, tratando-se de uma obrigação, imposta a prestadores de serviços da Internet, de tomar medidas destinadas a assegurar o respeito pelos direitos de autor aquando da utilização dos seus serviços, pode, consoante o caso, revelar-se mesmo necessário, *a fim de respeitar a liberdade de empresa desses prestadores de serviços, garantida no artigo 16.º da Carta*, e o justo equilíbrio entre esta, o direito à liberdade de expressão e de informação dos utilizadores dos seus serviços, consagrado no artigo 11.º da Carta, e o direito de propriedade intelectual dos titulares de direitos, protegido pelo artigo 17.º, n.º 2, da Carta, *deixar ao critério dos prestadores de serviços a determinação das medidas concretas a tomar para alcançar o resultado pretendido, para que estes possam optar por executar as medidas que melhor se adaptem aos recursos e às capacidades de que dispõem, e que sejam compatíveis com as restantes obrigações e desafios a que deve fazer face no exercício da sua atividade* (v., neste sentido, Acórdão de 27 de março de 2014, UPC Telekabel Wien, C-314/12, EU:C:2014:192, n.º 52)" (destacamos).

[10] Ver os Considerandos (64) e (65) da Diretiva (UE) 2019/790:
"É conveniente clarificar na presente diretiva que os prestadores de serviços de partilha de conteúdos em linha *realizam um ato de comunicação ao público ou de disponibilização ao público quando oferecem ao público o acesso a obras ou outro material protegido por direitos de autor carregados pelos seus utilizadores*. Por conseguinte, os prestadores de serviços de partilha de conteúdos em linha deverão obter uma autorização dos titulares de direitos em causa, nomeadamente através de um acordo de concessão de licenças. Tal não prejudica o conceito de comunicação ao público ou de colocação à disposição do público ao abrigo do direito da União, nem prejudica a eventual aplicação do artigo 3.º, n.os 1 e 2, da Diretiva 2001/29/CE a outros prestadores de serviços que utilizam conteúdos protegidos por direitos de autor" (destacamos).
"Caso os prestadores de serviços de partilha de conteúdos em linha sejam responsáveis pelos atos de comunicação ao público ou de colocação à disposição do público nas condições previstas na presente diretiva, *o artigo 14.º, n.º 1, da Diretiva 2000/31/CE não deverá ser aplicado à responsabilidade decorrente do disposto na presente diretiva em matéria de utilização de conteúdos protegidos por prestadores de serviços de partilha de conteúdos em linha*. Tal não deverá afetar a aplicação do artigo 14.o, n.º 1, da Diretiva 2000/31/CE a esses prestadores de serviços para fins não abrangidos pelo âmbito de aplicação da presente diretiva" (destacamos).

[11] "Artigo 14.º
Armazenagem em servidor
1. Em caso de prestação de um serviço da sociedade da informação que consista no armazenamento de informações prestadas por um destinatário do serviço, os Estados-Membros velarão para que a responsabilidade do prestador de serviço não possa ser invocada no que respeita à informação armazenada a pedido do destinatário do serviço, desde que:

electrónico[12], que protegia os prestadores de serviço de hospedagem da sociedade da informação contra ações de infração de direitos autorais, regime geral e, ora ultrapassado, de "*notice and take down*", denominado pelo professor Michel Vivant de "quase-irresponsabilidade"[13]. Atingi-seu um novo equilíbrio entre proteção e acesso, tendente a um sistema de gestão coletiva de direitos autorais e de remuneração dos autores na era digital[14].

a) o prestador não tenha conhecimento efetivo da atividade ou informação ilegal e, no que se refere a uma ação de indemnização por perdas e danos, não tenha conhecimento mesmo de factos ou de circunstâncias que evidenciam a atividade ou informação ilegal, ou
b) o prestado, a partir do momento em que tenha conhecimento da ilicitude, atua com diligência no sentido de retirar ou impossibilitar o acesso às informações".

[12] Diretiva 2000/31/CE do Parlamento Europeu e do Conselho de 8 de junho de 2000 relativa a certos aspectos legais dos serviços da sociedade de informação, em especial do comércio electrónico, no mercado interno («Diretiva sobre o comércio electrónico»), OJ L 178, 17.7.2000, p. 1–16. Disponível em <https://eur-lex.europa.eu/legal-content/PT/TXT/PDF/?uri=CELEX:32000L0031&from=PT>. Acesso em 08/06/2022.

[13] VIVANT, Michel. Sites de partage : la responsabilité nouvelle est arrivée, *Communication Commerce électronique*, n° 10, octobre 2021, étude 16, § 1. Ver também BENSAMOUN, Alexandra. Filtrage des contenus par les plateformes contributives et liberté d'expression, *Légipresse*, 2021, n° 395, p. 399 : « À la faveur d'une jurisprudence accueillante, les sites de partage et autres plateformes communautaires ont pu bénéficier de ce statut dit de «safe harbour» (sphère de sécurité), permettant une responsabilité conditionnée, fondée sur la connaissance de l'illicéité (notification-retrait) et qui, dans les faits, aboutissait à une irresponsabilité ».

[14] Ver Comunicação da Comissão ao Parlamento Europeu e ao Conselho: Orientações sobre o artigo 17.º da Diretiva 2019/790 relativa aos direitos de autor no mercado único digital, COM/2021/288 final, Documento 52021DC0288, p. 2. Disponível em <https://eur-lex.europa.eu/legal-content/PT/TXT/PDF/?uri=CELEX:52021DC0288&from=PT>. Acesso em 09/06/2022: "O artigo 17.º *visa promover o desenvolvimento do mercado de concessão de licenças entre os titulares de direitos e os prestadores de serviços de partilha de conteúdos em linha*. Para tal, cria uma base jurídica para os titulares de direitos autorizarem a utilização das suas obras quando carregadas pelos utilizadores de prestadores de serviços de partilha de conteúdos em linha, *aumentando assim as suas possibilidades de concessão de licenças e de remuneração*. Introduz também salvaguardas para os utilizadores que carregam os seus conteúdos, que podem incluir conteúdos de terceiros protegidos por direitos de autor e direitos conexo" (destacamos).

1. Breve análise do regime específico criado pelo art. 17, da diretiva DAMUN

Conceito de "prestadores de serviços de partilha de conteúdos em linha". Para se enquadrar na definição, o prestador deve satisfazer cinco requisitos[15]: **1)** ser um serviço da sociedade da informação, como definido no artigo 1.º, n.º 1, alínea b), da Diretiva (UE) 2015/15357[16]; e ter como principal objetivo ou um dos seus principais objetivos[17]: **2)** armazenar e facilitar o acesso do público[18]

[15] Id., p. 4-5. O art. 6º, alínea 6, da Diretiva (UE) 2019/790, define «Prestador de serviços de partilha de conteúdos em linha» como "um prestador de um serviço da sociedade da informação que tem como principal objetivo ou um dos seus principais objetivos armazenar e facilitar *o acesso do público a uma quantidade significativa de obras ou outro material protegido por direitos de autor carregados pelos seus utilizadores, que organiza e promove com fins lucrativos*. Não são considerados prestadores de serviços de partilha de conteúdos em linha na acepção da presente diretiva os prestadores de serviços como enciclopédias em linha sem fins lucrativos, os repositórios científicos e educativos sem fins lucrativos, as plataformas de desenvolvimento e partilha de software de fonte aberta, os prestadores de serviços de comunicações eletrônicas na acepção da Diretiva (UE) 2018/1972 e os mercados em linha, serviços em nuvem entre empresas e serviços em nuvem que permitem aos utilizadores carregar conteúdos para seu próprio uso" (destacamos).

[16] "b) «Serviço» significa qualquer serviço da sociedade da informação, isto é, qualquer serviço prestado normalmente mediante remuneração, à distância, por via eletrônica e mediante pedido individual de um destinatário de serviços;
Para efeitos da presente definição, entende-se por:
i) «à distância»: um serviço prestado sem que as partes estejam simultaneamente presentes,
ii) «por via eletrônica»: um serviço enviado desde a origem e recebido no destino através de instrumentos eletrônicos de processamento (incluindo a compressão digital) e de armazenamento de dados, que é inteiramente transmitido, encaminhado e recebido por cabo, rádio, meios óticos ou outros meios eletromagnéticos,
iii) «mediante pedido individual de um destinatário de serviços»: um serviço fornecido por transmissão de dados mediante pedido individual".

[17] Ver Comunicação da Comissão ao Parlamento Europeu e ao Conselho: Orientações sobre o artigo 17.º da Diretiva 2019/790 relativa aos direitos de autor no mercado único digital, COM/2021/288 final, Documento 52021DC0288, p. 5: "Deve entender-se por «principal objetivo» ou «um dos [...] principais objetivos» do serviço da sociedade da informação a função ou papel principal ou predominante (ou uma das funções ou papéis principais ou predominantes) do prestador de serviços. A avaliação do «principal objetivo ou um dos [...] principais objetivos» deve ser neutra em termos de tecnologia e modelo de negócios a fim de se manter atual".

[18] Id., p. 5: "O conceito de «armazenar» refere-se ao armazenamento de conteúdos que é mais do que temporário, e «facilitar o acesso do público» refere-se ao acesso aos conteúdos armazenados, que é facultado ao público".

a **3)** uma quantidade significativa de obras ou outro material protegido por direitos de autor[19], **4)** carregados pelos seus utilizadores, **5)** e que os organize e os promova com fins lucrativos[20].

Novo conceito de "comunicação pública". O art. 7º, nº 1, da novel diretiva cria um conceito de comunicação pública, ao estabelecer que os prestadores de serviços de partilha de conteúdos em linha comunicam publicamente obras protegidas por direitos autorais quando concedem *acesso aos conteúdos protegidos carregados pelos seus utilizadores em suas plataformas*[21].

Condições para que prestadores de serviços de partilha de conteúdos em linha sejam exonerados de qualquer responsabilidade. Se os prestadores de serviços de partilha de conteúdos em linha realizem uma "comunicação pública", eles somente poderão ser exonerados de qualquer responsabilidade por infração de direitos autorais se demonstrarem, cumulativamente,

[19] Id. p. 5 "[...] deve ser avaliada caso a caso, tendo em conta diversos elementos, como a audiência do prestador de serviços e o número de ficheiros carregados pelos utilizadores em geral. Por conseguinte, não seria suficiente considerar apenas um dos elementos mencionados para incluir um serviço da sociedade da informação no âmbito de aplicação do artigo 17."

[20] Id. p. 5-6: "Os fins lucrativos não devem ser tidos como garantidos pelo fato de o serviço ser um operador económico ou com base na sua forma jurídica. Os fins lucrativos devem estar ligados aos lucros obtidos com a organização e a promoção dos conteúdos carregados pelos utilizadores de forma a atrair um público mais vasto, por exemplo, mas não exclusivamente, *colocando publicidade junto aos conteúdos carregados pelos seus utilizadores.* O simples fato de receber uma taxa dos utilizadores para cobrir os custos operacionais de armazenagem dos seus conteúdos ou solicitar doações ao público, não deve ser considerado uma indicação de fins lucrativos. Conforme explicado no considerando 62, os prestadores de serviços cujo principal objetivo não seja permitir que os utilizadores carreguem e partilhem um grande número de conteúdos protegidos por direitos de autor com o objetivo de obter lucros dessa atividade não são abrangidos pela definição" (destacamos). Exemplos de prestadores visados pela diretiva seriam o YouTube, Dailymotion, Twitch, Tik Tok, Facebook, Snapchat, etc. Ver. POLLAUD-DULIAN, Frédéric. Téléversement et responsabilité des prestataires de services de l'Internet : encore et toujours l'article 17 de la directive n° 2019/790, *RTD Com.* 2021, p.77.

[21] Id., p. 2: "O artigo 17.º, n.os 1 e 2, prevê que os prestadores de serviços de partilha de conteúdos em linha realizem um ato pertinente em matéria de direitos de autor de «comunicação ao público» quando concedem acesso a conteúdos protegidos por direitos de autor carregados pelos utilizadores e, por conseguinte, necessitem de obter autorizações dos titulares de direitos em causa [...] O artigo 17.º constitui uma *lex specialis* em relação ao artigo 3.º da Diretiva 2001/29/CE e ao artigo 14.º da Diretiva 2000/31/CE. Não introduz um novo direito na legislação da União sobre direitos de autor. Em vez disso, regula plena e especificamente o ato de «comunicação ao público» nas circunstâncias limitadas abrangidas por esta disposição «para efeitos [da referida] diretiva»".

o cumprimento de quatro requisitos: **1)** que envidaram os seus "melhores esforços"[22] para obter licenças legais ou coletivas dos titulares de direitos autorais; **2)** que garantiram a indisponibilidade de obras protegidas pelos direitos autorais das quais tenham obtido a informação relevante e necessária dos titulares de direito; **3)** que agiram prontamente para bloquear o acesso ou para removê-lo após o recebimento de uma notificação suficientemente fundamentada e; **4)** neste caso, que também envidaram seus "melhores esforços"[23] para evitar o futuro *uploading* desses conteúdos infringentes na plataforma.

Exceção temporária criada para as plataformas *ex post* criadas. O considerando (67)[24], da Diretiva (UE) 2019/790, estabelece que o regime

[22] Id., p. 10: "As ações realizadas pelos prestadores de serviços para procurar e/ou colaborar com os titulares de direitos devem ser avaliadas caso a caso para determinar se constituem os melhores esforços para obter uma autorização. Por exemplo, devem ser tidos em conta elementos como as práticas específicas de mercado em diferentes setores (por exemplo, se a gestão coletiva é ou não uma prática generalizada) ou medidas que os Estados-Membros possam ter tomado para facilitar as autorizações, por exemplo, mecanismos voluntários de mediação. Para demonstrar os melhores esforços, os prestadores de serviços devem, no mínimo, *colaborar proativamente com os titulares de direitos que possam ser facilmente identificados e localizados, designadamente aqueles que representem um amplo catálogo de obras ou outro material protegido*. Em particular, o *contacto proativo com as entidades de gestão coletiva* (EGC) que atuem em conformidade com a Diretiva 2014/26/UE para obter uma autorização *deve ser considerado um requisito mínimo para todos os prestadores de serviços de partilha de conteúdos em linha*" (destacamos).

[23] Id., p. 9: "O conceito de «melhores esforços» não é definido e nenhuma referência é feita ao direito nacional, portanto, é um conceito autónomo do direito da UE e deve ser transposto pelos Estados-Membros de acordo com as presentes orientações e interpretado à luz da finalidade e dos objetivos do artigo 17.º e do texto de todo o artigo. Os Estados-Membros devem assegurar que o *princípio da proporcionalidade*, tal como estabelecido no artigo 17.º, n.º 5, é tido em conta quando se avalia se um prestador de serviços de partilha de conteúdos em linha envidou os melhores esforços ao abrigo do artigo 17.º, n.º 4, alíneas a) e b), e cumpriu o artigo 17.º, n.º 4, alínea c). Tal é relevante, em particular, para *proteger a liberdade de empresa dos prestadores de serviços* [...] O artigo 17.º, n.º 4, alínea b), deve ser aplicado de *uma forma tecnologicamente neutra e que se mantenha atual* [...] A tecnologia de reconhecimento de conteúdos baseada na *recolha de impressões digitais* parece ser amplamente utilizada pelos principais prestadores de serviços no que diz respeito a conteúdos de vídeo e áudio [...] a *dispersão, a marca de água, a utilização de metadados, a pesquisa por palavras-chave ou a combinação de diferentes tecnologias*" (destacamos).

[24] "À semelhança do que está previsto no artigo 16.°, n.° 2, da Diretiva 2014/26/UE, a presente diretiva estabelece regras no que respeita a novos serviços em linha. As regras estabelecidas na presente diretiva, destinam-se a ter em conta o caso específico das empresas em fase de arranque que trabalham com carregamentos de utilizadores para desenvolver novos modelos de negócio. O regime específico aplicável a novos prestadores de serviços com um volume de negócios e audiências baixos deverá beneficiar empresas que sejam efetivamente novas, pelo

específico de responsabilização não se aplicará apenas para novas empresas de serviços de partilha de conteúdos em linha criadas após o advento da Diretiva. Essa derrogação evita a responsabilização temporária e condicional dessas novas plataformas, criando um período de graça de 3 anos, a contar da primeira comunicação pública por elas realizada, no sentido da Diretiva. Para tanto, os volumes de negócios praticados e o número de acessos às plataformas devem ser "baixos". O considerando (66), da Diretiva (UE) 2019/790, estabelece como parâmetros para o regime derrogatório e temporário, um volume de negócios não superior a 10 milhões de euros por ano e um acesso médio mensal não superior a 5 milhões de visitantes singulares. Se essas plataformas satisfizerem essas condições, o regime *lex specialis* do art. 17 não se aplicará a elas, pelo menos no prazo de 3 anos, conforme as condições dispostas no art. 17, nº 6[25].

Respeito às exceções e limitações aos direitos autorais e conexos. O art. 17, nºs 7 e 8, cria a obrigação para os Estados-membros de respeitarem as limitações e exceções legais aos direitos autorais, que não devem ser afetadas pelo novo regime da *lex specialis*, notadamente a citação, crítica, análise,

que deverá deixar de ser aplicável três anos após a data da primeira disponibilização em linha dos seus serviços na União. Esse regime não deverá ser utilizado de forma abusiva mediante disposições que visem prolongar os seus benefícios para além dos primeiros três anos. O referido regime não deverá, em particular, aplicar-se a serviços recém-criados ou a serviços prestados sob nova designação, mas que exercem a atividade de um prestador de serviços de partilha de conteúdos em linha já existente que não poderá beneficiar desse regime ou que deixou de beneficiar do mesmo".

[25] "6. Os Estados-Membros devem prever que, relativamente a novos prestadores de serviços de partilha de conteúdos em linha cujos serviços tenham sido disponibilizados ao público na União por um período inferior a três anos e cujo volume de negócios anual seja inferior a 10 milhões de EUR, calculado nos termos da Recomendação 2003/361/CE da Comissão, as condições por força do regime de responsabilidade previsto no n.º 4 se limitem à observância do disposto no n.º 4, alínea a), e à atuação com diligência, após a recepção de um aviso suficientemente fundamentado, no sentido de bloquear o acesso às obras ou outro material protegido objeto de notificação ou de remover essas obras ou outro material protegido dos seus sítios Internet. Caso o número médio mensal de visitantes individuais desses prestadores de serviços seja superior a 5 milhões, calculado com base no ano civil precedente, os referidos prestadores devem igualmente demonstrar que envidaram os melhores esforços para impedir outros carregamentos das obras e outro material protegido objeto de notificação sobre os quais os titulares tenham fornecido as informações pertinentes e necessárias".

caricatura, paródia e pastiche[26], o que inclui, também, obras em domínio público e obras que não possuem os requisitos legais para a proteção autoral (como a originalidade)[27], sendo que estas exceções e limitações devem ser interpretadas à luz dos direitos fundamentais da CDF[28].

Criação de mecanismos extrajudiciais de resolução de conflito. O art. 19, nº 9, "[...] exige que os Estados-Membros prevejam um mecanismo de reclamação e de recurso que os prestadores de serviço devem disponibilizar aos utilizadores em caso de litígio sobre o bloqueio ou a remoção dos seus conteúdos"[29]. Essa etapa, criada pela plataforma, determina a presença de um controle humano, não automatizado e gratuito para o utilizador, para determinar a legitimidade do uso, se permanece bloqueado ou se é desbloqueado, devendo, em todo caso, o processo primar pela celeridade, sendo vedado, de ambos os lados, a mera repetição de razões[30]. Após o esgotamento desse procedimento, o utilizador deve ter acesso, ainda, a um mecanismo de

[26] "7. A cooperação entre os prestadores de serviços de partilha de conteúdos em linha e os titulares de direitos não resulta na indisponibilidade de obras ou outro material protegido carregado por utilizadores que não violem os direitos de autor e direitos conexos, nomeadamente nos casos em que essas obras ou outro material protegido estejam abrangidos por uma exceção ou limitação. Os Estados-Membros asseguram que os utilizadores em cada Estado-Membro possam invocar qualquer uma das seguintes exceções ou limitações existentes ao carregar e disponibilizar conteúdos gerados por utilizadores em serviços de partilha de conteúdos em linha:
a) Citações, crítica, análise;
b) Utilização para efeitos de caricatura, paródia ou pastiche".
"8. [...] A presente diretiva não prejudica de modo algum as utilizações legítimas, como as utilizações abrangidas pelas exceções ou limitações previstas no direito da União, nem conduz a qualquer identificação de utilizadores individuais nem ao tratamento de dados pessoais, exceto nos termos da Diretiva 2002/58/CE e do Regulamento (UE) 2016/679. Os prestadores de serviços de partilha de conteúdos em linha informam os seus utilizadores, nas suas condições gerais, da possibilidade de utilizarem obras e outro material protegido ao abrigo de exceções ou limitações aos direitos de autor e direitos conexos previstas no direito da União."

[27] Ver Comunicação da Comissão ao Parlamento Europeu e ao Conselho: Orientações sobre o artigo 17.º da Diretiva 2019/790 relativa aos direitos de autor no mercado único digital, COM/2021/288 final, Documento 52021DC0288, p. 21.

[28] Id., p. 22. Ver acórdãos C-516/17, Spiegel online, 29/07/2019, ECLI:EU:C:2019:625, § 52; C-314/12, UPC Telekabel Wien, 27/03/2014, ECLI:EU:C:2014:192, § 46.

[29] Id. p. 27.

[30] Id. p. 28.

resolução extrajudicial de conflitos do Estado-membro, que deve permanecer gratuito para ele, utilizador[31].

2. Do acórdão proferido pelo TJUE

No recurso, o Estado polonês atacou especificamente o sistema de filtragem automática de conteúdos infringentes, o "*stay down*", por entender que este sistema poderia excluir conteúdos lícitos, já que realizado por algoritmos automatizados, antes de qualquer participação humana, o que, sendo ele, desrespeitaria o princípio à liberdade de expressão, sendo tal ingerência causada, especificamente, pelo legislador da União Europeia[32]. Argumentou, ainda, que o regime, além de ser vago, dando uma "carta branca" para os prestadores implementarem quaisquer filtros sem respeito aos utilizadores, poderia atrasar, de modo substancial, o *upload* de conteúdos lícitos, esvaziando-os de toda e qualquer relevância social e valor informativo[33].

O TJUE concordou que os filtros automatizados impõem, de fato, um controle prévio e uma limitação ao direito à liberdade de expressão[34], mas que tal limitação respeita o princípio da proporcionalidade[35], estabelecido no art. 52, I, da CDF[36], tendo em vista a proteção do direito autoral. Segundo o tribunal:

[31] Id. p. 29.

[32] Ver Polónia v. Parlamento Europeu e Conselho da Europa, C-401/19, 26 de abril de 2022, ECLI:EU:C:2022:297, §§ 40 e 41.

[33] C-401/19, 26 de abril de 2022, ECLI:EU:C:2022:297, §§ 60.

[34] C-401/19, 26 de abril de 2022, ECLI:EU:C:2022:297, §§ 55 e 56.

[35] C-401/19, 26 de abril de 2022, ECLI:EU:C:2022:297, § 63: "Importa salientar que, em conformidade com o artigo 52.º, n.º 1, da Carta, qualquer restrição ao exercício dos direitos e liberdades reconhecidos pela Carta deve ser prevista por lei e respeitar o conteúdo essencial desses direitos e liberdades. Na observância do princípio da proporcionalidade, essas restrições só podem ser introduzidas se forem necessárias e corresponderem efetivamente a objetivos de interesse geral reconhecidos pela União, ou à necessidade de proteção dos direitos e liberdades de terceiros".

[36] "Art. 52º, nº 1. Qualquer restrição ao exercício dos direitos e liberdades reconhecidos pela presente Carta deve ser prevista por lei e respeitar o conteúdo essencial desses direitos e liberdades. Na observância do princípio da proporcionalidade, essas restrições só podem ser introduzidas se forem necessárias e corresponderem efetivamente a objetivos de interesse geral reconhecidos pela União, ou à necessidade de proteção dos direitos e liberdades de terceiros".

> [...] as obrigações impostas pelo artigo 17.º da Diretiva 2019/790 aos prestadores de serviços de partilha de conteúdos em linha, das quais resulta essa restrição, visam, como resulta nomeadamente dos considerandos 2, 3 e 61 da Diretiva 2019/790, assegurar a proteção dos direitos de propriedade intelectual de forma a contribuir para a realização de um mercado dos direitos de autor justo e que funcione corretamente. *Ora, no âmbito dos serviços de partilha de conteúdos em linha, a proteção dos direitos de autor deve necessariamente ser acompanhada, em certa medida, por uma restrição ao exercício do direito à liberdade de expressão e de informação dos utilizadores.*[37] (destacamos)

Para o TJUE, o mero sistema do "*take down*" constitui uma medida ineficaz para a proteção dos direitos autorais e os conexos: "[...] não é menos verdade que este mecanismo alternativo *não é tão eficaz em termos de proteção dos direitos de propriedade intelectual como o adotado pelo legislador da União*" (destacamos)[38].

O Tribunal salientou, ainda, que um sistema de filtragem automatizado que não distinguisse apropriadamente entre conteúdos lícitos e ilícitos violaria

[37] C-401/19, 26 de abril de 2022, ECLI:EU:C:2022:297, §82. Ver, igualmente, § 84: "Por último, há que constatar que as obrigações impostas pelo artigo 17.º, n.º 4, da Diretiva o 2019/790 aos prestadores de serviços de partilha de conteúdos em linha *não restringem, de forma desproporcionada, o direito à liberdade de expressão e de informação dos utilizadores desses serviços*" (destacamos). Ver também BERLIN, Dominique. Précisions sur la responsabilité des fournisseurs de service de partage de contenus en ligne, *La Semaine Juridique Edition Générale*, nº 18, 9 mai 2022, 596 « Certes, le régime de responsabilité spécifique instauré par la directive pour les fournisseurs de services de partage de contenus en ligne comporte une limitation de "exercice du droit à la liberté d"expression et d"information des utilisateurs de ces services de partage, cependant cette atteinte est justifiée. Elle est proportionnée car tout d"abord le législateur de l"Union, afin de prévenir le risque pour le droit à la liberté d›expression et d›information des utilisateurs de services de partage de contenus en ligne a posé une limite claire et précise aux mesures pouvant être prises ou exigées dans la mise en œuvre des obligations prévues, en excluant, en particulier, des mesures » ; ZOLLINGER, Alexandre. Propriété littéraire et artistique et droits fondamentaux, *JurisClasseur Propriété littéraire et artistique*, Fasc. 1970, 31 janvier 2022, § 42 « – Évolution des obligations des prestataires techniques par l'article 17 de la directive DAMUN – La consécration, à l'article 17 de la directive du 17 avril 2019 dite DAMUN (transposé à CPI, art. L. 137-2), de nouvelles obligations à la charge des « fournisseurs de services de partage de contenus en ligne » fait évoluer l'équilibre trouvé entre la protection de la propriété littéraire et artistique et la liberté d'entreprendre de ces prestataires filtrant et bloquant des contenus licites lors du téléversement »

[38] C-401/19, 26 de abril de 2022, ECLI:EU:C:2022:297, § 83.

o princípio à liberdade de expressão, mas que este não era o caso, já que o regime criado pelo legislador resguardava os usos lícitos[39].

O Tribunal também entendeu que o regime não impõe uma obrigação geral de monitoramento prévio pelos prestadores de serviço, já que estes não poderiam ser responsabilizados por "[...] conteúdos cuja constatação do caráter ilícito necessitaria, por seu lado, de uma apreciação autónoma do conteúdo à luz das informações fornecidas pelos titulares de direitos, bem como de eventuais exceções e limitações aos direitos de autor"[40]. Outrossim, mesmo em caso de erro e de bloqueio de um conteúdo lícito, o Tribunal ponderou que o regime permitia a manifestação e a defesa dos utilizadores, o que seria proporcional e respeitaria o princípio à liberdade de expressão[41].

O Tribunal apontou, ainda, que as notificações extrajudiciais encaminhadas pelos titulares de direitos autorais e conexos devem "[...] conter elementos suficientes para permitir que o prestador de serviços de partilha de conteúdos em linha se certifique, sem exame jurídico aprofundado, do caráter ilícito da comunicação e da compatibilidade de uma eventual remoção desse conteúdo com a liberdade de expressão e de informação"[42].

Conclusões

Verifica-se, assim, o surgimento de um novo equilíbrio entre proteção e acesso dos direitos autorais e conexos, em que foi imposto aos prestadores de serviços de partilha de conteúdos em linha obrigações mais proativas (o "*stay down*"), condizentes com o surgimento de um novo mercado digital, e tendentes às

[39] C-401/19, 26 de abril de 2022, ECLI:EU:C:2022:297, §§ 86-87.

[40] C-401/19, 26 de abril de 2022, ECLI:EU:C:2022:297, § 90. Ver também POLLAUD-DULIAN, Frédéric. Téléversement et responsabilité des prestataires de services de l'Internet : encore et toujours l'article 17 de la directive n° 2019/790, *RTD Com.* 2021, p. 77 : « Cela passe par l'utilisation de systèmes de reconnaissance des œuvres protégées et du caractère licite ou illicite du chargement qui, en amont, identifient les objets protégés ou notifient le caractère illicite d'une utilisation, et non par une surveillance générale des contenus eux-mêmes ni par un filtrage général. Le fournisseur de services n'a pas à vérifier le contenu même de l'œuvre ou autre objet téléversé mais seulement si son empreinte correspond à celle de l'œuvre protégée sur laquelle les titulaires des droits lui ont fourni des informations pertinentes ».

[41] C-401/19, 26 de abril de 2022, ECLI:EU:C:2022:297, §§ 93 e 95.

[42] C-401/19, 26 de abril de 2022, ECLI:EU:C:2022:297, § 91.

licenças coletivas, à remuneração dos titulares de direitos autorais e conexos e a soluções mais efetivas e céleres contra infrações e práticas piratas.

Referências

BENSAMOUN, Alexandra. Filtrage des contenus par les plateformes contributives et liberté d'expression, *Légipresse*, 2021, n° 395, p. 399.

BERLIN, Dominique. Précisions sur la responsabilité des fournisseurs de service de partage de contenus en ligne, *La Semaine Juridique Edition Générale*, n° 18, 9 mai 2022, 596.

CARRE, Stéphanie; MACREZ, Franck. Propriété intellectuelle – Les ambivalences du *copyright* européen dans la construction du marché unique numérique, *Europe*, n° 7, juillet 2020, étude 6.

POLLAUD-DULIAN, Frédéric. Téléversement et responsabilité des prestataires de services de l'Internet : encore et toujours l'article 17 de la directive n° 2019/790, *RTD Com. Revue trimestrielle de droit commercial et de droit économique*, 2021, p.77.

VIVANT, Michel. Sites de partage : la responsabilité nouvelle est arrivée, *Communication Commerce électronique*, n° 10, octobre 2021, étude 16.

ZOLLINGER, Alexandre. Propriété littéraire et artistique et droits fondamentaux, *Juris-Classeur Propriété littéraire et artistique*, Fasc. 1970, 31 janvier 2022.

14. DIREITO DE SEQUÊNCIA NO BRASIL: UM RETRATO ATUAL E PROPOSTAS PARA O SEU APRIMORAMENTO

Mariana Rodrigues de Carvalho Mello

Objeto

A pretensão deste artigo é de retratar a aplicabilidade atual do direito de sequência, previsto no art. 38 da Lei nº 9.610/98, no mercado das Artes Visuais brasileiras, com base em decisões judiciais e cotejo das normas legais e infra legais atualmente em vigor a respeito da matéria. Ao final, apresenta-se uma sugestão de texto legal visando a maior efetividade de sua cobrança.

1. *Droit de suite*

Nascido na França, onde até hoje é praticado, o direito de sequência visa proteger o titular de direitos autorais sobre as obras de artes visuais ou manuscritos literários originais, garantindo-lhes uma participação sobre a valorização das obras após sua alienação para terceiros. Assim, tal direito *segue* o corpo mecânico da obra, de modo que o titular receba parte do pagamento de sua revenda, estabelecendo uma compensação ao autor que, com o passar do tempo, tem sua obra valorizada no mercado das artes. Nas palavras de Carlos Alberto Bittar:

> "Nessas obras, ademais em razão do direito de sequência (sequela, ou *droit de suite*), sistema adequado de cobrança cumpre ser estabelecido a fim de que, nos leilões de arte e nas lojas de feiras de antiguidade, se possa atribuir aos autores a *plus valia* a que têm direito, como em outros países se faz, em especial pela alta valorização que vêm experimentando as obras de arte, hoje consideradas preciosos investimentos."[1]

O direito de sequência encontra guarida no Decreto nº 75.699, de 6 de maio de 1975, que internalizou a Convenção de Berna para a Proteção das Obras Literárias e Artísticas, de 9 de setembro de 1886, revista em Paris a 24 de julho de 1971:

> "ARTIGO 14 ter
> 1) Quanto às obras de arte originais e aos manuscritos originais dos escritores e compositores, o autor – ou, depois da sua morte, as pessoas físicas ou jurídicas como tais qualificadas pela legislação nacional – goza de um direito inalienável de ser interessado nas operações de venda de que a obra for objeto depois da primeira cessão efetuada pelo autor.
> 2) A proteção prevista no parágrafo anterior só é exigível em cada país unionista se a legislação do país a que pertence o autor admite essa proteção e na medida em que o permite a legislação do país onde tal proteção é reclamada.
> 3) As modalidades e as taxas da percepção são determinadas em cada legislação nacional."

A lei especial passou a prever o direito de sequência ao artista já no art. 39 da Lei nº 5.988/73. Atualmente, o dispositivo que trata desse direito, na vigente Lei nº 9.610/98, traz a seguinte redação:

> "Art. 38. O autor tem o direito, irrenunciável e inalienável, de perceber, no mínimo, cinco por cento sobre o aumento do preço eventualmente

[1] BITTAR, Carlos Alberto. *Direito de Autor*, 2ª ed, Rio de Janeiro: Forense Universitária, 1994, p. 71.

> verificável em cada revenda de obra de arte ou manuscrito, sendo originais, que houver alienado.
> Parágrafo único. Caso o autor não perceba o seu direito de seqüência no ato da revenda, o vendedor é considerado depositário da quantia a ele devida, salvo se a operação for realizada por leiloeiro, quando será este o depositário."

Não parece necessário, no presente contexto, apresentar o histórico e fundamentos do direito de sequência (também conhecido por direito de sequela) e sua introdução no Direito brasileiro, quando a literatura especializada é farta e esclarecedora. Não foram poucos os autoralistas pátrios que se debruçaram sobre este instigante tema, que nos remete à história da arte e seu processo de mercantilização, sendo a repetição prescindível.[2]

Entende-se por superada a visão de que o direito de sequência somente se perfaz quando a primeira cessão, realizada pelo Autor, for uma venda com pagamento de preço, tampouco se transmitindo a seus herdeiros. Tal posição já não encontra eco na doutrina e jurisprudência brasileiras, cientes de que um direito irrenunciável e inalienável não pode desaparecer por um ato de doação de seu titular.

O problema está no conceito de mais valia, constante do art. 38 da LDA na expressão "sobre o aumento do preço" e comumente alçada a requisito essencial para a possibilidade de cobrança.

Por praxe, repetição ou conveniência, ignora-se a ressalva legal manifestada na conseguinte condição "*eventualmente* verificável", que permite interpretação diversa e mais favorável ao titular do direito, qual seja: a de que o direito existe *per se*, cabendo sua cobrança ainda que não seja possível verificar a

[2] Nesse sentido, mencionam-se também as análises clássicas de Carlos Alberto Bittar (*Direito de Autor*, 2ª ed, Rio de Janeiro: Forense Universitária, 1994), José Carlos Costa Netto (*Direito Autoral no Brasil*, 3ª ed., São Paulo: Saraiva, 2019), os brilhantes estudos de Luiz Fernando Gama Pellegrini (*Direito Autoral do Artista Plástico*. 2ª ed. São Paulo: Letras Jurídicas, 2011) e de Eduardo Lycurgo Leite (*Direito de Autor*, Brasília: Brasília Jurídica, 2004), o artigo de Rodrigo Moraes (*Direito de sequencia e o porquê de sua inconsequência*. In: ADOLFO, Luiz Gonzaga Silva; MORAES, Rodrigo. Propriedade intelectual em perspectiva. Rio de Janeiro: Lumen Juris, 2008.) e a interessante abordagem de Luciana Helena Gonçalves (*Arte e Resistência – O museu como persona e o direito de autor*, Rio de Janeiro: Lumen Juris, 2021).

diferença de preço entre duas revendas, incidindo o percentual legal diretamente sobre o valor final da venda.

Boa parte das dificuldades para a cobrança desse importante direito subjetivo está na conceituação legal imprecisa, que dá margem a óbices argumentativos (como o conceito de mais valia em si) ou de ordem prática (como a necessidade de manutenção de documentos para a posterior comparação).

2. Apreciação jurisprudencial

A jurisprudência acerca do *droit de suíte* não é exatamente farta, seja em razão do desconhecimento do instituto, seja em razão do custo e complexidade do processo judicial. Houve, contudo, decisões envolvendo renomados artistas forjadores da moderna Cultura brasileira: Cândido Portinari e Victor Brecheret.

No primeiro caso, o herdeiro de Portinari buscou a cobrança de seu direito de sequência, ainda sob a proteção da Lei nº 5.988/73. Tendo sido derrotado em primeiro e segundo grau, sob o argumento de que o direito somente poderia ser exercido pelo titular originário, logrou a vitória no Colendo Superior Tribunal de Justiça:

> "CIVIL E PROCESSO CIVIL. DIREITO DE SEQÜÊNCIA (DROIT DE SUITE) DE HERDEIROS. POSSIBILIDADE. IMPOSSIBILIDADE DE ANÁLISE, POR ESTA CORTE, DA SUPOSTA VIOLAÇÃO DE DISPOSITIVO CONSTITUCIONAL. DANOS MORAIS. REVISÃO DO CONJUNTO FÁTICO-PROBATÓRIO. INCIDÊNCIA DA SÚMULA 7/STJ. DISSÍDIO JURISPRUDENCIAL NÃO CONFIGURADO.
> 1. O direito de seqüência, ou droit de suite, consiste no direito do autor da obra original, ou seus herdeiros, em caráter irrenunciável e inalienável, de participação na "mais valia" que advier das vendas subsequentes dos objetos que decorrem de sua criação. Objetiva a proteção do criador intelectual e sua família em relação à exploração econômica da obra.
> 2. Os artigos 39 e 42 da Lei 5988/73 c/c artigo 14, ter, do Decreto 75.699/75 não afastam o direito de seqüência quando a peça original

> é alienada, pela primeira vez, por herdeiro do autor intelectual da obra, pois a própria norma define que, em caso de morte, os herdeiros gozarão do mesmo direito.
> 3. O direito de seqüência tem natureza jurídica patrimonial, e como tal passível de transmissão causa mortis aos herdeiros (art. 42, § 1º, da Lei 5.988/73).
> 4. É cabível, portanto, a indenização aos herdeiros decorrente da "mais valia" pela venda posterior da obra de arte, quando obtida vantagem econômica substancial pela exploração econômica da criação.
> (...)
> 9. Recurso especial conhecido em parte e, no ponto, provido."[3]

O acórdão de 2009, da lavra do Exmo. Min. Luis Felipe Salomão, conforma verdadeira aula sobre o *droit de suite*, tornando-se paradigma para casos de cobrança de direito de sequência. Neste ponto, o relator explicita a transmissibilidade do direito e a *mens legis* de proteção patrimonial da família do artista:

> "4. Todavia, o reconhecimento do direito de seqüência não pode se limitar às operações de venda de que a obra for objeto depois da primeira cessão efetuada pelo autor da obra original e somente por ele.
> (...)
> "Portanto, o artigo 14, ter, do Decreto 75.699/1975 não afasta o direito de seqüência quando a peça original é cedida pela primeira vez por herdeiro do autor intelectual da obra, pois a própria norma define que, em caso de morte, os herdeiros gozaram do mesmo direito.
> 5. Ademais, ressalta-se que o direito de seqüência tem natureza jurídica patrimonial, visto que se consubstancia no direito do autor, ou de seus herdeiros, de participar de um provento. E não se diga que, por força do art. 39 da Lei 5.988/73, que determina seu caráter irrenunciável e inalienável, não seja o direito de seqüência passível de transmissão causa mortis aos herdeiros (art. 42, § 1º, da Lei 5.988/73), pois a

[3] STJ. REsp n. 594.526/RJ, relator Ministro Luis Felipe Salomão, Quarta Turma, julgado em 2/4/2009, DJe de 13/4/2009.

> próprio objetivo do instituto é proteger, além do criador intelectual, sua família."[4]

Em outra oportunidade, o Superior Tribunal de Justiça apreciou mais um caso envolvendo o direito de sequência sobre obras do mestre de Brodowski:

> "PROCESSUAL CIVIL. AGRAVO INTERNO NO AGRAVO EM RECURSO ESPECIAL. JULGAMENTO ANTECIPADO DA LIDE. PROVA. AUSÊNCIA. REQUERIMENTO OPORTUNO. CERCEAMENTO DE DEFESA. CONFIGURAÇÃO. DECISÃO MANTIDA.
> 1. A jurisprudência do STJ entende ser "indevido o julgamento antecipado da lide, ensejando cerceamento de defesa, quando julgado improcedente o pedido por falta de provas requeridas oportunamente pelo autor da demanda ou quando o demandado na ação requer a produção de provas, mas o pedido for indeferido, julgando-se antecipadamente a lide, afirmando-se que o réu não provou suas alegações" (AgInt no AgInt no AREsp 1603239/SP, Rel. Ministro RAUL ARAÚJO, QUARTA TURMA, julgado em 10/08/2020, DJe 26/08/2020). 1.1. No caso concreto, o juiz de primeiro grau, depois de ter reconhecido a necessidade de dilação probatória, cuja produção fora tempestivamente requerida, julgou a lide antecipadamente concluindo pela improcedência dos pedidos em razão da ausência de prova dos fatos constitutivos do direito reivindicado.
> **1.2. Da mesma forma, o Tribunal local reconheceu existir o "direito de sequência" (L. 9.610/1998, art. 38) em favor do demandante, bem assim sua irrenunciabilidade e inalienabilidade, todavia rejeitando a pretensão inicial porque não comprovada a revenda com acréscimo de valor ("mais valia"), ressaltando tratar-se de prova incumbente à parte autora.**
> 2. Agravo interno a que se nega provimento." (Grifamos).[5]

[4] *Idem.*

[5] STJ. AgInt no AREsp n. 1.859.594/RJ, relator Ministro Antonio Carlos Ferreira, Quarta Turma, julgado em 16/5/2022, DJe de 19/5/2022.

No corpo do voto, o Exmo. Ministro reproduz a sentença de primeiro grau, chamando a atenção para o ônus do titular de direito de fazer a prova dos valores das duas vendas que permitam calcular a mais valia, dada a suposta impossibilidade de se lhe imputar ao vendedor:

> "Tratando-se de fato constitutivo do direito alegado, ao demandante caberia realizar a prova, uma vez que não há qualquer circunstância jurídica que autorize a inversão do ônus probatório.
> A inversão, ademais, se mostraria injusta, na medida que acarretaria aos réus um ônus extremamente dificultoso, quiçá diabólico. **Melhor que o ônus seja atribuído ao autor, pois, sendo descendente direto do autor intelectual tem mais acesso a informações que poderiam demonstrar as operações de compra e venda anteriores a fim de que se apurasse a existência de mais-valia.** " (Grifos no original).[6]

Em que pesem os entendimentos dos d. magistrados, não se verifica maior dificuldade na comprovação pelo vendedor do que pelo titular de direitos; pelo contrário, é muito mais plausível que o proprietário da obra mantenha em seu poder o documento que comprove o seu direito real, no mínimo para fins fiscais. Não é razoável que se imponha ao titular do direito de sequência o ônus de provar os valores para parametrizar a mais valia, menos ainda em situação encarada por herdeiros ou após sucessivas vendas do bem. Para este sim a prova pode ser diabólica.

Decisão mais recente envolve a herdeira de Victor Brecheret e a massa falida do Banco Santos, que leiloou obras de sua autoria no curso do processo falimentar. Em sede de Agravo de Instrumento interposto perante o Tribunal de Justiça do Estado de São Paulo, a titular derivada teve seu direito acolhido em decisão relatada pelo Exmo. Desembargador Grava Brasil:

> "No caso concreto, a controvérsia diz respeito à revenda da obra denominada "mulher reclinada" e, ao contrário do defendido nas razões recursais, o direito de sequela (5%) não foi calculado sobre o valor da

[6] *Idem.*

> arrematação, mas sobre a diferença entre o preço da venda em leilão e o da última aquisição.
> A *mais valia* sobre a obra está demonstrada pelos documentos a fls. 1146, 1198 e 1200/1201, de origem, que revelam o valor da arrematação (em dezembro de 2016) e o preço da anterior aquisição (em abril de 2004), sendo esses os valores considerados na decisão agravada, para a aferição do direito de sequência."[7]

O voto baseia-se no parecer do ilustre Procurador de Justiça Dr. Carlos Alberto Amin Filho, convertido em fundamentação do acórdão e digno de transcrição:

> "Neste trilhar, não parece razoável exigir da herdeira SANDRA a comprovação do valor da obra à época em que a recebeu em doação de sua genitora – anotada a controvérsia sobre sua titularidade, se exclusiva ou compartilhada com o irmão -, nos termos objetivados pelo recorrente.
> Consoante acima alinhavado, se a herdeira pretende o recebimento do percentual relativo ao direito de sequência sobre a última transação realizada, qual seja, o leilão judicial, não lhe carece comprovar toda a cadeia de revenda anterior, tampouco o valor da obra quando lhe foi atribuída em doação (valendo ressaltar que o instrumento de doação de fls. 1449/1457 dos autos originários deixa dúvidas sobre o efetivo recebimento da obra pela herdeira ou apenas dos direitos sobre ela).
> Até porque há de ser imputada individualmente, a cada vendedor, a parcela que lhe competia destinar ao artista, na respectiva venda da obra; ou seja, o valor deve ser aferido em casa operação singular.
> Sendo assim, é indiferente o valor pelo qual o bem foi inicialmente vendido, na primeira de todas as vendas, ou mesmo o valor que tinha por ocasião da doação. "[8]

[7] TJSP. Agravo de Instrumento nº 2072639-84.2020.8.26.0000. Rel. GRAVA BRASIL, 30/06/2020.

[8] *In: Idem.*

A decisão demonstra maior compreensão da dinâmica das relações comerciais envolvendo obras de arte, reconhece o direito do titular derivado ainda quando o artista tenha alienado o bem gratuitamente e reconhece o cabimento do direito em casos de hastas públicas ou particulares. Segue, entretanto, exigindo a complicada comprovação dos valores da venda anterior de forma a calcular o aumento do valor de mercado que embasará o direito de sequência.

Como se vê, a dificuldade maior é de caráter documental, pois resvala na guarda de documentos que, muitas vezes, estarão em poder de terceiros, que podem se perder com o tempo ou, mais ainda, que podem nunca ter existido dada a transmissibilidade via *traditio* do objeto de arte.

3. As mudanças da Lei nº 12.853/13 e seus reflexos no direito de sequência

A Lei de Direito Autoral sofreu sua mais expressiva alteração com o advento da Lei nº 12.853 de 14 de agosto de 2013. Após calorosos debates e com a ativa participação da comunidade musical, a lei promoveu significativas mudanças quanto à forma de arrecadação dos direitos patrimoniais de autor e os que lhe são conexos, tratando com minúcias acerca da atuação das associações de gestão coletiva.

Especificamente quanto ao direito de sequência, perdeu o legislador a oportunidade de oferecer-lhe melhor tratamento e garantir maior efetividade em sua cobrança. Mesmo assim, no campo prático, houve uma certa melhoria ao reforçar a atuação da gestão coletiva, ao instituir a habilitação e o monitoramento das associações pela Administração Federal.

A nova redação incluiu o §1º ao art. 98, que legitima as associações de gestão coletiva a cobrarem os direitos autorais de seus associados e cria o art 98-A, a estabelecer que a atividade de cobrança dependerá de habilitação prévia em órgão da Administração Federal, também responsável pelo monitoramento anual sobre as associações.

À promulgação da lei seguiram-se atos administrativos da Secretaria Nacional de Direitos Autorais e Propriedade Intelectual, responsável no âmbito da Administração Federal[9], pelo processo de habilitação e pelo monitoramento das associações de gestão coletiva.

[9] A secretaria já esteve abrigada nos Ministérios da Cultura, da Casa Civil e do Turismo.

Constituída no ano de 2002, portanto sob o manto da Lei 9.610 de 1998, a Associação Brasileira dos Direitos dos Autores Visuais (AUTVIS) foi habilitada pelo Governo Federal[10] em 2016 e anualmente deve encaminhar documentação para a equipe que monitora suas atividades.

O procedimento que rege tal monitoramento atualmente está estabelecido na Instrução Normativa nº 05 de 2022, cujo art. 12 assim determina:

> "Art. 12. As associações de gestão coletiva de direitos autorais deverão dar publicidade e transparência, por meio de sítios eletrônicos próprios, às formas de cálculo e aos critérios de cobrança e distribuição, mediante a divulgação, no mínimo, das seguintes informações:
> I – regulamento de cobrança;
> II – preços praticados, com menção aos valores cobrados por tipo de usuário e às formas de cálculo e critérios de cobrança;
> (...)"

Atualmente, a tabela da referida associação apresenta diretrizes objetivas para a cobrança do direito de sequência, prevendo inclusive sua incidência sobre o preço final da venda quando não for possível determinar a mais valia. Tal forma de cobrança está em compasso com a prática internacional[11] e garante efetividade no recebimento dos direitos por seus titulares.

Reproduzimos a seguir o trecho do regulamento da associação que cuida do direito em tela:

> "Parâmetros e Diretrizes de Definição dos Preços pela Reprodução ou Revenda de Obras de Artes Visuais – Ref. 2023/2024
> III. Direito de Sequência

[10] Conforme Listagem de Associações habilitadas disponibilizada pelo Ministério da Cultura em https://www.gov.br/cultura/pt-br/assuntos/direitos-autorais/gestao-coletiva/listagem-das-associacoes-habilitadas-por-categoria-e-modalidade-1 , acessado em Jul/23.

[11] A Diretiva 2001/84/CE do Parlamento Europeu, em seu art. 4, permite a cobrança diretamente sobre o valor da venda (In: https://www.wipo.int/wipolex/fr/text/180302, acessado em Jul/23). E assim se dá a prática das associações do Velho Mundo. Dentre elas, vale conferir o *site* da ADAGP, que reproduz sua tabela escalonada de percentuais cabíveis aos titulares, em cada revenda: http://www.adagp.fr/fr/role-et-missions-de-ladagp/droits-dauteur-geres-par-ladagp/droit-de-suite#calcul, acessado em Jul/23.

> 1. Rege a lei 9.610/98:
> Art. 38. O autor tem o direito, irrenunciável e inalienável, de perceber, no mínimo, cinco por cento sobre o aumento do preço eventualmente verificável em cada revenda de obra de arte ou manuscrito, sendo originais, que houver alienado.
> Parágrafo único. Caso o autor não perceba o seu direito de sequência no ato da revenda, o vendedor é considerado depositário da quantia a ele devida, salvo se a operação for realizada por leiloeiro, quando será este o depositário.
> 2. Caso o usuário não declare o aumento do preço da obra de arte ou manuscrito original na revenda, será considerado o valor de venda declarado pelo autor ou seu representante à AUTVIS.
> 3. Caso o aumento de preço declarado pelo usuário seja incompatível com o mercado, pode a AUTVIS utilizar como base o valor declarado pelo autor ou seu representante.
> 4. Em não sendo possível estabelecer o valor de venda para cálculo do aumento do preço, poderá a AUTVIS cobrar até 5% do valor da revenda.
> 5. A cobrança será feita em vendas com valores acima de R$ 3.000,00."[12]

Estando os regulamentos de arrecadação das associações de gestão coletiva sujeitos à supervisão estatal, cumprida a participação do colegiado de associados em assembleia geral e obedecidos os princípios de transparência e eficiência, têm eles legítima força vinculante junto àqueles que se utilizam das obras protegidas.

Assim, se ainda havia dúvidas quanto à aplicabilidade da norma do art. 38 da Lei de Direito Autoral, os parâmetros e diretrizes de cobrança devidamente aprovados pelo Governo Federal as complementaram, prevendo inclusive os casos em que não seja possível verificar o aumento do preço entre as vendas.

[12] In https://www.autvis.org.br/download/PARAMETROS_2023-2024.pdf , acessado em Jul/23.

Propostas de alteração legislativa. Conclusão.

Como se vê, a supervisão estatal sobre as associações de gestão coletiva garante maior legitimidade, transparência e eficácia à cobrança do direito de sequência, no Brasil. Mesmo assim, é conveniente que a Lei de Direito Autoral expresse diretamente a possibilidade de se cobrar o direito de sequência sobre o preço final da revenda, deixando de lado o polêmico conceito de mais valia.

São muitos os projetos de lei que visam alterar a LDA, sendo o mais debatido deles o PL 2370/19, de autoria da Deputada Jandira Feghali (PCdoB-RJ), em que se prevê o pagamento do direito de sequência com base no preço final da revenda.[13]

Apresentamos, nesta conclusão, sugestão de redação com base no texto sugerido, com acréscimos:

> *Art. 38. O autor tem o direito, irrenunciável e inalienável, de perceber, no mínimo três por cento sobre o preço final de toda revenda de obra de arte ou manuscrito literário, sendo originais, que houver alienado.*
> §1º. *O direito de sequencia transmite-se por sucessão, tendo o autor alienado a obra a terceiros a* título oneroso ou gratuito.
> §2º. *O pagamento será realizado no ato da revenda ao titular do direito de sequência, seu representante ou associação de gestão coletiva devidamente habilitada nos termos do art. 98-A.*
> §3º. *Caso o autor não perceba o seu direito de sequência no ato da revenda, o vendedor é considerado depositário da quantia a ele devida, salvo se a operação for*

[13] Essa a sugestão de redação do PL 2370/19 para o art. 38:
"Art. 38. O autor tem o direito, irrenunciável e inalienável, de perceber, no mínimo, três por cento sobre o preço em cada revenda de obra de arte ou manuscrito, sendo originais, que houver alienado.
§ 1º Caso o autor não perceba o seu direito de sequência no ato de revenda, o vendedor, o agente comercial ou o intermediário que intervenha na transação é considerado depositário da quantia a ele devida pelo prazo prescricional previsto nesta Lei.
§ 2º O vendedor, o leiloeiro, o agente comercial ou outro intermediário que intervenha na transação, conforme o caso, ficam obrigados a guardar, pelo prazo de dez anos da alienação, todos os dados referentes ao negócio jurídico, fornecendo-os ao autor, seus herdeiros ou sucessores, quando solicitados." https://www.camara.leg.br/proposicoesWeb/prop_mostrarintegra?codteor=1734276, consultado em Jul/23.

realizada por administrador judicial, leiloeiro, galerista ou responsável pelo estabelecimento comercial que realizar a transação, que serão os fiéis depositários.

Desta maneira, espera-se que o direito de sequência se torne mais efetivo, superando-se em definitivo as discussões quanto à transmissão do direito, ao ônus da prova e à suposta lacuna de regulamentação para o seu exercício.

Importante ainda destacar o papel da gestão coletiva, incorporando-a ao texto legal. Não há dúvidas de que a centralização da cobrança garante agilidade aos negócios autorais e, em se tratando de órgãos supervisionados pela Administração Pública Federal, a transparência e eficiência na arrecadação e na distribuição dos direitos garantem uma cobrança equânime e em consonância com as melhores práticas mundiais.

Referências

BITTAR, Carlos Alberto. *Direito de Autor*. 3ª ed. Rio de Janeiro: Forense Universitária, 1994.

GONÇALVES, Luciana Helena. *Arte e Resistência – O museu como persona e o direito de autor*, Rio de Janeiro: Lumen Juris, 2021.

LEITE, Eduardo Lycurgo. *Direito de Autor*, Brasília: Brasília Jurídica, 2004.

MORAES, Rodrigo. O direito de sequência e o porquê de sua inconsequência. *In*: ADOLFO, Luiz Gonzaga Silva; MORAES, Rodrigo. *Propriedade intelectual em perspectiva*. Rio de Janeiro: Lumen Juris, 2008.

NETTO, José Carlos Costa. *Direito Autoral no Brasil*. 3. ed. São Paulo: Saraiva Educação, 2019.

PELLEGRINI, Luiz Fernando Gama. *Direito Autoral do Artista Plástico*. 2ª ed. São Paulo: Letras Jurídicas, 2011.

15. A RESPONSABILIDADE DAS EMPRESAS DE *MARKETPLACE* POR VIOLAÇÕES A DIREITOS AUTORAIS OCORRIDAS EM SUAS PLATAFORMAS

Eduardo Lycurgo Leite

Introdução

O mundo do Século XXI é absolutamente distinto daquele do final do Século XX. Os meios tecnológicos, a tecnologia digital, e a Internet são como a névoa na "Casa Desolada" de Charles Dickens[1] que penetra silenciosamente em cada canto e brecha das nossas vidas.

A reboque desse universo digital, novos modelos de negócios seguiram e, dentre eles, surgiram, inicialmente, as lojas "online" e, posteriormente, a figura dos "Marketplaces", que seriam plataformas criadas para reunir produtos, atrair consumidores e alavancar vendas.

Em pouco tempo, empresas tradicionais do mercado varejista composto por lojas físicas, passaram a também criar suas plataformas de "marketplaces", concorrendo com outras empresas de "marketplace" que haviam apenas surgido em razão do universo digital.

[1] DICKENS, Charles. *Bleak House*. 150ª ed.. Nova Iorque: Signet Classics, 2003.

Não tardou para que as violações a direitos autorais clássicas, migrassem para o universo digital, e, de igual forma, que ocorressem nas plataformas de "marketplace".

Diante da possibilidade de responsabilização pelas violações autorais havidas em suas plataformas, as empresas de "marketplace" passaram a sustentar que o seu papel seria o de mera intermediadora de negócios ou como meras prestadoras de serviços de anúncios, operando como mero espaço virtual para que outras empresas realizassem negócios por meio eletrônico. Sustentam, na maior parte das vezes, a ilusão de que são como uma "vitrine" para que terceiros possam expor à venda os seus produtos e que isso a configura situação análoga à de empresa provedora de conteúdo e aplicações de internet

Com o advento do Marco Civil da Internet (Lei nº 12.965/2014), as empresas de "marketplace", quando confrontadas judicialmente com pedidos de responsabilização por violações a direitos autorais, passaram a sustentar, com base no artigo 19 da referida lei, a tese de que apenas poderiam ser responsabilizadas civilmente por tais infrações aos direitos autorais, após ordem judicial específica para a remoção ou indisponibilidade do conteúdo ilício e caso não tomem as providência s necessárias para removê-lo ou torna-lo indisponível.

Ocorre que, uma análise sistemática das normas em vigor que regulam a proteção autoral e a responsabilidade daqueles que direta ou indiretamente contribuem para que violações a direitos autorais ocorram, revela que as empresas de "marketplace", independentemente de ordem judicial prévia para a remoção de conteúdo, possuem responsabilidade civil pelas infrações a direitos autorais que forem perpetradas em suas plataformas.

1. O Marco civil da internet não se aplica às violações a direitos de autor

No ordenamento jurídico brasileiro, o legislador ordinário, ao editar a Lei nº 12.965/2014 (Marco Civil da Internet), optou expressamente por excluir da sistemática de responsabilização civil dos provedores de acesso e conteúdo, as violações a direitos autorais, de modo que, nos casos que versas estritamente acerca de violação a direitos autorais, exclui-se a aplicação da Lei nº 12.965/2014.

Em seu artigo art. 19, §2º, o Marco Civil da Internet expressamente afastou a aplicação do disposto em seu caput e parágrafo 1º para os casos relativos à violação de direitos autorais. Assim, enquanto não houvesse lei específica regulando a responsabilidade civil com relação às violações a direitos autorais perpetradas no universo da Internet, deveria ser aplicada a Lei de Direitos Autorais, pois essa já previa a responsabilidade solidária do contrafator com terceiros que tivessem contribuído, de alguma forma, com a violação.

A aplicação da Lei nº 12.965/2014, em especial, do artigo 19, às ações envolvendo violação a direitos autorais, não é automática, mas sim, dependeria de norma específica, que jamais foi criada ou editada.

Inexistindo "previsão legal específica" que determine a aplicação do art. 19 da Lei nº 12.965/2014 aos casos de violação aos direitos autorais.

E diga-se que, a exclusão da aplicação da Lei nº 12.965/2014, em especial, do disposto no art. 19, caput e §1º, a casos relacionados à violação de direitos autorais ou à infração de direitos autorais e conexos sobre conteúdo disponibilizado por terceiros e a responsabilidade do provedor de aplicações, foi conscientemente feita pelo legislador ordinário.

Isto porque, quando a Lei nº 12.965/2014 estava em discussão, o legislador ordinário acabou se decidindo por excluir as violações de direitos autorais da referida norma, para deixar qualquer discussão acerca desse tema para a norma específica de proteção autoral.

O intuito do legislador ordinário era o de que tal tema ficasse a cargo da legislação específica de proteção autoral e não fosse tratado em uma norma genérica.

Após a edição da Lei nº 12.965/2014, o legislador ordinário concluiu não haver necessidade de revisar a legislação autoral vigente, pois, a Lei nº 9.610/1998, em seu arts. 102 *usque* 104, já abarcava sobremaneira a regra de responsabilidade civil de todos aqueles que infringiam ou contribuíam para a infração a direitos autorais.

Com isso, podemos dizer que inexiste previsão legal para a exclusão da responsabilidade de provedores de aplicação de internet no caso de violação de direitos autorais por terceiros. Tampouco, existe norma que estabeleça que nos casos de violação autoral as plataformas ou "marketplaces" sejam responsáveis somente após uma ordem judicial de remoção.

Some-se a isso, o fato de que no texto final do art. 31 da Lei 12.965/2014, há expressa referência que a matéria – responsabilização dos provedores – continua a ser disciplinada pela legislação autoral vigente, ou seja, a Lei nº 9.610/1998, afastando a aplicação da referida Lei nº 12.965/2014, *in verbis*:

> "Art. 31. Até a entrada em vigor da lei específica prevista no §2º do art. 19, a responsabilidade do provedor de aplicações de internet por danos decorrentes de conteúdo gerado por terceiros, quando se tratar de infração a direitos de autor ou a direitos conexos, continuará a ser disciplinada pela legislação autoral vigente aplicável na data da entrada em vigor desta Lei." (destaques não do original)

A regra existente para a responsabilização em casos de violação a direitos autorais, mesmo para os provedores de aplicação de internet, é aquela prevista nos arts. 102 *usque* 104, da Lei nº 9.610/1998, ou seja, a responsabilidade objetiva de todo aquele que

> "vender, expuser a venda, ..., adquirir, distribuir, ... ou utilizar obra ... reproduzidos com fraude, com a finalidade de vender, obter ganho, vantagem, proveito, lucro direto ou indireto, para si ou para outrem, será solidariamente responsável com o contrafator, ..."

Sobre o tema, um dos maiores "autoralistas" de nosso tempo, o Desembargador José Carlos Costa Netto (do Tribunal de Justiça do Estado de São Paulo), assim leciona sobre o tema[2]:

> "2.2. A Responsabilização dos Provedores em Violação de Direitos Autorais na Internet
> Como vimos, o 'Marco Civil da Internet' (Lei 12.965/2014) criou a modalidade de responsabilidade subjetiva para o provedor de aplicação de internet quando se tratar de 'conteúdo gerado por terceiros'

[2] COSTA NETTO, José Carlos. *Responsabilidade dos provedores de internet nas violações a direitos autorais*. Curitiba: Jota, edição de 29/03/2019. Disponível em https://www.jota.info/opiniao-e-analise/artigos/responsabilidade-dos-provedores-de-internet-nas-violacoes-a-direitos-autorais-29032019. Acessado em 03/10/2020.

> (art. 19), o que se aplica, portanto, especialmente, aos provedores de hospedagem, espécie do denominado 'provedor ou aplicações' previsto no referido diploma legal.
> No entanto, **encontra-se destacado no art. 19, §2º e art. 31** do referido 'Marco Civil' **que este não se aplica a infrações de direitos de autor e direitos conexos, 'continuando a ser disciplinada pela legislação autoral vigente'**.
> Consequentemente, **vale a regra geral do Código Civil Brasileiro e, mais especificamente, a regra da responsabilidade objetiva prevista para violação de direito autoral**. ..." (grifos nossos)

Com isso, podemos dizer que inexiste no ordenamento jurídico brasileiro previsão legal para a exclusão da responsabilidade de provedores de aplicação de internet no caso de violação de direitos autorais por terceiros. Tampouco, existe norma que estabeleça que nos casos de violação autoral as plataformas sejam responsáveis somente após uma ordem judicial de remoção ou notificação do infrator.

Pelo contrário, as normas vigentes aplicáveis aos provedores de aplicações de internet e, por conseguinte, às empresas de "marketplace", nos casos de infração a direitos autorais são exatamente as mesmas normas aplicáveis a outros infratores, ou seja, o Código Civil e a Lei nº 9.610/1998.

E tal responsabilidade independe de culpa, pois, a regra geral em matéria de violações a direito autoral é a responsabilidade objetiva tendo em vista que a Constituição Federal protege tal direito autoral como cláusula pétrea, estabelecendo em seu art. 5º, inciso XXVII, que aos autores pertence o direito exclusivo de utilização, mandamento reeditado na Lei 9.610/98, que prevê que as autorizações dos titulares de direitos autorais para utilização de obras intelectuais devem ser sempre prévias e expressas, as sanções civis, como consequência do seu descumprimento, são rigorosas e encontram-se expressas, basicamente, em dois dispositivos da lei vigente para a matéria:

> "Art. 102. O titular cuja obra seja fraudulentamente reproduzida, divulgada ou de qualquer forma utilizada, poderá requerer a apreensão dos exemplares reproduzidos ou a suspensão da divulgação, sem prejuízo da indenização cabível.

> Art. 103. ...
> Art. 104. Quem vender, expuser a venda, ocultar, adquirir, distribuir, tiver em depósito ou utilizar obra ou fonograma reproduzidos com fraude, com a finalidade de vender, obter ganho, vantagem, proveito, lucro direto ou indireto, para si ou para outrem, será solidariamente responsável com o contrafator, nos termos dos artigos precedentes, respondendo como contrafatores o importador e o distribuidor em caso de reprodução no exterior."

É patente a desnecessidade de constatação de culpa ou dolo na caracterização do ato ilícito decorrente da violação a direitos autorais.

O art. 104 da Lei n 9.610/98 estabelece a responsabilidade objetiva, por meio do qual não cabe indagar da presença de culpa ou não do terceiro interveniente na relação com o contrafator direto. Se esse terceiro reproduz ou não põe fim ao ciclo econômico da obra ilícita, obtendo lucro nesse desiderato, sendo o que basta para responder no ressarcimento *in integrum* dos danos gerados. Nesse sentido é o entendimento do C. STJ:

> "RECURSO ESPECIAL – DIREITOS AUTORAIS – REPRODUÇÃO DE OBRA SEM AUTORIZAÇÃO – RESPONSABILIDADE OBJETIVA – AQUISIÇÃO E DISTRIBUIÇÃO POR TERCEIRA PESSOA – VANTAGENS INDIRETAS – SOLIDARIEDADE COM O CONTRAFATOR, INDEPENDENTE DE CULPA – RECURSO IMPROVIDO.
> 1. É objetiva a responsabilidade do agente que reproduz obra de arte sem a prévia e expressa autorização do seu autor.
> 2. Reconhecida a responsabilidade do contrafator, aquele que adquiriu a obra fraudulenta e obteve alguma vantagem com ela, material ou imaterial, também responde pelo violação do direito do autor, sem espaço para discussão acerca da sua culpa pelo evento danoso.
> 3. Recurso improvido.
> VOTO
> O Exmo. Sr. Ministro Massami Uyeda (Relator):
> ...
> No âmbito dos direitos autorais, não se pode negar a adoção da responsabilidade objetiva na reparação dos danos causados aos autores das obras

> intelectuais. Isso porque, nos termos da Constituição Federal de 1.988, o autor tem exclusividade na utilização, publicação ou reprodução de suas obras (artigo 5º, inciso XXVII). A Lei n. 9.610/98 (Lei dos Direitos Autorais – LDA) estabelece os direitos do autor, a forma de utilização da criação do espírito e define sanções para aqueles que violarem os seus ditames." (STJ, 3ª Turma, RESP 1.123.456/RS, 2009/0125078-0, Rel. Min. Massami Uyeda, julg. 19/10/2010, DJ de 03/12/2010)

A regra da responsabilidade objetiva da lei especial – que regula direitos autorais – harmoniza-se com a regra geral do Código Civil de 2002 que estabelece no parágrafo único do seu art. 927 que:

> "Haverá obrigação de reparar o dano, independentemente de culpa, nos casos especificados em lei, ou quando a atividade normalmente desenvolvida pelo autor do dano implicar, por sua natureza, risco para os direitos de outrem."

No tocante à responsabilização objetiva dos provedores de aplicação e hospedagem, Anita Mattes, Jaqueline San Galo e Leonardo Machado Pontes, ensinam que:

> "Não há qualquer razão para não se aplicar a responsabilidade objetiva e a teoria do risco aos provedores de hospedagem, estando presentes todos os elementos caracterizadores. Não há por que os provedores também não se sujeitarem à teoria do risco: ao contrário, há mais razão para isso, em virtude da ampliação dos fatores de expansão do risco; grande dificuldade de se provar a culpa; anonimato; dano imediato, massificado e com grande possibilidade de repercussão. Regredir à ideia infeliz de prova diabólica (*probatio diabolica*), portanto, seria injustificável em um projeto moderno de direitos autorais."[3]

[3] CURVELO, Jaqueline San Galo; PONTES, Leonardo Machado; e MATTES, Anita. Responsabilidade Civil dos Provedores. *In*: Anita Mattes; Leonardo Machado (Org.). *Direito Autoral Atual*. São Paulo: Elsevier, 2015, p. 360 e ss.

2. A responsabilidade civil das empresas de *marketplace* à luz das normas autorais

O artigo 45(1) do TRIPS (Acordo sobre Aspectos dos Direitos de Propriedade Intelectual Relacionados ao Comércio – Decreto nº 1.355/1994) estabelece que "as autoridades judiciais terão o poder de determinar que o infrator pague ao titular do direito uma indenização ... em virtude de uma violação de seu direito de propriedade intelectual ..."

Deste modo, desde 1994, momento em que o legislador editou o Decreto nº 1.355/1994 e o TRIPS passou a integrar o ordenamento jurídico brasileiro, o violador ou infrator passou a ser o responsável direto pelas violações à direitos de autor que tenha perpetrado.

Posteriormente, com o advento da Lei nº 9.610/1998, a responsabilidade civil daqueles que violam direitos autorais ou contribuem para a violação destes, passou a ter norma própria e específica.

O artigo 103 da lei nº 9.610/98 dispõe que todo aquele que editar (reproduzir) obra sem autorização do autor ou do titular responderá pela edição fraudulenta, impondo ao editor a responsabilidade pelas violações a direitos autorais eventualmente existentes em obras que estes tenham editado.

Consoante leciona Eduardo Vieira Manso[4], editar significa entregar ao público uma obra intelectual, ou seja, reproduzi-la e publicá-la.

Mesmo que as empresas de "*marketplace*" possam alegar que não são as responsáveis diretas pela violação aos direitos autorais quando estes ocorrem em suas plataformas, ainda assim, são responsável pelas violações autorais incorridas, porquanto a elas se aplicam as disposições contidas no art. 104, da Lei nº 9.610/1998, as quais estabelecem que

> "quem vender, expuser a venda, ocultar, adquirir, distribuir, tiver em depósito ou utilizar obra ou fonograma reproduzidos com fraude, com a finalidade de vender, obter ganho, vantagem, proveito, lucro direto ou indireto, para si ou para outrem, será solidariamente responsável com o contrafator."

[4] MANSO, Eduardo Vieira. *Contrato de Edição. In Contratos Nominados: doutrina e jurisprudência.* Coord. Yussef Said Cahali. São Paulo: Saraiva, 1995, p. 1-2.

Basta, a teor do que dispõe a Lei nº 9.610/98, que tenha havido a violação aos direitos de autor para que a responsabilidade solidária de todos aqueles que colaboraram com a obra contrafeita se caracterize, independentemente de haver a parte incorrido em culpa ou dolo.

Os dispositivos da Lei nº 9.610/98 (em especial o art. 104) possuem natureza imperativa, havendo a pluralidade de partes de todos aqueles que de alguma forma participaram ou colaboraram para a produção, edição, publicação, exposição à venda, distribuição ou disponibilização dos exemplares contrafeitos.

Ademais, a violação aos direitos de autor, por si só, constitui-se em ato ilícito civil, sendo a responsabilidade decorrente desta solidária, nos termos do art. 1.518, do Código Civil.

Referências

COSTA NETTO, José Carlos. *Responsabilidade dos provedores de internet nas violações a direitos autorais*. Curitiba: Jota, edição de 29/03/2019. Disponível em https://www.jota.info/opiniao-e-analise/artigos/responsabilidade-dos-provedores-de-internet-nas-violacoes-a-direitos-autorais-29032019. Acessado em 03/10/2020.

CURVELO, Jaqueline San Galo; PONTES, Leonardo Machado; e MATTES, Anita. Responsabilidade Civil dos Provedores. In: Anita Mattes; Leonardo Machado (Org.). *Direito Autoral Atual*. São Paulo: Elsevier, 2015.

DICKENS, Charles. *Bleak House*. 150ª ed.. Nova Iorque: Signet Classics, 2003.

MANSO, Eduardo Vieira. *Contrato de Edição*. In *Contratos Nominados: doutrina e jurisprudência*. Coord. Yussef Said Cahali. São Paulo: Saraiva, 1995.

16. DOMINIO PÚBLICO. NATURALEZA JURÍDICA. DOMINIO PÚBLICO PAGO

Eduardo de Freitas Straumann

Concepto

La producción intelectual, no obstante tratarse de una forma de propiedad –inmaterial-, fruto de la notable capacidad del ser humano de crear, posee limitaciones en cuanto al ámbito de los derechos patrimoniales, a diferencia de los derechos morales que son perpetuos en cuanto inalienables, imprescriptibles e irrenunciables.

Vencido el plazo de protección, tanto los herederos o derechohabientes de los autores, el propio Estado o bien cualquier interesado, tienen el derecho de hacer respetar la integridad de la obra, así como la paternidad del creador de la misma. El texto del art. 43 de la ley 9739 es bien claro en cuanto expresa que cualquier ciudadano podrá denunciar al Consejo de los Derechos de Autor la mutilación de una obra literaria, científica o artística, los agregados, transposiciones o errores graves de una traducción, así como toda otra deficiencia que afecte el mérito de dichas obras.

El Estado, como veremos, a través del Consejo de Derechos de Autor, tiene a su cargo la vigilancia del cumplimiento de la ley de derecho de autor, contando entre otras, con la atribución de Administrar y custodiar los bienes literarios y artísticos incorporados al dominio público y al del Estado. De esta forma, el Estado asume la obligación de garantizar los derechos de autor, así como custodiar las obras caídas en el dominio público.

A diferencia de lo que sucede en el derecho común, donde la adquisición de un bien mueble o inmueble puede ser disfrutada por su propietario, y a su muerte por sus herederos en forma indefinida, en el ámbito de las normas que regulan los derechos de autor, la explotación (económica) de los bienes intelectuales se encuentra sometida a un ámbito temporal. En efecto, vencido el mismo el autor o sus herederos pierden la misma, ingresando tales bienes u obras al conocido instituto del dominio público.

Esta limitación ha merecido resistencia desde el punto de vista conceptual, pues se ha señalado que encierra una nota de injusticia dado que en definitiva también estamos hablando de un bien, aunque de diversa naturaleza. El fenómeno de la creación intelectual surge como el más puro ejemplo de "titularidad" puesto que su propio autor, merced a su talento, se constituye, en virtud de tal condición, en el legítimo y natural titular del bien (inmaterial) resultante (obra). Los antecedentes del Convenio de Berna de 1886 ilustraron sobre los debates de los defensores de la teoría de la perpetuidad y de los que apoyaban la temporalidad. Los primeros sostenían el carácter de propiedad tal como se define en los Códigos Civiles. Por el contrario, quiénes apoyaban la limitación fundaban su posición en el hecho del acceso a la divulgación de la obra por parte de la sociedad.

Los convenios internacionales y las legislaciones nacionales han consagrado este instituto como una auténtica limitación a los derechos del autor. Por un lado se brindan o reconocen importantes facultades o derechos que permitan al autor el disfrute y explotación de la obra; por otro lado, en aras del acceso a los bienes culturales e información se fijan límites temporales y excepciones que constituyen barreras al monopolio de explotación de las creaciones intelectuales.

Carlos Mouchet resume los argumentos que explican la limitación temporal de los derechos de autor en dos tipos: los de carácter doctrinario, fundados en la circunstancia de que el autor, para elaborar su propia creación, se valió del patrimonio cultural social, por tanto, el término de su protección implica la devolución a éste del provecho social obtenido por el autor; y los de carácter práctico, que aluden a la imposibilidad de hallar a los herederos después de transcurrido un largo tiempo, así como la dificultad de armonizar las voluntades para el uso de las obras cuando existan múltiples titulares.[1]

Satanowsky, señala que si bien se quiere que el autor tenga una retribución pecuniaria que le incite y recompense por su creación, las necesidades de la cultura imponen que después de cierto tiempo la obra sea difundida o puesta a disposición del público libremente. También se entiende que la obra en buena parte es el resultado del trabajo o de la tradición o del conocimiento colectivo, debe volver a la sociedad de donde ha nacido. ***Esto último da pie a que en algunos países se exija al que explota la obra después de vencido el plazo de protección, que pague un derecho al Estado.***[2]

La realidad es que estos argumentos, como decíamos, no resultan totalmente convincentes y menos aún justos a la luz de las restantes formas de propiedad que benefician a sus titulares o derechohabientes. Como bien se ha señalado, "cuestionables o no estos razonamientos, el hecho es que las circunstancias históricas han impuesto la tesis de la limitación temporal. Casi no se discute hoy sobre la eventual injusticia que significa privar a los sucesores de un autor de un derecho exclusivo y privado; o si el producto del intelecto merece o no una protección similar a los productos derivados del esfuerzo muscular o de la aplicación de la técnica. El problema se ha trasladado casi exclusivamente a establecer cuál es el plazo correcto para la protección del derecho de autor, especialmente en lo concerniente a ciertas categorías de obras..."[3] Nos permitimos agregar, por lo que veremos, la circunstancia de si el dominio público debe ser o no oneroso.

Queda claro pues, que si bien la obra ingresa al dominio público solamente los derechos patrimoniales son arrastrados con la misma, no así los morales referidos fundamentalmente a la paternidad e integridad de la obra. Ello significa que una vez que la obra ingresa al dominio público, la misma puede ser pasible de utilización conforme a las cuatro modalidades de explotación

[1] El Dominio Público Pagante en materia de uso de obras intelectuales, Fondo Nacional de las Artes, Buenos Aires, 1970 p. 17 citado por Jorge Mahú en "El Dominio Público, gratuito u oneroso ¿El Estado heredero del autor?, pág. 349 en VII Congreso Internacional sobre la Protección de los Derechos Intelectuales (del autor, del artista y el productor), Santiago de Chile 1992 © OMPI, CISAC, Ministerio de Cultura de España, IIDA.

[2] Derecho Intelectual, Tomo II, Editorial Tea 1954, pág. 107.

[3] Jorge Mahú, Ob. Cit. pág. 350.

que resumen los derechos patrimoniales del autor: reproducción, distribución, transformación y comunicación al público.

Dicha utilización para la gran mayoría de las legislaciones no está sujeta a un en carácter de contraprestación. Son pocas las legislaciones que consagran el dominio público pago.

Plazo

El Convenio de Berna para la protección de las obras literarias y artísticas (Acta París de 1971), consagra como regla general que la protección concedida por el mismo se extiende a toda la vida del autor y cincuenta años después de su muerte (artículo 7, párrafo 1).

Para el caso de las obras cinematográficas se faculta a los países de la Unión de Berna a establecer que el plazo de protección expire cincuenta años después de que la obra haya sido hecha accesible al público con el consentimiento del autor, o que si tal hecho no ocurre durante los cincuenta años siguientes a la realización de la obra, la protección expire al término de esos cincuenta años (artículo 7, párrafo 2). El plazo de protección de las obras anónimas o seudónimas expira cincuenta años después de que la obra haya sido lícitamente hecha accesible al público (artículo 7, párrafo 3).

Por el contrario, el plazo de protección que establece el Convenio para las obras fotográficas y de artes aplicadas es inferior. Al respecto, se expresa que dicho plazo no podrá ser inferior a veinticinco años contados desde la realización de las obras (artículo 7, párrafo 4).

Por último, dado que se fijan plazos de protección mínimos, el Convenio faculta a los países de la Unión a conceder plazos más extensos que los previstos anteriormente (artículo 7, párrafo 6).

En cuanto a la fecha de partida para calcular los plazos la misma deberá tomarse desde el primero de enero del año siguiente la muerte del autor o a los hechos referidos (obra accesible al público, realización de la obra).[4]

Otro de los acuerdos multilaterales que incluyen disposiciones sobre derecho de autor y derechos conexos, es el concerniente a los Aspectos de los

[4] Art. 7 párrafo 5 del Convenio de Berna.

Derechos de Propiedad Intelectual relacionados con el Comercio (ADPIC o Trip's) resultante de la Ronda Uruguay del GATT. Los Estados al ratificar el acuerdo sobre la Organización Mundial de Comercio (OMC) de 1994 se adhirieron a los diferentes acuerdos multilaterales sobre comercio, entre los cuales se encuentra el ADPIC.

El mismo en su artículo 12 establece que "cuando la duración de la protección de una obra que no sea fotográfica o de arte aplicado se calcule sobre una base distinta de la vida de una persona física, esa duración será de no menos de cincuenta años contados desde el final del año civil de la publicación autorizada, o a falta de publicación autorizada dentro de un plazo de cincuenta años a partir del fin del año civil de su realización". Esta modificación persigue tender un puente entre los países cuyas legislaciones no admiten otro creador que el autor – persona física (sistema de derecho de autor o continental) con aquéllas que sí admiten que una persona jurídica pueda revestir tal consideración (sistema del copyright).

En relación a los derechos conexos (artistas intérpretes o ejecutantes, productores de fonogramas y organismos de radiodifusión) la Convención de Roma (1961), les consagró un plazo de protección mínimo de veinte años contados a partir: a) del final del año de la fijación, en lo que refiere a los fonogramas y a las interpretaciones o ejecuciones grabadas en ellos; b) del final del año en que se haya realizado la actuación, en lo que se refiere a las interpretaciones o ejecuciones que no estén grabadas en un fonograma; c) del final del año en que se haya realizado la emisión, en lo que se refiere a las emisiones de radiodifusión.[5]

El Acuerdo de los ADPIC modificó los plazos en relación a los artistas intérpretes o ejecutantes y productores de fonogramas ubicándolos en un mínimo de cincuenta años.[6]

Por último y en lo que se refiere a los acuerdos multilaterales, el Tratado de la OMPI sobre Derecho de Autor (TODA) del año 1996 finalmente equiparó el plazo de protección de las obras fotográficas al régimen general. En efecto, el artículo 9 señala que "respecto de las obras fotográficas, las Partes Contratantes no aplicarán las disposiciones del artículo 7.4 del Convenio

[5] Art. 14.

[6] Art. 14 numeral 5.

de Berna". De esta manera, el referido Tratado eleva el plazo de protección de las obras fotográficas al resto de las creaciones intelectuales protegidas (vida del autor más cincuenta años post-mortem).

En el ámbito legislativo, la tendencia universal ha venido enmarcándose en un estiramiento de los plazos de protección. Ejemplo de ello lo constituye la Directiva de la Comunidad Europea sobre armonización de los plazos de Protección, n. 93/98/CEE de 29 de octubre de 1993. En la misma se considera que para lograr un nivel de protección elevado, que responda a la vez a las exigencias del mercado interior y a la necesidad de crear un entorno jurídico propicio para el desarrollo armonioso de la creatividad literaria y artística en la Comunidad, era necesario armonizar el plazo de protección del derecho de autor, fijándolo en un período de setenta años tras la muerte del autor o setenta años desde el momento de la primera difusión lícita entre el público. En lo que se refiere a los derechos conexos los ubicó en cincuenta años desde el momento en que se produce el hecho generador.

El artículo 1º de la Directiva señala que los derechos de autor sobre obras literarias y artísticas a que se refiere el artículo 2 del Convenio de Berna se extenderán durante la vida del autor y setenta años después de su muerte, independientemente de la fecha en la que la obra haya sido lícitamente hecha accesible al público. De igual forma para el caso de una obra común a varios autores, el plazo previsto anteriormente se calculará a partir de la muerte del último autor superviviente. En el caso de obras anónimas o seudónimas, el plazo de protección expirará setenta años después de que la obra haya sido lícitamente hecha accesible al público.

El artículo 6 protege en forma expresa a las obras fotográficas originales por idéntico plazo.

En cuanto a los derechos conexos el artículo 3º señala que:

1. Los derechos de los artistas, intérpretes o ejecutantes expirarán cincuenta años después de la fecha de la representación o de la ejecución. No obstante, si se publica lícitamente o se comunica lícitamente al público, dentro de dicho período, una grabación de la representación o ejecución, los derechos expirarán cincuenta años después de la fecha

de dicha primera publicación o de dicha primera comunicación al público, cualquiera que sea la primera de ellas.

2. Los derechos de los productores de fonogramas expirarán cincuenta años después de que se haya hecho la grabación. No obstante, si el fonograma se publica lícitamente o se comunica lícitamente al público durante dicho período, los derechos expirarán cincuenta años después de la fecha de dicha primera publicación o de dicha primera comunicación al público, cualquiera que sea la primera de ellas.
3. Los derechos de los productores de la primera grabación de una película expirarán cincuenta años después de que se haya hecho la grabación. No obstante, si la película se publica lícitamente o se comunica lícitamente al público durante dicho período, los derechos expirarán cincuenta años después de la fecha de dicha primera publicación o de dicha primera comunicación al público, cualquiera que sea la primera de ellas. El término «película» designará una obra cinematográfica, una obra audiovisual o imágenes animadas, con o sin sonido.
4. Los derechos de las entidades de radiodifusión expirarán cincuenta años después de la primera retransmisión de una emisión, tanto si dicha emisión se retransmite por vía alámbrica como por vía inalámbrica, cable y satélite incluidos.

Por su parte, la ley norteamericana (USC) también modificó los plazos de protección (copyright term and the public domanin in the United States USC).

La referida ley contiene categorizaciones en función de los tipos de obras (no publicadas y publicadas), fechas de publicación, condiciones exigidas, plazos de protección.

Ahora bien, en relación a las obras publicadas en los Estados Unidos a partir del 1º de marzo de 1989 no se exige ningún tipo de condición y el plazo de protección se ubica en setenta años post-mortem; o bien, en noventa y cinco años desde la publicación en el caso de la creación corporativa (corporate authorship) o ciento veinte años desde la creación.

En el caso de obras publicadas en el extranjero después del 1º de enero de 1978, bajo la condición de que la obra en el país de origen no se encuentre desprotegida al 1º de enero de 1996, se establecen iguales plazos de protección que los señalados anteriormente.

La Ley Federal de México, en su modificación de julio de 2003, eleva los plazos de protección post-mortem a cien años. El artículo 29 prescribe que los derechos patrimoniales estarán vigentes durante:

I. La vida del autor y, a partir de su muerte, cien años más. Cuando la obra le pertenezca a varios coautores los cien años se contarán a partir de la muerte del último, y
II. Cien años después de divulgadas: a) Las obras póstumas, siempre y cuando la divulgación se realice dentro del periodo de protección a que se refiere la fracción I, y b) Las obras hechas al servicio oficial de la Federación, las entidades federativas o los municipios.

Si el titular del derecho patrimonial distinto del autor muere sin herederos la facultad de explotar o autorizar la explotación de la obra corresponderá al autor y, a falta de éste, corresponderá al Estado por conducto del Instituto, quien respetará los derechos adquiridos por terceros con anterioridad.

Pasados los términos previstos en las fracciones de este artículo, la obra pasará al dominio público.

Por último, la ley argentina 11723 en su artículo 5, – modificado por la Ley 24870 de 16 de setiembre de 1997- señala que la propiedad intelectual sobre sus obras corresponde a los autores durante su vida y a sus herederos o derechohabientes hasta setenta años contados a partir del 1° de enero del año siguiente al de la muerte del autor. En los casos de obras en colaboración, este término comenzará a contarse desde el 1° de enero del año siguiente al de la muerte del último colaborador. Para las obras póstumas, el término de setenta años comenzará a correr a partir del 1° de enero del año siguiente al de la muerte del autor. En caso de que un autor falleciera sin dejar herederos, y se declarase vacante su herencia, los derechos que a aquél correspondiesen sobre sus obras pasarán al Estado, por todo el término de Ley, sin perjuicio de los derechos de terceros.

Dominio público gratuito vs dominio público pago

Del dominio público no pago al pago existen matices que deben observarse con detenimiento a la hora de valorar legislativamente la solución más adecuada.

El Uruguay es uno de los pocos países dónde el legislador ha optado por el dominio público pago, afectando los dineros recaudados a fondos destinados a la promoción de la música y el teatro (Art. 62 de la ley 9739 de 17 diciembre de 1937).[7] A través de su legislación, toda adaptación sobre la obra caída en el dominio público conlleva para el Estado un resultado económico equivalente al cincuenta por ciento de los ingresos.[8]

De esta forma el escenario "dominio público no pago vs. dominio público pago", tiene su única y gran diferencia en la utilización de la obra tal y como fue concebida por su autor; en un caso sin costo o precio alguno; en otro, en base a las tarifas que la autoridad nacional establezca.

Pero existe una gran franja entre ambos que determina el nacimiento de un universo de obras derivadas a partir de obras caídas en el dominio público, que según la solución que se adopte podrá reportar únicamente ingresos a los autores de dichas obras derivadas o bien en conjunto con el Estado, a través de la custodia y administración que lleva cabo de ese patrimonio universal de obras.

[7] El destino de los fondos correspondientes al dominio público se encuentra modificado por las siguientes disposiciones:
La ley 16.297 de 12 de agosto de 1992 en su artículo 1º crea el Fondo Nacional de Teatro que estará destinado al apoyo y difusión del arte teatral en todo el territorio de la República; por su parte en el art. 6º establece que el Fondo se integrará con "A) La totalidad de lo recaudado por el Ministerio de Educación y Cultura de acuerdo con lo dispuesto por el art. 62 de la ley 9.739 de 17 de diciembre de 1937.
La ley 16.624 de 10 de noviembre de 1994 (Fondo Nacional de la Música) establece en su art. 6º lit. A) que "Lo recaudado por el Ministerio de Educación y Cultura, de acuerdo a lo dispuesto por el art. 62 de la ley 9.739 de 17 de diciembre de 1937, modificada por el lit. A) del art. 6º de la ley 16.297n de 17 de agosto de 1992, por concepto de todos los derechos musicales de dominio público, incluida la publicidad".

[8] En el Uruguay el art. 14 de la ley 9739 fue reformado por el artículo único de la ley 19.857, que extiende el plazo de protección a setenta años post mortem y de igual forma (arts 15 y ss para los derechos conexos).

Así, las versiones o adaptaciones que se realizan a partir de las obras caídas en el dominio público tornan al autor de tales transformaciones, en el titular del cien por ciento de los derechos económicos devengados por las utilizaciones de dichas versiones o adaptaciones.

En el ámbito musical y dependiendo de los textos de las diversas legislaciones, los arreglos o adaptaciones sobre una obra musical caída en el dominio público determinarán el nacimiento de una nueva obra y por tanto de un nuevo autor (el de la obra transformada). Será este autor quien ejerza los derechos pecuniarios sobre la obra derivada, autorizando toda reproducción, distribución, transformación o comunicación de la misma.

De igual forma, el guión cinematográfico resultante de la adaptación de una obra literaria caída en el dominio público, confiere al autor de aquel el cien por ciento de los derechos pecuniarios.

En el caso del dominio público pagante, cualesquiera de dichas adaptaciones supone para el Estado el derecho a percibir un cincuenta por ciento por la adaptación o transformación de la obra originaria (caída en el dominio público).

Si el instituto persigue devolver a la sociedad en su conjunto los beneficios que la obra pueda reportar, esta circunstancia resulta mucho más justa. Es a través de esa tarea de custodia y vigilancia del conjunto de obras nacionales y extranjeras caídas en el dominio público, patrimonio universal, que el Estado fija tarifas, como lo señala la ley. No son bienes intelectuales del Estado, sino del "dominio público", institución propia y específica del régimen de los derechos de autor.

A favor del dominio público pago se ha sostenido que: a) el autor toma la obra del ambiente social en que vive y cuando finaliza su derecho privativo es lógico que sea el Estado, que representa jurídicamente a la sociedad, el que perciba esos derechos de autor; b) el uso de las obras caídas en el dominio público sin pagar derecho de autor al Estado, hace competencia desleal a los autores que explotan sus propias obras en exclusivo beneficio del editor; c) no puede alegarse que conspira contra la difusión de la cultura pues los derechos de autor son generalmente la parte menor del costo de una obra.[9]

[9] Satanowsky, I., ob. cit. pág. 111.

A estos elementos podría agregarse, como lo señalamos en relación a las obras derivadas provenientes de obras caídas en el dominio público, que sería totalmente injusto que el provecho o beneficio lo obtuviese una única persona (autor de la obra derivada) y no la sociedad, a través del Estado, respecto a percibir parte de dicho provecho. Más aún, cuando se establece un destino para el estímulo a nuevas creaciones o producciones intelectuales que acrecienten el acervo cultural de un país.

Naturaleza jurídica del dominio público

El dominio público es una institución propia del derecho de autor, inmersa en su filosofía y ambiente, con particularidades especiales en cada legislación. La circunstancia de que el elemento tiempo influya de tal manera para que una obra pase a incorporarse "al patrimonio de la sociedad en su conjunto, representada por cada Estado", no hace sino confirmar sus especiales características. Con base en ello, cada ciudadano puede explotar o utilizar la obra sin autorización alguna, dependiendo únicamente de la solución legislativa de cada país en cuanto a si tal aprovechamiento está sujeto a pago o no.

El concepto dominio público comprende o abarca el universo de obras que luego de vencido el plazo de protección a favor de sus autores o derechohabientes, pueden ser utilizadas libremente por las personas, con sujeción a tarifas o precios impuestos por las autoridades nacionales dependiendo de cada legislación nacional.

De esta forma, resulta claro que la limitación o el ingreso de la obra al dominio público tiene base territorial. Esto es, para un país que ha establecido el plazo de protección de una obra en setenta años después de la muerte de su autor será diferente para aquel que ha aplicado el mínimo convencional fijado por el Convenio de Berna (cincuenta años). Quiere decir pues, que las obras de Carlos Gardel se pueden encontrar en el dominio público en Uruguay (su país de nacimiento) y en el dominio privado en Estados Unidos. En el Uruguay no será necesaria la autorización para una ejecución de sus obras, pero sí el pago, al haber optado por la fórmula del dominio público pago. En Estados Unidos el titular de los derechos patrimoniales seguirá controlando la explotación de la obra, determinando o no las autorizaciones respectivas por la explotación de la misma.

Este conjunto de obras caídas en el dominio público no hacen sino reconocer la existencia de un patrimonio universal que se ubica en todos y cada uno de los países. Ese concepto de patrimonio universal fija como principio la libre utilización de las obras en tal condición. Será cada Estado el que decida si torna o no oneroso a dicho instituto.

Lo cierto es que el Estado debe, por un lado, garantizar la protección de las obras que se encuentran en el dominio privado. De igual forma, por otro lado, debe ocuparse de que se respeten los derechos morales de paternidad e integridad de las obras caídas en el dominio público (cualquiera sea su origen o categoría).

La circunstancia de que las obras caídas en el dominio público puedan o no considerarse bienes del Estado dependerá en primer lugar de lo que disponga la legislación al respecto. Desde el punto de vista estrictamente técnico no se trataría de bienes que el Estado recibe o hereda, tal como pudiera llegar a suceder con aquellas que sí ingresan como bienes del Estado. Por lo que hemos señalado, las obras caídas en el dominio público no hacen sino ilustrar sobre la existencia de un patrimonio cultural común.[10]

Ese patrimonio intelectual universal obviamente tiene que ser objeto de custodia y preservación. Constituye una labor directa de cada Estado delimitar las circunstancias para que se proceda a preservar y administrar debidamente la utilización de las obras que forman parte del mismo. Ese patrimonio universal que justifica la libre utilización como principio, necesita de la presencia de cada Estado para su protección y custodia, quien por otra parte representa a la sociedad en su conjunto.

Dominio público pago ¿precio o tributo?

La circunstancia del dominio público pago no es bien recibida, en principio, por los usuarios interesados en las obras comprendidas.

[10] Jorge Mahú. Ob. Cit. pág. 355.

Entre los argumentos que se manejan se sostiene la naturaleza impositiva de dicho pago. Satanowsky dice que el Estado puede cobrar impuesto, pero no sustituir a los autores o causahabientes en ejercicio de sus derechos pecuniarios.[11]

Por lo ya expresado, el Estado no sustituye a los autores o derechohabientes, sino que por el contrario, representa a la sociedad en su conjunto. Mal podría representar a los autores cuando los derechos (económicos) de éstos han finalizado.

El ingreso de la obra al dominio público es lo que permite al Estado, en el caso que la ley lo establezca, percibir tarifas por la utilización de la misma. ¿Es en base a ello, es decir, a la fijación y percepción de un precio sobre un bien intelectual que ha ingresado a su esfera, que podemos decir que estamos en presencia de un impuesto?

La respuesta es negativa. La circunstancia de que a través de la creación de la limitación referida al dominio público se facilite la libre y gratuita difusión de las obras constituye sí un elemento de peso en contra de la postura legislativa de adoptar el dominio público pagante. Pero tal circunstancia no desnaturaliza que la fijación de un precio por el uso de la obra caída en el dominio público constituya un impuesto.

Es más, los legisladores pueden perfectamente establecer casos de excepción relativos al pago del derecho de forma de no coartar el espíritu que se invoca. Se trata de una opción del propio Estado, pero como bien decíamos anteriormente, entre el no pago y el pago existe un terreno de creaciones derivadas que sólo darán beneficios económicos a los autores respectivos o a éstos y al Estado en su conjunto.

El caso de Uruguay resulta ilustrativo. El Estado asume la administración y custodia tanto las obras incorporadas al dominio público como las del propio Estado. Separa de esa forma dos aspectos: uno, referido al conjunto de obras que han ingresado al dominio público, esto es, a aquel conjunto de creaciones cuyo plazo de protección ha finalizado; otro, a las obras que han ingresado por cualquier modo admitido para adquirir el dominio.

El artículo 61 de la ley uruguaya señala que además de la vigilancia del cumplimiento de esta Ley, el Consejo de Derechos de Autor tendrá las siguientes

[11] Satanowski. Ob. Cit., pág. 112

atribuciones: 1) Administrar y custodiar los bienes literarios y artísticos incorporados al dominio público y al del Estado; 2) Deducir en vía judicial las acciones civiles y las denuncias criminales, en nombre y representación del Estado..."

De igual forma el artículo 40 de la ley señala que el Estado, el Municipio y las personas de derecho público son también titulares del derecho de autor cuando por cualquier modo admitido por las leyes, adquieren la propiedad de una de las obras que protege esta ley.

No habiendo sucesión de las categorías establecidas en el artículo 14, o terminado el referido plazo de cincuenta años la obra entra en el dominio público.

El derecho de autor cuando el titular es una de las personas morales a que se refiere este artículo, es perpetuo, y no estará sometido a formalidad alguna.[12]

Si uno observa la forma en que el legislador ha regulado el dominio público, debe asumir claramente que el Estado asume la administración y preservación de las obras caídas en el dominio público, tal como si se tratara de un verdadero titular del derecho, término que en forma genérica también se encarga de insertar en la ley a través del artículo 7.[13]

Cuando la referencia es al dominio público la propia ley afirma que cualquier persona podrá explotarla con sujeción a las siguientes limitaciones: "a) Deberá sujetarse a las tarifas que fije el Consejo de los Derechos de Autor. El Poder Ejecutivo, en la reglamentación de la ley, velará para que las tarifas que se adopten sean moderadas y generales para cada categoría de obras; b)

[12] Modificación en el plazo establecida por el art. 7º de la ley 17.616.

[13] CAPITULO II DE LOS TITULARES DEL DERECHO: Artículo 7:
Son titulares del derecho con las limitaciones que más adelante se establecen:
a)El autor de la obra y sus sucesores;
b)Los colaboradores;
c)Los adquirentes a cualquier título;
ch) Los traductores y los que en cualquier forma, con la debida autorización, actúen en obras ya existentes (refundiéndolas, adaptándolas, modificándolas, etc.) sobre la nueva obra resultante;
d)El artista intérprete o ejecutante de una obra literaria o musical, sobre su interpretación o ejecución; el productor de fonogramas, sobre su fonograma; y organismo de radiodifusión sobre sus emisiones;
e) El Estado.

La publicación, ejecución, difusión, reproducción, etc., deberá ser hecha con fidelidad. El Consejo de los Derechos de Autor velará por la observación de esta disposición...".[14]

Esta referencia, de acuerdo a la doctrina, "en parte consagra una categoría de bienes que ha sido definida en el artículo 477 del Código Civil y que pertenece a la categoría denominada dominio público: Los bienes de propiedad nacional cuyo uso pertenece a todos los habitantes del Estado se llaman bienes nacionales de uso público o bienes públicos del Estado. Hemos dicho que en parte encuadra dentro de esta definición, porque en realidad no se puede hablar en estricto sentido de que esas obras mencionadas sean de propiedad del Estado, sino que el texto legal ha establecido una categoría de bienes que son de uso público, por haber caducado los derechos del titular inicial, por el transcurso del tiempo. Pero, como ocurre en todos los temas de derecho de autor, -disciplina relativamente nueva-, cada punto tiene su régimen especial que no siempre, necesariamente, se adapta a las normas o categorizaciones antiguas. Lo que pudiere ser una definición no estrictamente exacta, no es un obstáculo ya que se trata de un punto perfectamente definido y caracterizado, que no deja dudas al intérprete. Por lo demás, es de señalar, para disipar dudas, que los tratadistas están contestes en señalar que los bienes que integran el dominio público, no son de uso indiscriminado y sin limitaciones y que, por el contrario, puede ser reglamentado según su naturaleza y que no siempre debe ser gratuito".[15]

Los bienes de uso público nos ubican en la situación de aquéllos bienes (materiales o inmateriales) cuyo uso pertenece a todos los habitantes. En la doctrina nacional tributarista también se ha señalado [16] que "de acuerdo con el origen y destino de ciertos bienes, el derecho positivo establece normas especiales para su uso y enajenación. Pero estos bienes de uso público, siguen siendo bienes en el sentido del Código Civil. Cuando la prestación del Estado está relacionada con un bien, no interesa, para determinar la naturaleza de la contraprestación, que su uso o enajenación estén sometidos a regímenes

[14] Art. 42 ley 9739.

[15] Romeo Grompone " El Derecho de Autor en Uruguay", 1977, pág. 177 y ss, citando asimismo a E. Sayagués Laso "Tratado de Derecho Administrativo", Tomo II, pág. 270.

[16] Ramón Valdés Costa, "Curso de Derecho Tributario", pág. 50, Tercera Edición Temis © Ramón Valdés Costa y Temis, 2001.

distintos. Siempre estamos frente a prestaciones de naturaleza económica –y no jurídica- que proporcionan una ventaja a la contraparte, la cual, en mérito a esa ventaja económica, demanda la entrega del bien, ya sea corporal o incorporal, aceptando la onerosidad del negocio. Si está dispuesto a pagar una contraprestación en dinero por el uso y goce de ese bien, lo que paga el usuario tiene la misma naturaleza jurídica, ya se trate de un bien fiscal o de uso público. La naturaleza jurídica de la contraprestación no cambia; sigue siendo una obligación que reconoce su fuente en el acuerdo de voluntades; su causa es la ventaja o provecho recibido por el usuario... Si el particular paga una contraprestación es, exclusivamente, porque recibe una ventaja que estima equivalente a aquélla, desde el punto de vista económico."

Jurisprudencia. Naturaleza Jurídica

En el Uruguay, donde el dominio público es pagante, se han producido casos jurisprudenciales en orden a determinar su naturaleza jurídica.

Así, se ha dicho que "en lo que interesa al "thema decidendum", el art. 40 trata del dominio público, del que también es titular el Estado como representante de la comunidad. Comentando este especial derecho, expresa Valdés Otero, que "*...el dominio público, normal o gratuito por oposición a pagado, está integrado por el conjunto de bienes sobre los cuales la colectividad tiene el derecho de libre utilización. Estos bienes son los llamados bienes nacionales de uso público por el artículo 477 del Código Civil, y están afectados al uso de todos los habitantes del estado... (ob. cit. Pág. 147). El dominio público pagado es un instituto híbrido, que participa del carácter de dominio público en cuanto a la utilización de los bienes comprendidos en él, no se encuentra limitada por la voluntad del Estado, y que obtiene alguno de los propósitos perseguidos por el dominio del Estado mediante la exigencia del pago de ciertas tarifas por la utilización de los bienes que lo integran. En realidad, este último sistema es una variedad del dominio público, cuanto en él se conserva la característica principal de éste, que es la ausencia de todo derecho del Estado a oponerse a la explotación económica de las obras intelectuales que lo integran*". Como decía Sayagués Laso, los bienes que integran el dominio público no son de uso indiscriminado y sin limitaciones: puede ser reglamentado según su naturaleza y no siempre debe ser gratuito su uso (Tratado de Derecho Administrativo, T II, pág. 270).

La obra intelectual caída en el dominio público como se invoca en la especie, extremo no controvertido en cuanto a su explotación económica, puede ser explotada por cualquier persona, pero existe una doble limitación, impuesta por los artículos 42 y 43 de la Ley: sujetarse a las tarifas que fije el Consejo de los Derechos de Autor, y realizar la publicación, ejecución, difusión, reproducción con toda fidelidad, consagrando la vigilancia no sólo al Consejo de Derechos de Autor, sino también por medio de una acción popular como dice en el artículo 43 de la Ley uruguaya[17].

También refiere al uso de que pueden ser objeto las obras que han caído en el dominio público[18], el Dr. Grompone, estableciendo que están condicionadas al pago y régimen de fidelidad que se establecen a texto expreso. A pesar de la diversa terminología utilizada por leyes y reglamentos de la materia (tarifas, derechos de autor, derechos musicales del dominio público), a criterio del suscrito, el pago previsto en el apartado A) del artículo 42 de la ley, no puede calificarse de tributo, a la luz de lo establecido en el artículo 10 inc. 2º del Código Tributario, en contraposición a la definición de tasas del artículo 12. Entonces, tratándose de una compensación pecuniaria derivada de uso de bienes del Estado sometidos a un régimen especial acorde a la ley No. 9739 estamos ante un precio. La calificación conlleva a excluir la exención tributaria planteada por la demandada..."[19]

La Sentencia de Segunda Instancia confirmó la de Primera, apoyándose en los argumentos del Profesor Valdés Costa ya examinados[20], esto es, que los "bienes de uso público, siguen siendo bienes en el sentido del Código Civil. Cuando la prestación del Estado está relacionada con un bien, no interesa, para determinar la naturaleza de la contraprestación, que su uso o enajenación estén sometidos a regímenes distintos. Siempre estamos frente a prestaciones de naturaleza económica – y no jurídica- que proporcionan una ventaja a la contraparte, la corporal o incorporal, aceptando la onerosidad del negocio. Si está dispuesto a pagar una contraprestación en dinero por el uso y goce de

[17] Grompone, ob. cit., pág. 181

[18] Grompone, ob. cit., pág. 177.

[19] Sentencia del Juzgado Letrado de Primera Instancia en lo Civil de 15º. Turno No. 18 de 11 de mayo de 1998, Ficha 11/97 "Ministerio de Educación y Cultura c/ Sociedad Uruguaya Pro-Opera – Cobro de Pesos", Dra. María Cristina Cantero de Castellano.

[20] Valdés Costa, Curso de Derecho Tributario, 2ª ed., págs. 44 –45

ese bien, lo que paga el usuario tiene la misma naturaleza jurídica, ya se trate de un bien fiscal o de uso público. La naturaleza jurídica de la contraprestación no cambia... Se podría decir, a lo sumo, con Pugliese, que la naturaleza del bien acentúa el carácter público de la relación, condicionándola, pero nunca alterando la naturaleza de la contraprestación a cargo del particular, transfiriéndola de la categoría precio a la de tributo".[21]

Dentro de la categoría de los precios financieros, que tienen como característica común la de ser contraprestaciones por los bienes y servicios prestados por el Estado en el campo económico y que, desde el punto de vista jurídico, reconocer su fuente en el consentimiento del obligado y su causa en la ventaja o provecho que le proporciona la prestación estatal (véase supra, 1/7). En nuestro ordenamiento jurídico y teniendo en cuenta las disposiciones contenidas en los arts. 1661 y 1776 del C.C., referentes a los contratos de arrendamientos y de compraventa, podemos decir que el precio es la suma de dinero que voluntariamente se da como contraprestación por la entrega de un bien, la concesión de su uso o goce, la ejecución de una obra, o la prestación de un servicio de naturaleza económica. Dichas contraprestaciones tienen en algunos casos nombres especiales: honorarios, peajes, proventos, intereses, recargos, comisiones, primas, matrículas, étc., que no indican alteración de los citados elementos jurídicos, fuente y causa, reconociendo solo un origen histórico o una imprecisión terminológica.

Partiendo de este concepto, son aplicables al derecho financiero, en principio, las mismas disposiciones que rigen para los precios del derecho privado, con la necesaria adecuación a las características del derecho público, especialmente las relativas a la naturaleza del sujeto activo de la prestación, acreedor del precio (supra, 1/6.B). Por lo tanto, la fuente de la obligación es el acuerdo de voluntades, "el concurso real de voluntades" (C.C., art. 1246). La función que desempeña el consentimiento del obligado a pagar el precio y las ventajas recíprocas que las prestaciones proporcionan a las partes (C.C., arts. 1262 y 1287) constituyen las diferencias esenciales con los tributos en los que la fuente de la obligación es exclusivamente la ley y las ventajas recíprocas generalmente faltan y cuando se dan constituyen un elemento inoperante. ....

[21] Tribunal de Apelaciones en lo Civil de Turno, Sentencia No. 262 de 12 de noviembre de 1999, Chalar, Minvielle, Klett.

Siendo la administración el órgano competente para desarrollar la actividad, tiene facultades implícitas para convenir con sus co-contratantes, el precio que remunera esa actividad. Esto no impide, claro está, como sucede en nuestro derecho positivo, que existan normas legales sobre la formación de ese precio, ya sea fijándolo directamente, ya dando criterios dentro de los cuales tendrá que actuar la administración; que se limite su competencia estableciendo la intervención de uno o más órganos extraños al que presta el servicio, o exigiendo requisitos especiales para la formación de la voluntad del órgano vendedor o limitando la utilidad.

Otro elemento a destacar de los elementos esenciales para la validez de los contratos es la causa. Este elemento es totalmente aplicable a las características de los contratos financieros. Los precios son contraprestaciones relacionadas con prestaciones de carácter económico, realizadas por el Estado; es decir, prestaciones que proporcionan al co-contratante – de acuerdo al Código Civil – "una ventaja o provecho" y – de acuerdo con la terminología económica- una utilidad que lleva al usuario a demandar voluntariamente el bien o el servicio y a prestar su consentimiento para pagar un precio. En consecuencia, siempre que se den estas circunstancias, las contraprestaciones son de principio, como sucede en el derecho privado, en los contratos onerosos (C.C. arts 1249, 1287, 1431 y 1834). Siempre que el Estado efectúe prestaciones de naturaleza económica, con la consiguiente ventaja o provecho para el usuario, los órganos administrativos tendrán derecho a percibir la contraprestación, aunque la ley no lo prevea expresamente.

Los precios públicos son los precios que se forman que se forman exclusivamente en un régimen de monopolio y en que predominan, fundamentalmente, finalidades de orden público; el precio es solo un instrumento para la obtención de esas finalidades. Esta prescindencia del costo del servicio exige que el precio sea formado en régimen de monopolio; es la única manera que el Estado puede prescindir totalmente del costo y prestar el servicio de una manera eficaz.

Para Ramón Valdés Costa las prestaciones que realizan los particulares en retribución de un servicio, tienen siempre la naturaleza jurídica de un precio, ya sea que el servicio se preste por un particular o por el Estado, en régimen de libre concurrencia o de monopolio. En el caso de los monopolios estatales, decíamos enfáticamente que "lo que el Estado percibe como contraprestación del bien o servicio que suministra en su calidad de fabricante o comerciante, jurídicamente no puede tener otra naturaleza que la de precio, idéntica a la de los precios que el consumidor pagaba antes de la implantación del monopolio. La escisión de ese precio, en un precio propiamente dicho y un impuesto, es artificial e innecesaria, tanto en la persona del Estado como en la del comprador".[22]

[22] Obra cit. Pág 36.

17. EL AMBIENTE DIGITAL Y SU IMPACTO EN EL DERECHO DE AUTOR Y DERECHOS CONEXOS

VANISA SANTIAGO[1]

1. Una mirada hacia atrás

En el III Congreso Iberoamericano sobre Derecho de Autor y Derechos Conexos, realizado en ciudad de Montevideo en 1997, los participantes fueron brindados con la ponencia del Profesor Borja Adsuara Varela[2], que tenía como título "La *prehistoria* del reconocimiento de los derechos intelectuales". Recordando que un viejo profesor de Derecho Romano al iniciar su curso, todos los años, decía a sus alumnos que el Derecho Romano comenzó "por no existir", observó que, del mismo modo, convendría recordar que los derechos de propiedad intelectual comenzaron por "no existir", por no estar reconocidos ni protegidos:

[1] -Texto presentado en la **REUNIÓN REGIONAL PARA JEFES DE OFICINA DE LATINOAMERICA** – Organizada por la Organización Mundial de la Propiedad Intelectual (OMPI) y el Ministerio de Cultura do Brasil – **Brasilia, del 14 al 16 de junio de 2023**

[2] Profesor de Filosofia del derecho, Moral y Política de la Universidad Complutense de Madrid, en aquel entonces Asesor Parlamentario de Cultura y Director del Gabinete del Secretario de Estado de Cultura de España

> "Quizás esta breve mirada hacia atrás nos ayude a aclarar determinadas ideas, en un momento en que la *maraña* de nuevas tecnologías nos hace olvidar, a veces, el fundamento de estos derechos o en un momento en que, como dice el refrán castellano, los árboles (en este caso digitales) nos impiden ver el bosque (del proceso de comunicación humana)"[3]

En verdad, hasta el siglo XV no se podía decir que existieran normas concretas y expresas que regularan la protección de los derechos de los autores sobre sus obras. Creadores como Homero y Aristóteles, nunca imaginaron que pudiera existir un "derecho de autor" sobre sus creaciones. La antigüedad grecorromana, aunque abundante en autores de obras de todos los géneros, intérpretes y juristas notables, no reconoció estos derechos. Cuando los estadistas europeos empezaron a tratar con más atención las Letras, las Artes y las Ciencias, Cervantes ya había escrito el siempre actual "Don Quijote".

Tal situación sufriría grandes cambios tras la invención de la imprenta de tipos móviles, que amplió las formas de difusión y comercialización de las obras. La historia de los derechos de autor, tal como los conocemos hoy, comenzó a escribirse a partir de la creación de Gutenberg (1399/1468) y está directamente relacionada con los signos de la Revolución Francesa del siglo XVIII.

2. Los primeros pasos

Con la expansión y popularización de la imprenta, se otorgaron privilegios y favores para proteger las inversiones de los impresores. La primera ley de derechos de autor, promulgada en abril de de 1710 por la reina Ana Stuart, al establecer un derecho de copia, creó un sistema de derecho de autor – el sistema del *copyright.* (Copyright Act)

[3] Libro Memorias III Congreso Iberoamericano de Derecho de Autor y Derechos Conexos, titulado "110 años de protección Internacional del Derecho de Autor: Berna 1886 – Ginebra 1996" con el Alto Auspicio de los gobiernos de España y Portugal. @1997 – Organización Mundial de la Propiedad Intelectual -Ompi/ Ministerio de Educación y Cultura – Consejo de derechos de Autor del Uruguay/ Instituto Interamericano de Derecho de Autor -IIDA

La ley francesa del 9 de julio de 1793 fue la primera en consagrar un derecho exclusivo de propiedad sobre la obra intelectual y sus formas de utilización. Con un enfoque diferente del anterior, la ley dio paso al sistema de "droit d'auteur", y fue resaltada por Beaumarchais, autor de la aclamada ópera "El barbero de Sevilla":

> "Es tan extraño que se necesitara una Ley expresa para alertar a toda Francia que la propiedad de un autor dramático le pertenece, que nadie tiene derecho a apropiarse de ella. Este principio, que se deriva de uno de los derechos humanos más fundamentales, es tan evidente que habríamos considerado innecesaria la obligación de establecerlo por ley; mi propiedad como dramaturgo es la más sagrada de todas las demás porque no me viene de nadie y de ninguna manera está sujeta a cuestionamiento por engaño, fraude o seducción. Mi propiedad necesitaba una Ley para decir que era mía".

Las leyes formuladas en los países latinoamericano han optado por los conceptos y fundamentos del derecho de autor franco-germánico, siguiendo los caminos de la ley francesa. A raíz de la facilidad con la que las obras intelectuales transponen barreras y fronteras, surgieron los acuerdos bilaterales, regionales y finalmente multilaterales, elaborados con el objetivo de harmonizar y mantener intactos los fundamentos y la eficacia de la protección.

3. Surge la OMPI

Al igual que los derechos de autor, la OMPI no existía cuando los Estados comenzaron a considerar la importancia cultural y económica de proteger las actividades vinculadas a las artes en sus diversas formas de expresión.

El Convenio que estableció la Organización Mundial de la Propiedad Intelectual fue firmado en Estocolmo el 14 de julio de 1967 y entró en vigor en 1970. A partir de 1974, ya en calidad de organización intergubernamental, pasó a integrar el sistema de las Naciones Unidas.

Sus orígenes se remontan a 1883 y 1889, cuando fueron adoptados el Convenio de Paris para la Protección de la Propiedad Industrial y el Convenio de Berna para la Protección de las Obras Literarias y Artísticas, con el establecimiento de Oficinas Internacionales (BIRPI), sustituidas por la Oficina Internacional a partir de 1970. Resaltamos que, en su preámbulo, el convenio de la OMPI declara que:

> *"Las Partes Contratantes,*
> *Animadas del deseo de contribuir a una mejor comprensión y colaboración entre los Estados, para su mutuo beneficio y sobre la base del respeto a soberanía e igualdad,*
> *Deseando, a fin de estimular la actividad creadora, promover en todo el mundo la protección de la propiedad intelectual,*
> *Deseando modernizar y hacer más eficaz la administración de las Uniones instituidas en el campo de la protección de la propiedad industrial y de la protección de las obras literarias y artísticas, respetando al mismo tiempo plenamente la autonomía de cada una de las Uniones, han convenido lo siguiente:.........."*

Tal declaración de principios indicó a la OMPI, como una brújula, los caminos a seguir en el cumplimiento de su misión, en todos los escenarios que se presenten, manteniendo actualizados los niveles de protección de la propiedad intelectual de los Tratados que se encuentran bajo su administración, o con ella se relacionan, considerando los diferentes fenómenos que ocurren en su entorno.

4. Los instrumentos internacionales

Analizando los Convenios de Berna y Roma y los Tratados Digitales de la OMPI (WCT y WPPT), desde el punto de vista de las circunstancias que dieron lugar a sus respectivas adopciones, podemos concluir que todos ellos surgieron a partir de los cambios producidos por los inventos tecnológicos en las formas de crear, difundir, utilizar y disfrutar de las obras intelectuales, con el objetivo de, frente a nuevas realidades, mantener actualizado el nivel de protección que los textos legales ya existentes ofrecían.

1 – Convenio de Berna

Los intentos realizados para harmonizar las leyes nacionales de los distintos países a través de los tratados bilaterales celebrados entre Estados en el siglo XIX fueron claramente insuficientes. Fue necesario buscar un instrumento que pudiera ofrecer garantías mínimas y tuviera extenso ámbito de aplicación, reto que sólo fue cumplido en 1886, con la adopción del Convenio de Berna sobre Obras Literarias y Artísticas, el instrumento más antiguo en el campo de los derechos de autor.

En su Artículo Primero, el acuerdo crea una Unión, como afirmación de que no se trata sólo de establecer relaciones contractuales entre una pluralidad de países: lo que se pretendió fue crear una sociedad abierta a todos, capaz de subsistir en caso de retirada de algunos y suficientemente eficiente para ofrecer la protección que se requería.

La incorporación de los países de América Latina se dio de forma muy lenta. Brasil es miembro del Convenio de Berna desde 1922, pero los demás países tardaron a incorporarse hasta que, con la adhesión de México en 1967, seguido por Argentina y Uruguay, surgió un movimiento en esa dirección.

Finalmente, en 1988, Estados Unidos pasaron a formar parte de la Unión de Berna, pero sin incluir la protección de los derechos morales, considerados prescindibles ya que el conjunto de normas del derecho interno reconoce prerrogativas de esta naturaleza.

Desde ese entonces, y considerando que el Convenio requiere la unanimidad de los países de la Unión para cualquier modificación en su texto, muchos expertos opinan que, a partir de dicha incorporación, difícilmente conoceremos una nueva actualización del Convenio de Berna, a raíz de las diferencias fundamentales entre el sistema del *droit d'auteur* y del *copyright*.

2 – Convención de Roma

La protección a los derechos conexos resultó de la evolución tecnológica que afectó a ciertas categorías de trabajadores, en especial los intérpretes y músicos, que ya no necesitaban estar presentes para que el público disfrutara de sus actuaciones. Una vez fijadas en soportes materiales y reproducidas para venta en comercio, sus actuaciones pasaron a ser comunicadas al público y radiodifundidas, en forma "secundaria". Ya en el inicio del siglo, la situación de los artistas empezó a preocupar organizaciones como la Asociación Artística y Literaria Internacional (ALAI) y la Organización Internacional del Trabajo (OIT), pero los estudios de la cuestión, que recién empezaban, quedaron paralizados con motivo de las guerras mundiales de la primera mitad del siglo XX.

A las reivindicaciones de los artistas se juntaron las de la industria fonográfica y de las empresas de radiodifusión, cuyos intereses comerciales también estarían siendo perjudicados en virtud de las mencionadas utilizaciones secundarias de sus producciones por terceros. Grandes dificultades tuvieron que ser superadas para armonizar los diferentes efectos de las nuevas técnicas de difusión, reproducción y transmisión, de sonidos e imágenes sobre tres diferentes categorías de profesionales.

Descartada la protección mediante el derecho de autor, los expertos buscaron una otra solución que evitara la injusta apropiación del trabajo ajeno. Luego de una serie de debates y reuniones y con enorme esfuerzo, finalmente en 1960 la OIT, UNESCO y los BIRPIS (oficinas reemplazadas por la OMPI), elaboraron un proyecto que sirvió de base al texto final de *la Convención internacional sobre la protección de los artistas intérpretes o ejecutantes, los productores de fonogramas y los organismos de radiodifusión*, de 26 de octubre de 1961, salvaguardando la protección a los derecho de los autores en el Artículo 1º y otorgando la protección a los titulares de derechos *conexos, vecinos o afines* que permanece vigente desde esa fecha, sin modificación alguna.

La Convención de Roma no estableció cualquier tipo de jerarquía entre las tres diferentes categorías de profesionales y permitió a los países la adopción de una o varias soluciones alternativas. Ofreció un Menú básico que constituye el mínimo convencional que puede ser matizado para que cada Estado decida el alcance del compromiso adquirido al suscribirlo"[4]. A pesar de estas facilidades, Estados Unidos no es miembro de la Convención de Roma.

3 – Los Tratados digitales de la OMPI

Cabe mencionar que en 1991, considerando que el Convenio de Berna requiere la unanimidad de los países de la Unión para cualquier modificación en su texto, y que, con la incorporación de Estados Unidos, difícilmente conoceríamos una nueva actualización, a raíz de las diferencias fundamentales entre el sistema del *droit d'auteur* y del *Copyright*, la OMPI convocó dos Comités

[4] Claude Masouyé – Guía de la Convención de Roma © OMPI 1982

de Expertos Gubernamentales para discutir un posible Protocolo al Convenio de Berna y un posible instrumento para la protección de artistas y productores de fonogramas. El objetivo fue el de elevar sus niveles de protección y extenderlo a los "nuevos derechos".

Aprobados en 1996, los Tratados de la OMPI supusieron un avance para la protección de los derechos en el entorno digital, aunque no estuvieron a la altura de las expectativas creadas tras cinco años de discusión de las propuestas presentadas.

En sus respectivos preámbulos declaran la intención de desarrollar y mantener la protección que ofrecen a sus respectivos beneficiarios, introduciendo nuevas normas y algunas soluciones para abordar de manera más eficiente ciertas cuestiones que resultaron de las transformaciones tecnológicas, económicas, sociales y culturales. Al reconocer el profundo impacto del desarrollo y convergencia de las formas de utilización de las obras y fonogramas, los representantes de los países buscaron mantener el equilibrio entre los intereses de los titulares de derechos y los del público en general.

El Tratado de la OMPI sobre Derecho de Autor (WCT – o TODA, como es más conocido en países de la región) no llegó a resolver cuestiones relativas a la explotación de obras por sistemas digitales interactivos, a las formas de publicación electrónica, ni a aclarar otras, como la publicación simultánea en países miembros y países no miembros de la Unión de Berna.

También se pudo observar que, a pesar de las extensas discusiones sobre la necesidad de una disposición relativa a los derechos de reproducción en el entorno digital, en el WCT no hay más que una Declaración Concertada, en el sentido de que lo dispuesto en el Art 9 del Convenio de Berna es perfectamente aplicable al entorno digital. Tampoco se llegó a un consenso para traer al Tratado un nuevo enfoque con relación a las licencias no voluntarias en materia de radiodifusión primaria y reproducción fonográfica de obras musicales, que figuraba en la propuesta básica.

En el caso del Tratado de la OMPI sobre Interpretación o Ejecución y Fonogramas (WPPT o TOIEF, como es más conocido en países de la región), los avances en lo que se refiere a los derechos de los artistas intérpretes o ejecutantes de obras musicales pueden considerarse más significativos, pero cabe señalar que los de las obras audiovisuales han sido excluidos del Tratado, toda vez que las variantes "B" de la propuesta básica presentada por el presidente de la Comisión de expertos no fueron tenidas en cuenta en ningún caso. El derecho exclusivo de modificación previsto en la propuesta básica tampoco logró obtener el consenso necesario para ser llevado al Tratado o a una declaración concertada.

Este instrumento, que reconoció por primera vez los derechos morales de los intérpretes, incluyó un derecho de remuneración equitativa similar a la Convención de Roma, pero facultó a los países la posibilidad de formular reservas respecto a dicha disposición o decidir por su exclusión total.

Los Tratados digitales de la OMPI, que están en pleno vigor, no han sido adoptados por Brasil, pese a que parte de sus definiciones y disposiciones hayan sido utilizadas en la Ley 9610 de 1998.

5. ¿Inteligencia artificial – de qué se trata?

Para Walter Carnielli, director del Centro de Lógica, Epistemología e Historia de la Ciencia de la Universidad Estadual de Campinas – Unicamp, a diferencia de la inteligencia humana, la IA no tiene capacidades de generalización, abstracción, deducción, abducción, ni nociones de causa y efecto. Como herramienta, añade, es y puede ser muy útil en varios ámbitos, incluido el educativo, contribuyendo a la mejora de los aprendizajes, pero también puede *"conducir a un verdadero apagón de la inteligencia humana", además de diversos problemas sociales*[5]. Para el Profesor Carnielli, básicamente hay tres aspectos que la definen:

1) *IA simbólica – basada en conocimiento y lógica: utiliza representaciones de conocimiento y reglas simbólicas para razonar y tomar decisiones. Es como un sistema experto, en el que insertamos toda la información sobre un tema determinado, como los coches eléctricos, por ejemplo, añadiendo reglas lógicas y simbólicas, es decir, "si esto, entonces aquello": si el coche es eléctrico y tiene un Batería de litio, puede caminar X kilómetros; si es eléctrico y tiene X batería, es posible cambiar la batería en X tiempo, etc. Si le pedimos a la máquina*

[5] https://www.ihu.unisinos.br/categorias/159-entrevistas/628177-inteligencia-artificial-e-uma-ferramenta-muito-util-mas-nao-e-inteligente-entrevista-especial-com-walter-carnielli

que tome una decisión, tomará una decisión lógica y correcta, extraída de la base de conocimiento que se ingresó. La IA nunca es más grande o mejor que lo que alimentamos al sistema. Si le damos mala información y datos, sale mala información. Si le damos buena información, tal vez salgan cosas buenas; no será necesariamente así.

2) *IA conectivista – basada en redes neuronales: utiliza sistemas compuestos por capas de neuronas artificiales interconectadas, que se entrenan utilizando grandes conjuntos de datos para reconocer patrones y realizar predicciones locales. ChatGPT es una aplicación de este modelo. Recibió quintillones de datos -prácticamente todos los datos están en Internet en forma escrita o en videos- y, con eso, logra hacer predicciones lingüísticas.*
3) *IA evolutiva – basada en algoritmos genéticos: construye sistemas que pueden evolucionar y adaptarse con el tiempo, inspirados en el proceso de selección natural. Es como si estuviéramos construyendo un animalito que evoluciona, aprendiendo, como si fuera la selección natural.*

Según él, es interesante observar cómo la IA copia algunos de los métodos o capacidades humanos. La primera, la IA simbólica, copia nuestra capacidad de razonamiento; la segunda, la IA conectivista, copia la capacidad de nuestro cerebro para tratar la información con bases neuronales; y la tercera, la IA evolutiva, está diseñada a partir de cómo funciona nuestro gen evolutivo. Todos nosotros, seres humanos, hormigas, monos, estamos evolucionando. Cada IA intenta imitar la inteligencia humana de alguna manera.

6. ¿Que dicen los interesados?

La **CISAC**, organización mundial que reúne sociedades de autores, compositores y otros creadores de todo el mundo, acaba de publicar, en su informe anual, una advertencia de su presidente y cofundador del grupo ABBA: *"Debemos hacer la vida justa para los creadores, o perderemos al próximo Paul McCartney"*.

Björn Ulvaeus deja en claro que la equidad en la transmisión es su enfoque: *"Necesitamos seguir analizando por qué la música y las obras creativas se subestiman sistemáticamente"*. Sobre el debate en torno a la inteligencia artificial dijo: *"Me gustan las herramientas impulsadas por IA y las uso. Estoy convencido de que ayudarán a los creadores a mejorar su trabajo. Sin embargo, la IA viene con su propio conjunto de problemas, entre ellos el estado de los derechos de autor de las obras creadas por ella".*

Le gustaría que estos desafíos abordaran el más alto nivel, incluso a través de un foro como las Naciones Unidas: *"Estas son prioridades cruciales para el futuro bienestar de los creadores. Lo bien que los manejemos, creo, dará forma a nuestro futuro paisaje cultural"*, comentó el miembro de ABBA.

Como respuesta a su propia pregunta sobre la posibilidad de que veamos el nacimiento de un nuevo Paul McCartney, dijo: *"Espero que lo hagamos, pero eso solo sucederá si hacemos del mundo del streaming un lugar más justo para los creadores".*

El pasado mes de mayo, tras dos años de negociación, los parlamentarios europeos dieron un paso más hacia la aprobación de la primera legislación integral que trata de la adopción de reglas destinadas a regular las herramientas de inteligencia artificial. Según declaró la eurodiputada Kim van Sparrentak[6], *"Esta votación es un hito en la regulación de la IA y una señal clara del Parlamento de que los derechos fundamentales deben ser un pilar de esto. La inteligencia artificial debe estar al servicio de las personas, la sociedad y el medio ambiente, y no al revés"*. Sin embargo, no hay que olvidar que la aprobación final aún depende de discusiones y que los países tendrán un plazo de dos años a partir de su entrada en vigor para transponer la normativa a sus leyes internas.

En este momento, el sindicato más grande de Hollywood anuncia el inicio de discusiones sobre la remuneración en la era de la inteligencia artificial, como parte de las negociaciones contractuales con los estudios, debatiendo cómo los artistas humanos deben ser compensados por el trabajo de sus "dobles digitales". El potencial disruptivo de la IA genera el temor de que provoquen menos trabajos para escritores, guionistas, actores de doblaje y otros. Los actores también están preocupados con la pérdida del control de su imagen, ya que fue utilizada para crear videos "falsos" con imitaciones de actores como Keanu Reeves y Tom Cruise.

[6] . Kimberly (Kim) van Sparrentak – Diputada en el Parlamento Europeo desde el 2 de julio de 2019. Representa el partido político holandés GroenLinks, fundado en 1990 tras la fusión de cuatro pequeños partidos de izquierda. Materia publicada el 11 de mayo de 2023 en el diario Folha de São Paulo – SP Brasil – https://www1.folha.uol.com.br/tec/2023/05/parlamentares-da-ue-aprovam-projeto-de-regulacao-da-ia.shtml

7. ¿Qué dice el Chat GPT4?

Pregunta: ¿Qué es Inteligencia Artificial?

– ***Respuesta:*** *La Inteligencia Artificial (IA) es un campo de estudio y desarrollo que se enfoca en la creación de sistemas y programas informáticos capaces de realizar tareas que normalmente requieren de inteligencia humana. El objetivo principal de la IA es simular y replicar las capacidades cognitivas y de aprendizaje humanas en máquinas y software.*

La IA abarca una amplia gama de subcampos y enfoques, incluyendo el aprendizaje automático (machine learning), el procesamiento del lenguaje natural, la visión por computadora, la robótica y la toma de decisiones, entre otros. Estos sistemas de IA pueden recibir información del entorno, procesarla, aprender de ella y tomar decisiones o realizar acciones basadas en esos datos.

Existen diferentes niveles de IA, desde sistemas más simples que siguen instrucciones predefinidas hasta sistemas más avanzados que son capaces de aprender y adaptarse en base a datos y experiencias. Algunos ejemplos comunes de aplicaciones de IA incluyen los asistentes virtuales, los sistemas de recomendación, los chatbots, los sistemas de reconocimiento de voz y los vehículos autónomos.

Es importante destacar que la IA no busca reemplazar la inteligencia humana, sino complementarla y ayudar a resolver problemas complejos de manera más eficiente. Además, la IA plantea importantes desafíos éticos y sociales, como la privacidad de los datos, la transparencia, la responsabilidad y el impacto en el empleo y la sociedad en general.

Pregunta: ¿Quién es el autor de una obra musical creada por usted?

– ***Respuesta***: *Como modelo de lenguaje desarrollado por OpenAI, no soy un ser humano y, por lo tanto, no tengo una identidad creativa ni la capacidad de crear obras musicales. Me he formado en una amplia variedad de textos, incluida la música, pero no puedo crear obras originales. Mi función principal es proporcionar información, responder preguntas y ayudar con diversas tareas en función del conocimiento adquirido hasta septiembre de 2021.*

Pregunta: ¿Quién posee los derechos de las obras intelectuales creadas por usted?

– ***Respuesta***: *Como inteligencia artificial desarrollada por OpenAI, cualquier trabajo intelectual creado por mí sería propiedad de OpenAI. OpenAI posee los derechos de autor y de propiedad intelectual del código, el modelo y la capacitación utilizados para crear el sistema de inteligencia artificial que soy. Es importante señalar que no tengo* *autonomía creativa ni la capacidad de crear obras intelectuales independientes. Soy una herramienta diseñada para procesar y generar texto basado en patrones e información existente en datos de entrenamiento.*

Pregunta: ¿Quiénes son los titulares de los derechos artísticos y conexos sobre las interpretaciones de las obras creadas por usted?

– ***Respuesta:*** *Como inteligencia artificial de texto, no puedo crear obras musicales ni realizar interpretaciones artísticas. Mi rol es generar texto basado en datos de entrenamiento e instrucciones proporcionadas por los usuarios. Si se refiere a posibles interpretaciones de música o actuaciones basadas en obras existentes, los derechos artísticos y afines suelen ser propiedad de los artistas intérpretes o ejecutantes que participan en la creación de estas actuaciones. Los derechos pueden regirse por acuerdos individuales, leyes de derechos de autor y otras leyes aplicables, que pueden variar según el país y la jurisdicción. Se recomienda consultar a un profesional especializado en derechos de autor para obtener una orientación más específica y precisa sobre la protección de los derechos artísticos y conexos en un contexto particular.*

Pregunta: ¿Los Tratados Internacionales actualmente administrados por la OMPI son capaces de resolver cuestiones relacionadas con los derechos de autor y derechos conexos en obras e interpretaciones creadas por usted?

– ***Respuesta:*** *Los tratados internacionales administrados por la Organización Mundial de la Propiedad Intelectual (OMPI) pueden abordar cuestiones relacionadas con los derechos de autor y derechos conexos en obras e interpretaciones creadas por humanos. La OMPI es responsable de desarrollar y administrar los tratados internacionales de propiedad intelectual, como el Convenio de Berna para la Protección de las Obras Literarias y Artísticas y el Tratado sobre Interpretación o Ejecución y Fonogramas (WPPT).*

Estos tratados tienen como objetivo proporcionar estándares mínimos de protección para los derechos de autor y derechos conexos a nivel internacional. Sin embargo, es importante señalar que estos tratados se aplican actualmente principalmente a obras e interpretaciones creadas por humanos, y no específicamente a creaciones generadas por inteligencia artificial.

La protección legal de los derechos de autor y los derechos conexos de las creaciones generadas por IA aún es un área en desarrollo y puede variar según las leyes nacionales. Varios países están debatiendo e implementando leyes y reglamentos para abordar los problemas de propiedad intelectual relacionados con las creaciones de IA. Por lo tanto, es importante consultar las leyes de derechos de autor específicas de cada país para comprender mejor la protección legal de las obras e interpretaciones generadas por IA en un contexto específico.

Pregunta: ¿Aunque no tenga competencia legal para registro de obras protegidas por propiedad intelectual, usted dispone de la información necesaria y suficiente para ello?

Respuesta: *Como modelo de lenguaje desarrollado por OpenAI, tengo acceso a una amplia gama de información y conocimiento general, incluyendo conceptos relacionados con la propiedad intelectual. Sin embargo, es importante tener en cuenta que no tengo acceso directo a bases de datos legales o información específica de registros de propiedad intelectual.*

Si tienes preguntas generales sobre la propiedad intelectual, derechos de autor, marcas comerciales u otros aspectos relacionados, puedo intentar brindarte información general y orientación. Sin embargo, siempre es recomendable consultar fuentes oficiales y profesionales especializados en leyes de propiedad intelectual para obtener asesoramiento específico y preciso en situaciones legales o de registro.

Pregunta: ¿Existe alguna otra institución o aplicación en el mundo que tenga acceso a una base de datos de obras protegidas por propiedad intelectual más completa que usted?

Respuesta: *Sí, existen instituciones y aplicaciones en el mundo que tienen acceso a bases de datos de obras protegidas por propiedad intelectual más completas y actualizadas que yo. Algunas de estas instituciones incluyen oficinas de propiedad intelectual a nivel nacional o regional, como la United States Copyright Office (Oficina de Derechos de Autor de Estados Unidos), la European Union Intellectual Property Office (Oficina de Propiedad Intelectual de la Unión Europea) y la World Intellectual Property Organization (Organización Mundial de la Propiedad Intelectual).*

Estas instituciones mantienen registros legales y actualizados de obras protegidas por derechos de autor y otros tipos de propiedad intelectual. Por lo general, sus bases de datos contienen información detallada sobre las obras registradas, como el título, el autor, la fecha de creación y otros datos relevantes.

Además, también existen aplicaciones y servicios en línea, como registros de derechos de autor electrónicos y bases de datos de marcas comerciales, que proporcionan acceso a información más completa y actualizada sobre obras protegidas por propiedad intelectual en sus respectivas áreas de enfoque.

Es importante tener en cuenta que la información y la disponibilidad de estas bases de datos pueden variar según el país y el tipo de derecho de propiedad intelectual en cuestión.

Si necesitas información específica sobre un registro de propiedad intelectual, te recomendaría consultar las fuentes legales y las instituciones pertinentes en tu jurisdicción.

Conclusión

En las últimas décadas, la aceleración del ritmo no sólo de la evolución tecnológica sino también de los hábitos de consumo del público en general, impactaron severamente el cumplimiento de las normas dispuestas en los tratados y los mecanismos de gestión diseñados para garantizar el pleno ejercicio de los derechos por parte de los titulares.

Las actualizaciones de los instrumentos internacionales, siempre que factibles, se dieron en forma reactiva, lo que parece normal. Sin embargo, por lo general, las soluciones adoptadas para minimizar los impactos ya sufridos se apartan de las declaraciones de principios contenidas en sus preámbulos. Además, la velocidad con la que los avances tecnológicos logran impactar en la protección de la propiedad intelectual, supera con creces el tiempo que tardan los estados en decidirse a buscar soluciones adecuadas a los nuevos problemas, que afectan a unos, más que a otros.

Ahora, ya no es posible hablar de evolución: lo que estamos presenciando es una revolución en todo lo que se refiere a las artes, su creación y formas de consumo, en plataformas de audio y video, en el "metaverso" o mediante el uso de herramientas de Inteligencia Artificial. El "ambiente digital" que todos compartimos a diario, ha permitido una importante transformación social, cultural y de comportamiento, dando lugar a la aparición de nuevas actividades y nuevos tipos de profesionales – como los "*influencers*", pero a la vez, provocó una nueva y asustadora temporada de apropiación del trabajo ajeno. ¿Cómo debemos enfrentarla?

Encontramos, todos los días, en las medios de comunicación, opiniones, testimonios y todo tipo de información novedosa sobre el empleo de IA en las artes, en la ciencia, en la educación, en la política y en los sermones religiosos de varios matices. Desde los comentarios del Papa Francisco hasta las del propietario de META, todos parecen quedar obsoletos luego de pocas horas de su publicación.

Urge, por tanto, que los Estados, que se hacen presentes en organismos intergubernamentales como la OMPI, y mientras hay tiempo, asuman sus responsabilidades en la reconducción de la protección de la propiedad a niveles aceptables en este admirable mundo nuevo, utilizando los medios legales de que disponen no para frenar el avance de la tecnología, sino para controlar los daños por el mal uso de sus herramientas.

18. A REPARAÇÃO EM VIOLAÇÃO DE DIREITOS MORAIS DE AUTOR: DOIS ACÓRDÃOS RECENTES DO TRIBUNAL DE JUSTIÇA DE SÃO PAULO

José Carlos Costa Netto

Antes de reproduzir a integra de dois acórdãos recentes (de 15.09.2022 e de 03.02.2023), de minha relatoria, proferidos pela Sexta Câmara de Direito Privado do Tribunal de Justiça de São Paulo, integrando a turma julgadora os Desembargadores Ana Zomer e Christiano Jorge, cabe lançar algumas breves considerações sobre a reparação em violação de direitos morais de autor, temática muito debatida na casuística brasileira.

Na grande maioria dos casos em que ocorre a violação de direitos autorais, esta atinge tanto os aspectos patrimoniais (*normalmente quando não houve autorização do autor da obra ou, na hipótese de cessão dos direitos autorais, do titular-cessionário*), na utilização da obra intelectual, quanto os aspectos morais (*quando há, nesse uso não autorizado da obra, também, ausência de indicação de autoria ou, por exemplo, ilícitos mais graves como modificação ou deturpação da obra utilizada*).

Nessas hipóteses, incide a cumulação de indenização de natureza diversa (*moral e patrimonial*)[1], sendo adotado como critério reparatório:

[1] Regra pacificada na jurisprudência, conforme a Súmula 37 do STJ: "São cumuláveis as indenizações por dano material e moral oriundos do mesmo fato".

(a) a apuração do *quantum* indenizatório decorrente da violação de direitos autorais de natureza patrimonial para, em seguida;
(b) utilizar esse valor como base para quantificação indenizatória dos danos autorais de natureza moral[2].

Assim, indaga-se: e quando não houver violação de direitos patrimoniais, como estabelecer os critérios – *e a consequente quantificação* – indenizatórios quanto às ofensas praticadas exclusivamente aos direitos morais de autor? Seria razoável substituir esse critério pelo adotado para os danos morais convencionais, como, por exemplo, uma indevida inscrição de nome junto às entidades de cadastro de devedores inadimplentes (SERASA, SPC etc.), habitualmente valores indenizatórios fixados, de forma tarifária, aleatoriamente? Seria justo?

A negativa se impõe.

Com efeito, não seria plausível, que, por exemplo – *em uma industrialização/comercialização fonográfica regularmente autorizada (ou seja, sem a ofensa de direitos patrimoniais de autor)* – a violação do direito moral de autor consistente na falta de indicação do nome do compositor de uma canção na capa ou encarte de determinado disco (CD) resultasse em condenação do infrator no mesmo quantum indenizatório seja em reprodução/comercialização de 1.000 unidades quanto de 1 milhão de exemplares. Obviamente o valor indenizatório nesta segunda hipótese (1 milhão de CDs) merece ser substancialmente superior à primeira hipótese (*ilícito praticado em apenas 1.000 exemplares*).

Desse terreno sinuoso decorre a necessidade de cuidadoso exame de cada caso concreto.

Essas questões encontram relevância em face da constatação de que, diversamente do dano patrimonial, de origem econômica, o dano autoral de natureza moral é extrapatrimonial. Assim, a consequência indenizatória poderia conter, à primeira vista, tratamento jurídico que levasse a critérios diferenciados, sob o aspecto econômico da reparação devida ao autor lesado.

2 Nesse sentido, observe-se o item anterior desse artigo, com precedentes jurisprudenciais que chegam à condenação do infrator, em face da gravidade da ofensa aos direitos morais de autor praticada, ao "equivalente ao cêntuplo da parcela correspondente ao dano patrimonial".

Essa linha de raciocínio acaba resultando, muitas vezes, na adoção – *criticável no terreno dos direitos de autor* – de prefixação tarifária do *quantum* indenizatório que costuma ser aplicado em relação aos danos morais de natureza diversa do autoral.

Consequentemente é fundamental destacarmos quais são os elementos, com repercussão jurídica, que são similares ou diferentes na concepção dos critérios indenizatórios em relação a essas duas vertentes de danos autorais. Nesse passo,

(a) a diferenciação:

(a).1. – os direitos morais de autor, em virtude de sua natureza jurídica de direitos da personalidade, prevalecem em relação aos direitos patrimoniais e, portanto, no plano indenizatório, não devem ser mitigados em relação a estes;

(a).2. – a gravidade da violação de direito moral de autor, pela sua natureza (mutilação da obra, apropriação indevida de sua paternidade etc.), é, normalmente, mais acentuada do que a violação de direitos patrimoniais (que poderá ser uma utilização da obra intelectual íntegra, mas sem a autorização do autor);

(b) a similitude:

(b).1. – ambos consistem em atos ilícitos que resultam em sanções indenizatórias de natureza pecuniária ou econômica;

(b).2. – em ambos, aplicam-se o "duplo caráter indenizatório das violações", ou seja, a reparação correspondente tanto aos danos autorais morais quanto aos patrimoniais, contém, não somente a finalidade ressarcitória/reparatória como também punitiva;

(b).3. – em ambos, o critério indenizatório deverá levar em conta a abrangência do dano e o benefício que o ato ilícito gerou ao infrator, especialmente de ordem econômica.

A reparação de danos autorais, confrontando-a com a teoria tradicional da responsabilidade civil, apesar da convivência de fundamentos comuns, especialmente no plano da equidade, para fazer frente aos malefícios da violação aos direitos de autor, além do ressarcimento do ofendido – medido pela extensão do dano – impõe o efeito pedagógico trazido com a punição do ofensor.

Na discussão sobre a natureza jurídica dessa penalização poderíamos abordar alguns institutos, especialmente da "pena civil", dos "danos punitivos", do "valor do desestímulo" e do "enriquecimento ilícito", em suas variadas vertentes de entendimento e aplicação. Concretamente, – independentemente da denominação que tem recebido, a composição condenatória integrada pelo ressarcimento do ofendido, combinado com a punição pedagógica do infrator, no âmbito dos danos autorais – a tônica da nossa jurisprudência nas últimas décadas, tem se pautado judiciosamente pela assimilação da diretriz sancionatória expressa em nosso direito positivo (especialmente os arts. 102 a 110 da Lei n. 9.610/98, que regula os direitos autorais em nosso país) no sentido da ampla reparação do dano autoral sofrido pelo autor ou titular, conjuntamente com a penalização – de natureza pecuniária civil – exemplar do infrator[3] (devendo, inclusive, o quantum indenizatório ser adequado à capacidade econômica do ofensor para que a punição seja, efetivamente, sentida por este) a título de desestímulo à prática de novas violações aos direitos autorais.

Exatamente a respeito desse tema, tive oportunidade de atuar recentemente como relator no acórdão proferido por votação unânime, em 16 de agosto de 2016, pela 9ª Câmara de Direito Privado, do Tribunal e Justiça do Estado de São Paulo (Apelação Cível 0187707-59.2010.8.26.0100):

[3] Nesse sentido destacamos, na lei autoral brasileira vigente, os dispositivos que estabelecem – *direta ou indiretamente* – diretriz indenizatória para violações de direitos patrimoniais de autor entre dez e vinte vezes o valor que o autor ou titular lesado receberia se a utilização de sua obra tivesse sido regular: (a) a reversão, para o autor, do produto da violação ao seu direito (*a perda – pelo infrator em benefício do autor – dos exemplares ilícitos apreendidos, além do pagamento ao autor do preço dos exemplares vendidos*), sendo que, não se conhecendo esse número, "pagará o transgressor o valor de três mil exemplares, além dos apreendidos (art. 103 e seu parágrafo único); (b) multa diária e "demais indenizações cabíveis", independentemente das sanções penais aplicáveis, além do aumento, em caso de reincidência, até o dobro do valor da multa (*para as hipóteses de transmissão e retransmissão e comunicação ao público de obras artísticas literárias e científicas de interpretação e de fonogramas realizados com violação de direito autoral* (art. 105); e (c) multa equivalente a vinte vezes o valor que deveria ser originariamente pago pela execução pública de obras musicais, interpretações, fonogramas e obras audiovisuais, se realizada sem autorização dos titulares (art. 109). Acrescente-se que, por estarem esses dispositivos inseridos em legislação especial, prevalecem em relação às regras reparatórias – *de natureza geral* – do Código Civil. Nessa orientação, inclusive (*como registramos e transcrevemos, em parte, no referido item*) o acórdão recente, de 25-9-2007 do Superior Tribunal de Justiça

> No concernente aos danos morais, a doutrina anota que a reparação dos danos deve pautar-se pela observância das funções da responsabilidade civil, classicamente: reparatórias ou compensatórias (*esta quando se tratar em dano moral*), sancionatória ou punitiva e dissuasória ou preventiva.
>
> Corrobora esse entendimento, o Superior Tribunal de Justiça, no REsp n. 1.317.861/PR (2012/0068814-2), em recente acórdão proferido pelo Ministro João Otávio de Noronha, publicado em 11-5-2016 (Terceira Turma, j. 11-5-2016).
>
> Na hipótese vertente, a quantificação reparatória frente à violação dos direitos morais praticados, especialmente quando envolve, como neste caso, atividades empresariais e comerciais ilícitas, deve se relacionar estreitamente com a abrangência da operação ilícita que consiste, basicamente, na repercussão econômica da violação para o ofendido, ou seja, o seu prejuízo, tanto na esfera dos danos emergentes quanto na dos lucros cessantes sofridos. Nesse caminho, mais adequado do que se buscar um valor fixo, aleatório, a título de indenização por dano moral, será vincular essa quantificação reparatória ao âmbito de tais prejuízos, estabelecendo-se dentro de critérios compensatórios à vítima e penalizadores ao ofensor, com razoabilidade, um agravante percentual (*como o fez escorreitamente a r. sentença recorrida*) ou multiplicador, conforme as nuances do caso concreto[4].

Nessa linha de entendimento, de apuração do quantum indenizatório, o ato ilícito que gera dano autoral de natureza moral, no plano reparatório, deverá, como expusemos, em relação aos critérios no dano patrimonial, conter similitudes e diferenciações.

[4] Essa linha de entendimento foi também prestigiada no acórdão (p. 5 e 6), proferido por votação unânime da 9ª Câmara de Direito Privado do Tribunal de Justiça de São Paulo, no Recurso de Apelação 1025629-71.2015.8.26.0506, de relatoria do Desembargador Piva Rodrigues, em que foi confirmado, a título de reparação da violação aos danos morais do autor, o valor correspondente ao dobro da quantia fixada como indenização pela violação dos direitos patrimoniais de autor.

Esses critérios deverão servir para apuração dos danos autorais mesmo que sejam exclusivamente de natureza moral e não patrimonial. Ou seja, não poderão aqueles ser mitigados pela ausência destes.

Isto porque, quanto às similitudes, o dano autoral exclusivamente moral não deixa (*na hipótese de inexistir o dano patrimonial*) de conter: (a) sanção indenizatória de natureza pecuniária ou econômica; (b) duplo caráter indenizatório (*finalidade reparatória e punitiva*); e (c) o critério indenizatório deverá levar em conta a abrangência do dano e o benefício que o ato ilícito gerou ao infrator, especialmente de ordem econômica.

E, por outro lado, no tocante às diferenciações: (a) os direitos morais de autor prevalecem em relação aos direitos patrimoniais e, portanto, no plano indenizatório, não devem ser mitigados em relação a estes; e (b) a gravidade da violação de dano moral de autor, pela sua natureza (*mutilação da obra, apropriação da paternidade etc.*), é, normalmente mais acentuada do que a violação de direitos patrimoniais (*que poderá ser uma utilização de obra intelectual integra, mas sem a autorização do autor*).

A criteriosa utilização desses elementos resultará na justa aferição do quantum indenizatório correspondente à violação de direitos morais de autor para cada caso concreto. Vejamos, a seguir, um exemplo: uma determinada pessoa adquire, do respectivo autor, regularmente, os direitos de traduzir, publicar e comercializar uma obra literária estrangeira em tiragem de 3.000 exemplares (*livros*) e respeita, rigorosamente, os direitos patrimoniais de autor, ou seja, a tradução é de alta qualidade, em respeito ao conteúdo originário da obra, são publicados e comercializados exatamente 3.000 exemplares e tempestivamente pagos os 10% contratados (com base no preço "de capa", qual seja valor ao consumidor) a título de direitos autorais contratados.

Contudo, não há o mesmo procedimento em relação ao respeito aos direitos morais de autor, muito pelo contrário: o licenciado se apropria da autoria da obra substituindo, em cada livro de toda a edição, o nome do verdadeiro autor pelo seu.

Neste caso, indaga-se: além, naturalmente, da busca e apreensão de toda a edição, bem como, das sanções penais aplicáveis (*na órbita criminal*), quais seriam os critérios indenizatórios adequados para reparação desses danos, decorrentes da violação dos respectivos direitos morais de autor (art. 24, I e II, da Lei n. 9.610/98)?

A resposta não poderia ser a mera fixação tarifária de um valor aleatório a título de danos morais, mas sim obedecer aos critérios que deverão se nortear pelas similitudes – e diferenciações – expostas em relação aos danos patrimoniais. Nesse caminho, o valor de toda a edição (art. 103 da Lei n. 9.610/98) servirá como base para apuração do quantum indenizatório (*obviamente o número de exemplares tem relação direta com a abrangência da violação do direito moral em questão*), acrescido do percentual – ou multiplicador – a ser arbitrado em face da gravidade da prática ilícita referida[5].

Enfim, esse mesmo raciocínio merece ser aplicado sobre qualquer que seja a espécie do benefício obtido pelo infrator com sua prática ilícita. No exemplo que destacamos acima, trata-se de violação de direitos autorais morais em reprodução e comercialização de CDs mas outras modalidades de utilização de obras intelectuais – *com ofensa a direitos morais de autor* – que possam produzir outras espécies de receitas, inclusive as denominadas "verbas publicitárias", podem servir como parâmetro indenizatório "em hipótese de violação de direitos da personalidade"[6], categoria jurídica que, como expressamos, engloba os direitos morais de autor.

Nesse caminho, e para encerrarmos, cabe destacar a judiciosidade de recente acórdão do STJ, de relatoria do Ministro Moura Ribeiro, que, após destacar a melhor trilha doutrinária e jurisprudencial aplicável na fixação de critérios para a valoração da reparação dos danos decorrentes de violação de direitos morais de autor, conclui com inegável acerto:

[5] Nesse sentido o Tribunal de Justiça de São Paulo em acórdão proferido em 22-6-2004, pela 3ª Câmara de Direito Privado, por votação unânime, rel. Des. Luiz Antonio de Godoy, que confirmou integralmente a sentença que quantificou indenização a título de dano moral (omissão do nome do autor de obra fotográfica em propaganda) em valor correspondente a 10 vezes o *quantum* indenizatório atribuído ao dano material.

[6] Ainda sobre a adoção do volume econômico envolvido na utilização não autorizada de obra intelectual, Carlos Alberto Bittar lembra a possibilidade de que a "verba publicitária" venha a servir como parâmetro indenizatório: "Como esses valores já encontram parâmetros no mercado, definida a verba publicitária, poder-se-ia traduzir, por outro lado, a indenização em percentual sobre o respectivo montante, fazendo-se a correlação com o resultado pretendido pelo anunciante (que se dimensiona pelo valor aplicado na campanha). Conjugar-se-iam, assim, o interesse do lesado e o sacrifício do lesante, dentro do binômio justo para a determinação de indenização em hipótese de violação de direitos da personalidade" (*Tutela dos direitos da personalidade e dos direitos autorais nas atividades empresariais*. São Paulo: Revista dos Tribunais, 1993, p. 60).

> Feitas essas considerações, é de se ressaltar que os critérios para o arbitramento dos danos morais serão apreciados nas instâncias inferiores de acordo com a legislação de regência, observados os elementos orientadores para a reparação integral do dano, abrangendo a efetiva penalização dos infratores, com o objetivo de desestimular a prática ilícita, bem como a adequação do montante indenizatório de acordo com o volume econômico da atividade em que a utilização indevida da obra foi inserida[7].

A partir dessas considerações, reproduzo os dois acórdãos recentes a que nos referíamos no início deste artigo que, espero, possam ser úteis para melhor compreensão do tema.

> Apelação Cível
> 06ª Câmara de Direito Privado do Tribunal de Justiça de São Paulo
> Julgamento em 15 de setembro de 2022
> Votação unânime com participação dos Desembargadores Costa Netto (presidente e relator), Ana Zomer e Christiano Jorge
> Processo nº: 0005063-49.2007.8.26.0361
> Apelante: Luis Tadashi Kameoka
> Apelado: Ibac Industria Brasileira de Alimentos e Chocolates -Cacau Show Ltda
> Juiz(a) de Direito: Eduardo Calvert
>
> > **APELAÇÃO – DIREITO AUTORAL. Ação de indenização por dano moral e material.** Violação aos direitos autorais pela utilização indevida de projeto arquitetônico elaborado por rede de franquias Sentença de improcedência. Insurgência do autor. Prescrição alegada pela ré. Inocorrência. Assistente técnico do perito. Substituição. Ausência de irregularidades. Preliminar afastada. Mérito. Projeto de arquitetura de interior realizado pelo autor. Contratação que se efetivou concomitantemente à execução da obra de instalação da loja inicial. Reprodução indevida do

[7] STJ, Acórdão de 16-5-2017, proferido por votação unânime da Terceira Turma nos Embargos de Declaração no REsp 1.558.683/SP, rel. Min. Paulo Dias de Moura Ribeiro.

projeto original nas demais lojas padronizadas da rede de franquias. Violação de direito moral e patrimonial de autor. Quantificação que deverá considerar o valor do contrato firmado à época. Sentença reformada. **Recurso parcialmente provido.**

Trata-se de recurso de apelação contra a sentença de fls. 1.112/1.121, que julgou improcedente ação de indenização, condenando o autor ao pagamento das despesas processuais e dos honorários devidos aos patronos da ré, arbitrados, em atenção ao artigo 85, § 2º, do Código de Processo Civil, em 20% (vinte por cento) do valor atualizado da causa, com juros de 1% (um por cento) ao mês desde o trânsito em julgado, observada a gratuidade.

Opostos, os embargos de declaração foram rejeitados.

Recorre o autor. Preliminarmente afirma que nunca pleiteou substituição do assistente técnico do perito, sendo infundadas as manifestações de fls.715/752 e os documentos que as acompanham pleiteando seu desentranhamento dos autos.

No mérito, alega que foi o autor do projeto arquitetônico da loja da Cacau Show de Suzano, executado pela MAT engenharia. Assevera que o fato de não existir contrato escrito não desnatura a autoria do projeto. Informa que o perito reconheceu o plágio do projeto de autoria do recorrente e que o dono da Cacau Show, Alexandre Tadeu Costa não tem expertise para tanto. Assevera que a cópia da Art do projeto arquitetônico estava em poder da empresa Arqfine o que originou a medida cautelar de exibição de documentos contra a Cacau Show. Discorre sobre a necessidade de se nomear perito para analisar os projetos e identificar os traços protegidos. Assevera que a reprodução do projeto já viola direitos autorais. Diz ter sido o autor do fluxo funcional da loja, a forma de exposição dos produtos por meio de *self service*, harmonização das cores e mobiliário específico. Diz que a ideia é original uma vez que a loja da Kopenhagen não tem cestos abertos para acesso direito, tudo é tampado. Assevera que a recorrida juntou proposta comercial para elaboração do manual de franquia, na qual está o projeto de padronização, um dos itens elaborados pelo autor em 2001. Pretende a reforma da sentença para reconhecer a autoria do recorrente no projeto arquitetônico e os danos morais e intelectuais devidos pelo uso indevido da obra.

Às fls. 1.150/1.161, vieram contrarrazões recursais, com preliminar para análise do agravo retido – fls.263-266 – que se insurge contra a decisão que rejeitou a alegação de prescrição.

Às fls.1168, manifestação do autor em oposição ao julgamento virtual.

É o relatório.

Segundo consta dos autos, o autor, ora recorrente, alega que a ré se utilizou indevidamente de obra intelectual de sua autoria, protegida nos termos da Lei 9.610/98, pleiteando sua condenação ao pagamento de indenização por danos morais e materiais.

Do recurso adesivo, interposto às fls. 263/266.

Alega a recorrente a ocorrência de prescrição.

Sem razão, contudo.

Isso porque, o prazo teve início da ciência do autor sobre a suposta violação do seu direito, ou seja, a utilização do projeto que alega ser de sua autoria, fato ocorrido em 2004.

Ademais, a ação também trata dos direitos morais de autor que, a exemplo dos demais direitos de personalidade, são considerados indisponíveis, intransmissíveis e irrenunciáveis, devido ao seu caráter de *"essencialidade", cuja importância já foi proclamada por Adriano De Cupis : "De fato, qualquer valor concreto seria subtraído à personalidade jurídica, se fosse consentido à pessoa pôr fim a tais direitos por acto de vontade. Na verdade, a personalidade jurídica não pode ser esvaziada, por acto de renúncia, da parte mais importante do próprio conteúdo, pois que a norma jurídica, ao atribuir os direitos da personalidade, tem caráter de norma de ordem pública, irrevogável"*[8].

Portanto, afasta-se a alegada prescrição, negando-se provimento ao recurso adesivo.

Quanto ao mérito.

Inicialmente, insurge-se o recorrente contra a substituição da assistente técnica da ré no decorrer do processo. Afirma que Flávia Mansur Murad não tem conhecimento técnico para impugnar o laudo pericial, sendo apenas

[8] Cupis, Adriano de. Os Direitos da Personalidade, Lisboa, livraria Morais Editora, 1961, p. 53. Relaciona, como direitos de personalidade, além dos direitos morais de autor também o direito à vida e à integridade física, o direito à liberdade, o direito à honra, o direito à identidade pessoal, o direito sobre as partes destacadas do corpo e o direito sobre o cadáver.

doutora em Propriedade Intelectual. Pleiteou o desentranhamento da impugnação ao laudo.

Sem razão, contudo.

Isso porque, em manifestação por laudo complementar, o perito judicial esclareceu os pontos combatidos na impugnação ofertada pela assistente técnica nomeada pela ré– fls.974/998.

Deste modo, elucidou:

> "não há necessidade de formação técnica, para ter conhecimentos de funcionalidade e operacionalidade e noções de área assim como em outras profissões [...]"

Ademais, a apresentação de assistente técnico é uma faculdade da parte[9] e, no presente caso, não há vedação legal para substituição, ressaltando-se que o perito afirma não ter mantido contato com as partes e seus assistentes.

Ressalte-se inexistir máculas na impugnação ao laudo apresentada pelo assistente técnico da parte ré, havendo, na sequência, manifestação e esclarecimentos do perito judicial, por meio do laudo complementar – fls.972/998.

No tocante aos fatos, o autor afirma que no ano de 2001 teria elaborado um "projeto de padronização" das lojas da rede, consistente em "estilo dos móveis, padronização das cores, e todo o projeto arquitetônico" (p.3).

Alega que, posteriormente, visitou outras lojas da rede e constatou que estas se utilizavam do mesmo projeto de padronização por ele desenvolvido.

A ré, ora apelada, por sua vez, nega que o autor tenha desenvolvido o projeto de padronização das lojas da rede "Cacau Show".

Segundo consta dos autos, a empresa "Arqfine Arquitetura e Consultoria" foi contratada apenas para a execução da obra de instalação da loja na Cidade de Suzano, tendo contratado o autor para a execução do projeto.

9 Art.473,§ 3º Para o desempenho de sua função, o perito e os assistentes técnicos podem valer-se de todos os meios necessários, ouvindo testemunhas, obtendo informações, solicitando documentos que estejam em poder da parte, de terceiros ou em repartições públicas, bem como instruir o laudo com planilhas, mapas, plantas, desenhos, fotografias ou outros elementos necessários ao esclarecimento do objeto da perícia. (art.429 do CPC de 1973).

Analisando-se os documentos, podemos verificar que, ao contrário do alegado pela ré, há comprovação de que o apelante foi o autor do projeto da loja de Suzano, tendo sido contratado concomitantemente à execução da obra.

Ora, pelo porte do empreendimento, não há como imputar ao proprietário da empresa ré, a técnica da elaboração do projeto, plantas e desenhos acostados aos autos.

Além disso, a declaração do ex-sócio da empresa Arqfine Ltda -fls.89 e 107 – afirma que "os direitos patrimoniais e morais referentes ao projeto arquitetônico e de padronização da Cacau Show" seriam do autor, ressaltando inexistir qualquer tipo de cessão de direitos.

Por isso, o recorrente ingressou com medida cautelar de busca e apreensão de todos os projetos arquitetônicos que teria desenvolvido para a ré, fls.105;148/150 do apenso.

A contratação do autor, que pode ser verbal, foi concomitantemente à da execução da obra e não se confunde com o contrato celebrado entre o requerido e a empresa Arqfine Arquitetura e Consultoria e por isso, os documentos de fls.2/62;157/164, possuem seu carimbo.

O fato de ter o apelante assinado o "ART" – anotação de responsabilidade técnica para a execução da obra de instalação da loja de Suzano – fl.26; 164 – não o impede de ser autor do projeto.

Aliás é comum os arquitetos e engenheiros serem os responsáveis técnicos para acompanhamento dos projetos de arquitetura e engenharia.

Afora isso, o laudo pericial – fls. 658/689, complementado às fls.972/998, é claro ao dispor que o apelante é o autor do projeto, ressaltando ainda que o Sr. Alexandre Tadeu da Costa, proprietário das lojas Cacau Show, não estaria qualificado para elaborar o projeto de padronização das franquias – fls.677 – expertise que extrapola qualquer "conhecimento de mercado".

Além disso, as meras ideias constantes do projeto, reivindicadas pelo senhor Alexandre Tadeu Costa, não são objeto de proteção de direitos autorais, nos termos do art.8º, I, da Lei 9.610/98[10].

[10] Art. 8º Não são objeto de proteção como direitos autorais de que trata esta Lei:
I – as ideias, procedimentos normativos, sistemas, métodos, projetos ou conceitos matemáticos como tais;

Quanto aos depoimentos, o autor afirmou que "não foi contratado diretamente pela ré, mas por uma empresa que prestava serviços para a ré e que tinha por função "elaborar o conceito da loja e sua execução", com a promessa de que se o conceito fosse bem-sucedido, a empresa seria contratada para executar as obras de outras lojas. Em relação especificamente aos elementos que identificariam as demais lojas como oriundas do seu projeto, disse que criou um conceito em que os clientes tinham acesso direto ao produto, por meio de gôndolas, expositores e ilha central para facilitar a aproximação do cliente com o produto afirmou que isso consistiria numa "quebra de paradigma". Disse que o "totem central" das lojas "Cacau Show" é a marca mais clara deste conceito. Disse que viu este mesmo conceito aplicado em diversas lojas da rede "Cacau Show". Afirmou que atualmente a rede de lojas "Cacau Show" se modernizaram e reformularam, de modo que a identidade com o projeto original já não é mais tão aparente. Disse que é formado no ano de 2000 e que o projeto da loja de Suzano teria sido o seu primeiro projeto na área. Disse que assinou projetos de execução e de arquitetura da obra, e que nunca conheceu pessoalmente o dono da 'Cacau Show'".

A testemunha Francisco Rodrigues Molina, sócio da Arqfine Arquitetura e Consultoria, disse que em 2001 a empresa foi contratada pela ré para desenvolver um projeto para a expansão da franquia e para execução da loja de Suzano; disse que o dono da "Cacau Show" teria prometido executar o mesmo projeto em outras lojas da rede. Disse essa contratação "foi muito corrida" e que por isso não houve formalização adequada. Disse que os serviços de "expansão da franquia" representam o conceito básico das lojas da rede, como a iluminação, os móveis, a disposição do mobiliário. Disse que o autor inventou o conceito de que o cliente pega seu próprio chocolate na loja e que é muito provável que outras lojas do mesmo seguimento tenham copiado a ideia do autor. Afirmou que as demais lojas da rede "Cacau Show" são todas idênticas em relação aos detalhes àquela primeira loja de Suzano. Disse que a Arqfine Arquitetura e Consultoria não produziu um documento ou imprimiu o seu trabalho num substrato material. Disse que não lembra se elaboraram um projeto de iluminação da loja (luminotécnico), mas apenas especificaram o tipo de luminária.(...)".

Portanto, pela farta documentação atrelada aos autos, entendo estar comprovado que o apelante é o autor do projeto de arquitetura[11] de interiores de expansão da rede de lojas Cacau Show, realizado para a loja de Suzano.

No que tange à originalidade da obra, insta consignar que o objeto do direito de autor – ou o bem jurídico protegido – é a criação ou obra intelectual, "qualquer que seja seu gênero, a forma de expressão, o mérito ou destinação".

Segundo Henry Jessen[12], deverá preencher os seguintes requisitos:

> "a) pertencer ao domínio das letras, das artes ou das ciências; b) ter originalidade; c) achar-se no período de proteção fixado pela lei"

Desses três elementos, o que mais tem ocupado a atenção dos juristas concerne à originalidade, que deve ser tomada como uma característica respeitante à forma de exteriorização da ideia, e não em relação à ideia em si, que, como visto, não é considerada objeto dos direitos de autor.

A expressão utilizada por Henri Desbois é a "originalidade da forma", que explica: "A forma, sob a qual a ideia é apresentada, confere uma exclusividade, uma condição de ser original"[13]. Mas, como se infere do entendimento desse célebre jurista francês[14], não se deve confundir originalidade com novidade.

O termo "originalidade da forma" deve ser entendido de maneira subjetiva, tendo em vista as características próprias à modalidade da obra intelectual em questão.

Já a "novidade", requisito, principalmente, para obtenção de privilégios no campo da propriedade industrial, em que um modelo, desenho ou invenção tem que, necessariamente, trazer uma característica inovadora, é uma concepção de natureza objetiva.

[11] "Art. 7º São obras intelectuais protegidas as criações do espírito, expressas por qualquer meio ou fixadas em qualquer suporte, tangível ou intangível, conhecido ou que se invente no futuro, tais como: - [...] X -os projetos, esboços e obras plásticas concernentes à geografia, engenharia, topografia, arquitetura, paisagismo, cenografia e ciência;"

[12] JESSEN, Henry Francis. Direitos Intelectuais. Rio de Janeiro. Edições Itaipu, 1967, p.53.

[13] DEBOIS, Henry. Le droit d'auteur em France. 10 ed., Paris: Dalloz, 1973, p.4

[14] Op cit. p.5-8

Finalmente, sobre o caráter subjetivo da originalidade no campo das obras literárias, artísticas e científicas, Henri Desbois[15] cita um exemplo esclarecedor:

> "Há dois pintores, que sem estarem combinados e sem apoio mútuo, fixam, um depois do outro, sobre suas telas, a mesma paisagem, dentro da mesma perspectiva e sob a mesma claridade. A segunda dessas paisagens não é nova no sentido objetivo da palavra, já que, por hipótese, a primeira teve por tema a mesma paisagem. Mas a ausência de novidade não coloca obstáculo à constatação da originalidade: os dois pintores, efetivamente, desenvolveram uma atividade criativa, tanto um como outro, tratando, independentemente, o mesmo tema. Pouco importa que, se eles pertencem à mesma escola (estilo), que suas respectivas telas apresentem semelhanças entre si. Ambas se constituirão obras absolutamente originais."

No caso, a originalidade do projeto de arquitetura foi apontada pelo perito judicial às fls. 677/678:

> "o que define o partido arquitetônico são as variáveis analisadas pelo profissional contratado, sendo elas imprescindíveis na viabilização do 'melhor' projeto, que dentro dos estudos das necessidades básicas na distribuição, acessibilidade, comunicação, etc, que podem ser pormenorizado em: terreno (espaço disponível), programa/necessidades elementares; conceito; legislação, forma e volume; implantação; flexibilidade; elementos construtivos; viabilidade
> [...]
> As variáveis acima detalhadas e definidas têm como resultado o partido arquitetônico que estabelece as necessidades para elaboração do projeto arquitetônico; seu minucioso estudo, conclusões poder-se-ia denominar como projeto intelectual, necessários para o bom desenvolvimento do arquitetônico; profissional que já está qualificado (arquiteto/engenheiro), utilizará de sua capacidade (expertise sobre o

[15] Op.cit,p.5.

> assunto) elaborando os projetos necessários, considerando-se um dos itens dos direitos autorais" (sic)
> [...]
> "a combinação de cores com as linhas é considerada criação, fazendo parte do estudo do *layout* da marca, portanto faz parte do estudo arquitetônico, partido arquitetônico, portanto obra intelectual"
> Portanto, diante dos resultados positivos provenientes dos estudos iniciais (partido arquitetônico), temos que a ideia se materializou em forma de projeto e execução, onde esta 'ideia' foi mantida nos projetos subsequentes esses, ou seja, utilizou-se a mesma proposta arquitetônica e comercial, mantendo a criação e a originalidade do projeto intelectual, condição primordial para o direito autoral-obra intelectual."

Nesse contexto, a padronização nas demais lojas da rede, por consequência, reproduz o designer original do projeto criado pelo autor, que, desautorizada, caracteriza a violação de direitos autorais.

Dentro desse aspecto, ponderou a sentença:

> Na própria petição inicial o autor afirma que os representantes da ré, desde o primeiro contato, afirmaram que utilizariam o modelo visual da loja que seria instalada na Cidade de Suzano como padrão para as futuras lojas da mesma franquia ("o Sr. Alexandre Tadeu foi incisivo ao afirmar que queria um projeto de padronização que inicialmente utilizaria para a loja Cacau Show de Suzano e, após, adotaria para as outras lojas da rede" folha 3)."

Em caso semelhante, já se pronunciou esta C. 6ª Câmara de Direito Privado:

> APELAÇÃO – DIREITO AUTORAL. PLÁGIO DE PROJETO ARQUITETÔNICO. Empreendimento Imobiliário. Ação de arbitramento e cobrança de honorários profissionais c.c indenização por danos morais e materiais. Projeto arquitetônico elaborado pelo autor e indevidamente utilizado pelas rés. Sentença parcialmente procedente. Insurgência das rés. Desacolhimento. Plágio caracterizado. Insurgência

do autor. Majoração do valor dos danos morais e materiais devida. Recurso das rés desprovidos, provido em parte o recurso do autor. (TJSP; Apelação Cível 1003380-19.2018.8.26.0152; Relator (a): Costa Netto; Órgão Julgador: 6ª Câmara de Direito Privado; Foro de Cotia – 1ª Vara Cível; Data do Julgamento: 04/11/2021; Data de Registro: 16/11/2021)

Deste modo, está caracterizada a violação de direitos patrimoniais e morais de autor decorrentes da reprodução implícita do projeto de arquitetura de padronização das lojas da rede, sendo devida a indenização por este motivo.

Ressalte-se que os danos morais decorrem da violação dos direitos morais de autor, a exemplo dos demais direitos de personalidade, são considerados indisponíveis, intransmissíveis e irrenunciáveis, devido ao seu caráter de *"essencialidade", cuja importância já foi proclamada por Adriano De Cupis: "De fato, qualquer valor concreto seria subtraído à personalidade jurídica, se fosse consentido à pessoa pôr fim a tais direitos por acto de vontade. Na verdade, a personalidade jurídica não pode ser esvaziada, por acto de renúncia, da parte mais importante do próprio conteúdo, pois que a norma jurídica, ao atribuir os direitos da personalidade, tem caráter de norma de ordem pública, irrevogável"*[16].

A violação abarca o disposto no art. 24, incisos I e II, da Lei nº 9.610/98, a saber:

> São direitos morais do autor:
> I – o de reivindicar, a qualquer tempo, a autoria da obra;
> II – o de ter seu nome, pseudônimo ou sinal convencional indicado ou anunciado, como sendo o do autor, na utilização de sua obra;

Quanto aos direitos patrimoniais de autor, estes baseiam-se nos atributos – exclusivos – inerentes ao criador intelectual, em utilizar, fruir e dispor de sua obra, bem como o de autorizar sua utilização ou fruição por terceiros, conforme prevê o texto legal:

[16] Cupis, Adriano de. Os Direitos da Personalidade, Lisboa, livraria Morais Editora, 1961, p. 53. Relaciona, como direitos de personalidade, além dos direitos morais de autor também o direito à vida e à integridade física, o direito à liberdade, o direito à honra, o direito à identidade pessoal, o direito sobre as partes destacadas do corpo e o direito sobre o cadáver.

> "Art. 28. Cabe ao autor o direito exclusivo de utilizar, fruir e dispor da obra literária, artística ou científica.
> Art. 29. Depende de autorização prévia e expressa do autor a utilização da obra, por quaisquer modalidades, tais como:
> I – a reprodução parcial ou integral;"

Consequentemente, é fundamental destacar-se quais são os elementos, com repercussão jurídica, que são similares ou diferentes na concepção dos critérios indenizatórios em relação a essas duas vertentes de danos autorais.

A reparação de danos autorais, confrontando-a com a teoria tradicional da responsabilidade civil, apesar da convivência de fundamentos comuns, especialmente no plano da equidade, para fazer frente aos malefícios da violação aos direitos de autor, além do ressarcimento do ofendido – *medido, tanto no plano patrimonial quanto no plano moral, pela extensão do dano*[17] – impõe o efeito pedagógico trazido com a punição do ofensor.

Exatamente, a respeito desse tema, este Magistrado teve a oportunidade de atuar como relator em acórdão proferido por votação unânime, em 16.08.2016, pela 9ª Câmara de Direito Privado, do Tribunal e Justiça do Estado de São Paulo (*Apelação Cível nº 0187707-59.2010.8.26.0100*):

> "No concernente aos danos morais, a doutrina anota que a reparação dos danos deve pautar-se pela observância das funções da responsabilidade civil, classicamente: reparatórias ou compensatórias (*esta quando se tratar em dano moral*), sancionatória ou punitiva e dissuasória ou preventiva.
> Corrobora esse entendimento, o Superior Tribunal de Justiça, no REsp nº 1.317.861 PR (2012/0068814-2), em recente acórdão proferido pelo Ministro João Otávio de Noronha, publicado em 11.05.2016. (Terceira Turma, j.11/5/2016)
> Na hipótese vertente, a quantificação reparatória frente à violação dos direitos morais praticados, especialmente quando envolve, como neste caso, atividades empresariais e comerciais ilícitas, deve se relacionar

[17] Art. 944. A indenização mede-se pela extensão do dano.

> estreitamente com a abrangência da operação ilícita que consiste, basicamente, na repercussão econômica da violação para o ofendido, ou seja, o seu prejuízo, tanto na esfera dos danos emergentes quanto na dos lucros cessantes sofridos. Nesse caminho, mais adequado do que se buscar um valor fixo, aleatório, a título de indenização por dano moral, será vincular essa quantificação reparatória ao âmbito de tais prejuízos, estabelecendo-se dentro de critérios compensatórios à vítima e penalizadores ao ofensor, com razoabilidade, um agravante percentual (*como o fez escorreitamente a r. sentença recorrida*) ou multiplicador, conforme as nuances do caso concreto."

Nessa linha de entendimento, de apuração do "*quantum*" indenizatório, o ato ilícito que gera dano autoral de natureza moral, no plano reparatório, deverá, como exposto, em relação aos critérios aplicáveis ao dano patrimonial, conter similitudes e diferenciações.

Quanto às similitudes, o dano autoral exclusivamente moral não deixa de conter: **(a)** sanção indenizatória de natureza pecuniária ou econômica, **(b)** duplo caráter indenizatório (*finalidade reparatória e punitiva*), e **(c)** o critério indenizatório deverá levar em conta a abrangência do dano e o benefício que o ato ilícito gerou ao infrator.

E, por outro lado, no tocante às diferenciações: **(a)** os direitos morais de autor prevalecem em relação aos direitos patrimoniais e, portanto, no plano indenizatório, não devem ser mitigados em relação a estes, e **(b)** a gravidade da violação de dano moral de autor, pela sua natureza (*mutilação da obra, apropriação da paternidade, etc.*), é, normalmente, mais acentuada do que a violação de direitos patrimoniais (*que poderá ser uma utilização de obra intelectual íntegra, mas sem a autorização do autor*).

A criteriosa utilização desses elementos resultará na justa aferição do "*quantum*" indenizatório correspondente à violação de direitos morais de autor para cada caso concreto.

Nesse caminho, destaque-se a judiciosidade de recente acórdão do STJ – *Superior Tribunal de Justiça* – de relatoria do Ministro Moura Ribeiro que, após consignar a melhor trilha doutrinária e jurisprudencial aplicável na fixação de critérios para a valoração da reparação dos danos decorrentes de violação de direitos morais de autor, conclui com inegável acerto:

> *"Feitas essas considerações, é de se ressaltar que os critérios para o arbitramento dos danos morais serão apreciados nas instâncias inferiores de acordo com a legislação de regência, observados os elementos orientadores para a reparação integral do dano, abrangendo a efetiva penalização dos infratores, com o objetivo de desestimular a prática ilícita, bem como a adequação do montante indenizatório de acordo com o volume econômico da atividade em que a utilização indevida da obra foi inserida"*[18].

Quantificação dos danos:

Quanto aos danos patrimoniais, pleiteou o autor a condenação da ré no valor cobrado por cada padronização, considerando-se o número de lojas franqueadas, e o lucro obtido, devidamente atualizado – fls. 22

Entretanto, o critério deve se pautar no valor cobrado pelo projeto da loja de Suzano.

Nesse aspecto, entendo ser devida a condenação da ré a indenizar o autor **pelo valor pago à época no projeto original referente à loja de Suzano, aplicado a cada loja que o reproduziu, total ou parcialmente, devidamente corrigido e com juros de 1% ao mês, a contar da citação.**

Tendo em vista a modalidade de negócio praticada pela ré e objeto da presente demanda qual seja a franquia que impõe produtos, serviços e instalações padronizados, é de se concluir que as lojas que se seguiram à primeira em que foi aplicado o projeto de autoria do autor apenas replicaram o seu projeto, conforme constatado pela perícia, fls. 677/678.

Quanto aos danos decorrentes das violações aos direitos morais de autor, como, da mesma forma, já foi exposto, não podem estes ser inferiores aos patrimoniais em razão, inclusive, da sua natureza jurídica de direitos de personalidade.

Nesse caminho, quantifica-se os danos morais, para a hipótese vertente, no mesmo valor dos danos patrimoniais, com correção monetária a incidir

[18] Acórdão de 16.05.2017, proferido por votação unânime da Terceira Turma do STJ nos Embargos de Declaração no Resp nº 1.558.683/SP, relator Ministro Paulo Dias de Moura Ribeiro (grifado)

do arbitramento (Súmula 362 do STJ)- publicação do presente acórdão – e juros de mora de 1% ao mês a partir do evento danoso (Sumula 54 do STJ), do dia em que o autor, em outubro de 2004 – fls.04- tomou ciência da utilização indevida do seu projeto.

A respeito, colaciono recente decisão deste C. Tribunal de Justiça, prestigiando o entendimento supramencionado, de que o valor da indenização pela violação dos direitos morais não deve ser inferior aos dos danos patrimoniais:

> RESPONSABILIDADE CIVIL. Direito autoral. Danos material e moral. Configuração. Ressarcimento. Admissibilidade. Utilização de imagens de obras dos autores em composição colocada em estande de venda da demandada sem autorização e indicação de nome dos artistas. Uso sem permissão incontroverso. Não aplicação de afastamento de responsabilidade com base no art. 48 da Lei de Direitos Autorais, tendo em vista que o fato de as obras estarem em local público não significa o livre uso com finalidade comercial. Imagens que não figuram apenas como fotografias da região do empreendimento cujas unidades estão sendo vendidas, mas sim composição das imagens dos autores, com montagem nos painéis por elaboração da ré, não se tratando de simples imagens sobre a localização ou indicação cultural, o que atrai clientes pela beleza e ingressa no contexto da atividade econômica da empresa. Requerentes que detêm escolha de explorar patrimonialmente as suas obras, trazendo-lhes prejuízo o não recebimento pela utilização na hipótese, além de impedir reconhecimento de que haja possibilidade de negociação com outras empresas para cessão de seu trabalho. Ressarcimento a título material devido com majoração, mas não no importe almejado, devendo se referir somente ao uso indevido da imagem sem remuneração, nos termos da r. sentença. **Fixação em R$ 6.000,00 (seis mil reais) para cada requerente. Indenização moral fixada neste julgado em R$ 15.000,00 para cada demandante. Suficiência e razoabilidade.** Dano "in re ipsa" decorrente de expressa previsão legal. Recurso dos autores parcialmente provido, improvido o da ré.
>
> (TJSP, Apelação Civel **nº1007149-26.2020.8.26.0100, 2ª Câmara de Direito Privado, Relator** Alvaro Passos, j.10.08.2021 – destacado)

Deverá o réu, a não ser que obtenha a devida licença para tanto, se abster de utilizar o projeto elaborado pelo autor em relação às futuras lojas da rede, não abrangidas nestes autos.

Ressalve-se que o valor base a ser aplicado para o cálculo indenizatório deverá ser o cobrado pelo autor pela elaboração do projeto arquitetônico do interior da loja originária do réu e não de toda a realização da sua obra física (da primeira da franquia) que também foi feita pelo autor à época. Assim, na hipótese de não haver prova efetiva, em separado, dessa quantia específica, deverá ser apurada mediante liquidação de sentença, se necessário, qual a remuneração razoável para tanto, em relação à uma loja similar para efeito de aplicação do cálculo multiplicador em relação às demais lojas.

Tendo em vista que o autor decaiu da parte mínima do pedido e, considerando-se o princípio da causalidade, deverá a ré arcar com as custas e despesas processuais, bem como com honorários advocatícios arbitrados em 20% sobre o valor total da condenação, nos termos do art. 85, §11, do CPC.

Portanto, merece reforma a sentença para **julgar parcialmente procedente a ação para condenar a ré a indenizar o autor, nos termos expostos, acrescido da sucumbência integral, com honorários advocatícios em 20% sobre o valor da condenação.**

JOSÉ CARLOS COSTA NETTO
Relator

Apelação Cível

06ª Câmara de Direito Privado do Tribunal de Justiça de São Paulo

Julgamento em 03 de fevereiro de 2023

Votação unânime com participação dos Desembargadores Costa Netto (relator), Ana Zomer (presidente) e Christiano Jorge

Apelação Cível nº: 1036762-26.2022.8.26.0002

Apelante/Apelado: 3g Comércio de Vestuário Ltda- Polo Jack e Leonardo Ribeiro

Apelado/Apelante: os mesmos

Juiz(a) de Direito: Alexandre Batista Alves

> **APELAÇÃO – DIREITO AUTORAL.** Ação de obrigação de fazer c.c indenização por danos materiais e morais e pedido de tutela de urgência. Sentença de parcial procedência. **Recurso da ré.** Violação aos direitos autorais configurada pela utilização de desenhos criados pelo autor, sem sua autorização e sem os devidos créditos, utilizados em camisetas confeccionadas pela ré. Danos materiais que devem considerar o número de peças de roupas devidamente comprovadas nos autos. Acolhimento parcial. Mantida, contudo, a obrigação de veicular em seu site e página oficial na rede social Instagram, por três dias consecutivos, comunicação de que as obras de desenho, objeto da lide, são de autoria do demandante, bem como a obrigação de se abster da utilização do desenho do autor.
>
> **Recurso do autor.** Dano moral. Majoração. Valor que não deve ser inferior ao valor apurado na violação de direito patrimonial de autor. Precedentes. Alegação de perda de uma chance. Inocorrência. Argumentos hipotéticos que não sustentam a seriedade da alegada chance e a sua ocorrência futura. Juros de mora que devem incidir a partir do evento danoso. Acolhimento parcial. **Recurso da ré e do autor parcialmente providos.**

Trata-se de recursos de apelação contra a sentença de fls. 110/115, que julgou parcialmente procedente ação de obrigação de fazer c.c indenização por danos materiais e morais e pedido de tutela de urgência para condenar a ré: a) à obrigação de fazer consistente em abster-se do uso do desenho de autoria do autor e a retirar do comércio as camisetas que o veiculam, no prazo de 15 (quinze) dias contados de sua intimação pessoal para cumprimento da sentença, sob pena de multa diária a ser arbitrada na fase de cumprimento de sentença (Súmula 410 do STJ); b) à obrigação de veicular em seu site e página oficial na rede social Instagram, por três dias consecutivos, comunicação de que as obras objeto da lide são de autoria do autor, no prazo de 15 (quinze) dias contados de sua intimação para cumprimento da sentença, sob pena de multa diária a ser arbitrada na fase de cumprimento de sentença (Súmula 410 do STJ); c) ao pagamento de indenização por danos materiais correspondente às licenças para utilização da obra de autoria do autor, no valor total de R$45.000,00 (quarenta e cinco mil reais), a ser atualizado desde a propositura da ação e acrescido de juros de mora de 1% ao mês desde a citação; d) ao pagamento de indenização prevista no art. 103 da Lei 9610/1998, correspondente a R$89.970,00 (oitenta e nove mil, novecentos e setenta reais), a ser atualizado desde a propositura da ação e acrescido de juros de mora de 1% ao mês desde a citação; e) ao pagamento de indenização por danos morais, no valor de R$15.000,00 (quinze mil reais), a ser atualizado a partir desta data e acrescidos de juros moratórios de 1% ao mês contados da citação. Vencida em maior parte, condenou a ré a arcar com o pagamento das custas e despesas processuais, bem como honorários advocatícios arbitrados em 10% sobre o valor da condenação.

Embargos de declaração opostos e rejeitados, fls. 118/130.

Inconformadas, as partes recorrem, sendo adesivo o recurso do autor.

A ré sustenta, em síntese, ausência de prova da autoria do desenho. Assevera que a obra foi retirada da rede social Pinterest, rede pública de postagem e divulgação de imagens, onde não havia menção do seu criador, nem aviso sobre direitos autorais. Argumenta ausência de originalidade e de ato ilícito. Diz que a quantidade de camisetas vendidas – 394 – foi informada nos autos – fls.103/104, e que a comercialização do produto já está encerrada desde o mês de fevereiro de 2021, ressaltando ser indevida a condenação em 3.000 peças (art.103 da Lei 9.610/98), repisando a adequação do valor dos danos materiais para R$11.780,60, caso seja mantida a condenação. Rebela-se contra a condenação em dano moral ressaltando que os relatórios médicos estão datados de 2020, não sendo possível comprovar o abalo psíquico e físico alegado pelo autor. Afirma a existência de *bis in idem* na condenação em danos materiais decorrente da utilização da obra e da imposição do art.103 da Lei 9.610/98. Discorre sobre a impossibilidade de retratação nas redes sociais por ausência dano público à obra do autor. Pretende a reforma da sentença e a improcedência da ação ou (a) adequação da condenação em danos materiais referente as camisetas em estoque 394, perfazendo R$11.780,60, nos termos do art. 103 da Lei 9.610/98; (b) afastar a condenação em danos morais correspondente às licenças para utilização da obra de autoria do autor, no valor total de R$45.000,00 (quarenta e cinco mil reais), por caracterizar *bis in idem;* (c) afastar a condenação para realizar retratação nas redes sociais, ante a inexistência de dano público ou ofensa ao autor.

Adesivamente, recorre o autor.

Sustenta a majoração do valor da indenização por danos morais – arbitrada em R$15.000,00 – decorrentes da supressão da autoria – créditos – nos termos do artigo 24 da Lei 9.610/98. Discorre sobre o reconhecimento de indenização pela perda de uma chance ressaltando ser artista prestigiado, tendo perdido a oportunidade de obter reconhecimento, notoriedade e prestígio na esfera nacional através da divulgação do seu nome na camiseta estampada com sua obra. Assevera a necessidade de reconhecimento de indenização por dano moral decorrente dos transtornos vivenciados que eclodiram em complicações de seu estado de saúde, desenvolvendo ansiedade, arritmia cardíaca, hipertensão, síndrome do pânico e manchas pelo corpo, comprovados por laudos médicos. Aduz que os juros moratórios devem incidir desde a data do evento danoso. Pretende a reforma parcial da sentença.

Às fls. 156/171; 189/201, vieram contrarrazões recursais.

É o relatório.

Segundo consta dos autos, o autor narra ser *designer* desenvolvendo trabalho artístico de originalidade, concebendo obras autorais dentre as quais a “Panther&Roses”, finalizada em 25.09.2018 às 15h12 e publicada duas vezes no Facebook (26.11.2018 e Instagram 28.02.2019). Informa que, de forma desautorizada e ilegal, descobriu, ao passar pela vitrine da loja da ré no Shopping Internacional de Guarulhos, em 09.11.2020, a comercialização de camisetas com estampa da arte de sua autoria, pelo que pretende ser indenizado.

A ré, por sua vez, sustenta, em resumo, que: a) o autor não comprovou a autoria da obra, tampouco o registro perante os órgãos competentes; b) a ré identificou o desenho em domínio público ao realizar pesquisa no “Pinterest”.

A liminar foi deferida para determinar a suspensão imediata da comercialização de camisetas contendo como estampa a arte autoral desenvolvida pelo autor – fls. 58/59.

Os documentos acostados aos autos – fls.32/36- comprovam que em 2018 o autor criou os desenhos revestidos de originalidade e individualidade, apropriados indevidamente pela ré para estampar as camisetas que confeccionou e vendeu, posteriormente à sua criação.

O fato de ter encontrado a fotografia da obra do autor na *internet* não induz à presunção de que a obra estaria em domínio público e tampouco exclui os direitos exclusivos do autor sobre sua obra.

Acrescente-se que a rede mundial de computadores encerra um leque de modalidades de utilização de obras intelectuais de amplitude indiscutível e assim, torna-se palco para utilizações ilícitas. A disponibilização ou a utilização de obras que se encontram na *internet* necessitam de autorização de seu autor ou do titular dos direitos autorais.

Some-se a isso que a omissão do nome do autor na divulgação da obra não faz presumir seu anonimato, ou a cessão de seus direitos (artigo 52, da Lei n.º 9.610/98), cabendo àquele que almeja utilizá-la a apropriada atribuição autoral.

Neste contexto, o controle dos direitos correspondentes a essa multiplicidade de usos de obra intelectual na internet (*conforme expressa disposição do art. 29 da Lei n. 9.610/1998, a utilização da obra, por qualquer modalidade, depende de autorização prévia)* deverá, necessariamente, envolver três possibilidades, **a depender da obra:**

i. **a do controle direto**: o exercício do direito autoral devido é feito diretamente pelo seu titular: o autor, nas hipóteses de direitos de autor, e os artistas intérpretes ou executantes, produtores fonográficos e organismos de radiodifusão, nas hipóteses de direitos conexos aos de autor;
ii. **a do controle indireto**: o exercício do direito autoral não é feito diretamente pelo seu titular originário mas, sim, por titulares derivados (cessionários desses direitos) ou por representantes ou administradores. Trata-se, nestes casos, do controle de direitos autorais realizados por editores (cessionários ou administradores de obras) ou gravadoras (produtores fonográficos e cessionários ou licenciados de direitos conexos de autor), e

iii. **o controle coletivo**: o exercício do direito autoral é exercido por entidade de gestão coletiva que representa todo o universo de titulares em relação a determinado uso de um gênero específico de obras e bens intelectuais.

No presente caso, o controle direto é o realizado pelo autor que, ao descobrir a utilização indevida de sua obra, se socorre dos meios legais para obstar a prática ilícita e obter a justa reparação.

Diversamente do alegado, a proteção conferida pela Lei nº 9.610/98, não necessita de registro.

Em outras palavras, o registro da obra intelectual, no campo do direito de autor, não constitui mas, apenas, presume a autoria *(ou titularidade originária do direito)* ao contrário da *"propriedade industrial"*, em que a formalidade do registro válido importa na constituição – *ou atribuição* – do direito ao titular *(do invento, modelo industrial ou marca)* em relação ao privilégio de seu uso.

No que tange à originalidade da obra, insta consignar que o objeto do direito de autor – ou o bem jurídico protegido – é a criação ou obra intelectual, "qualquer que seja seu gênero, a forma de expressão, o mérito ou destinação".

Segundo Henry Jessen[19], deverá preencher os seguintes requisitos:

> "a) pertencer ao domínio das letras, das artes ou das ciências; b) ter originalidade; c) achar-se no período de proteção fixado pela lei"

Desses três elementos, o que mais tem ocupado a atenção dos juristas concerne à originalidade, que deve ser tomada como uma característica respeitante à forma de exteriorização da ideia, e não em relação à ideia em si, que, como visto, não é considerada objeto dos direitos de autor.

A expressão utilizada por Henri Desbois é a "originalidade da forma", que explica: "A forma, sob a qual a ideia é apresentada, confere uma exclusividade, uma condição de ser original"[20]. Mas, como se infere do entendimento desse célebre jurista francês[21], não se deve confundir originalidade com novidade.

[19] JESSEN, Henry Francis. Direitos Intelectuais. Rio de Janeiro. Edições Itaipu, 1967, p.53.

[20] DEBOIS, Henry. Le droit d'auteur em France. 10 ed., Paris: Dalloz, 1973, p.4

[21] Op cit. p.5-8

O termo "originalidade da forma" deve ser entendido de maneira subjetiva, tendo em vista as características próprias à modalidade da obra intelectual em questão.

Já a "novidade", requisito, principalmente, para obtenção de privilégios no campo da propriedade industrial, em que um modelo, desenho ou invenção tem que, necessariamente, trazer uma característica inovadora, é uma concepção de natureza objetiva.

Finalmente, sobre o caráter subjetivo da originalidade no campo das obras literárias, artísticas e científicas, Henri Desbois[22] cita um exemplo esclarecedor:

> "Há dois pintores, que sem estarem combinados e sem apoio mútuo, fixam, um depois do outro, sobre suas telas, a mesma paisagem, dentro da mesma perspectiva e sob a mesma claridade. A segunda dessas paisagens não é nova no sentido objetivo da palavra, já que, por hipótese, a primeira teve por tema a mesma paisagem. Mas a ausência de novidade não coloca obstáculo à constatação da originalidade: os dois pintores, efetivamente, desenvolveram uma atividade criativa, tanto um como outro, tratando, independentemente, o mesmo tema. Pouco importa que, se eles pertencem à mesma escola (estilo), que suas respectivas telas apresentem semelhanças entre si. Ambas se constituirão obras absolutamente originais."

Pela análise dos autos, ficou constatada a violação não apenas dos direitos patrimoniais de autor, mas também dos direitos morais decorrentes da utilização indevida e da ausência dos créditos (paternidade) das ilustrações.

Com relação aos direitos morais, o art. 24, da Lei nº 9.610/98, é claro aos dispor:

> Art. 24. São direitos morais do autor:
> I – o de reivindicar, a qualquer tempo, a autoria da obra;
> II – o de ter seu nome, pseudônimo ou sinal convencional indicado ou anunciado, como sendo o do autor, na utilização de sua obra;

22 Op.cit. p.5.

Os direitos morais de autor, a exemplo dos demais direitos de personalidade, são considerados indisponíveis, intransmissíveis e irrenunciáveis, devido ao seu caráter de *"essencialidade", cuja importância já foi proclamada por Adriano De Cupis* : *"De fato, qualquer valor concreto seria subtraído à personalidade jurídica, se fosse consentido à pessoa pôr fim a tais direitos por acto de vontade. Na verdade, a personalidade jurídica não pode ser esvaziada, por acto de renúncia, da parte mais importante do próprio conteúdo, pois que a norma jurídica, ao atribuir os direitos da personalidade, tem caráter de norma de ordem pública, irrevogável"*[23].

Nas palavras de André-Lucas e Henri-Jacques Lucas[24] "a obra é acima de tudo a expressão da personalidade" do autor.

No que tange aos direitos patrimoniais de autor, estes baseiam-se nos atributos – exclusivos – inerentes ao criador intelectual, em utilizar, fruir e dispor de sua obra, bem como o de autorizar sua utilização ou fruição por terceiros, conforme prevê o texto legal:

> Art. 28. Cabe ao autor o direito exclusivo de utilizar, fruir e dispor da obra literária, artística ou científica.
> Art. 29. Depende de autorização prévia e expressa do autor a utilização da obra, por quaisquer modalidades, tais como:
> I – a reprodução parcial ou integral;

Portanto, configurado o ato ilícito pela utilização desautorizada de obra do autor, sem menção aos créditos, o dever de indenizar torna-se patente.

Da indenização pelos direitos patrimoniais de autor:

Insurge-se a ré quanto ao número de peças, sob o argumento de que apenas 394 camisetas foram comercializadas ao valor de R$29.99 – fls.103/105.

[23] Cupis, Adriano de. Os Direitos da Personalidade, Lisboa, livraria Morais Editora, 1961, p. 53. Relaciona, como direitos de personalidade, além dos direitos morais de autor também o direito à vida e à integridade física, o direito à liberdade, o direito à honra, o direito à identidade pessoal, o direito sobre as partes destacadas do corpo e o direito sobre o cadáver.

[24] "l'oeuvre de l'esprit est avant tout l'émanation d'une personnalité." Traité de la Propriété littéraire et artistique. 3ª édition, Litec. 2006, p.341

Nesse aspecto, razão assiste a recorrente. Isso porque, os documentos de fls.103/105 demonstram a comercialização de 394 peças no valor de R$29,99, ressaltando-se que o autor não se insurgiu oportunamente quanto a esses dados; sequer pleiteou perícia ou apresentou contraprova.

Deste modo, os danos materiais devem ser fixados com base no valor de 394 camisetas, nos termos dos documentos de fls. 103/105, totalizando o valor de R$11.816,06.

Da mesma forma, rebela-se contra a condenação ao pagamento das licenças.

De fato, tal valor deve ser afastado, uma vez que o réu indenizará pela violação perpetrada, sob pena de configurar *bis in idem*.

Portanto, o recurso da ré prospera em parte, nos termos expostos.

Por outro lado, deve ser mantida a sua condenação consistente em abster-se do uso do desenho de autoria do autor e a retirar do comércio as camisetas que o veiculam, no prazo de 15 (quinze) dias contados de sua intimação pessoal para cumprimento da sentença, sob pena de multa diária a ser arbitrada na fase de cumprimento de sentença (Súmula 410 do STJ).

Deve também ser mantida a obrigação de veicular em seu site e página oficial na rede social Instagram, por três dias consecutivos, comunicação de que os desenhos objeto da lide são de autoria do autor – direito aos créditos -, no prazo de 15 (quinze) dias contados de sua intimação para cumprimento da sentença, sob pena de multa diária a ser arbitrada na fase de cumprimento de sentença (Súmula 410 do STJ).

Indenização pelos danos morais e direitos morais de autor

Pretende o autor a majoração do valor indenizatório dos danos morais, bem como a condenação em danos morais e indenização pela perda de uma chance.

No tocante aos direitos morais de autor, o ato ilícito que gera dano autoral de natureza moral, no plano reparatório, deverá considerar similitudes e diferenciações em relação ao direito patrimonial.

Quanto às similitudes, o dano autoral exclusivamente moral não deixa de conter: **(a)** sanção indenizatória de natureza pecuniária ou econômica, **(b)** duplo caráter indenizatório *(finalidade reparatória e punitiva)*, e **(c)** o critério indenizatório deverá levar em conta a abrangência do dano e o benefício que o ato ilícito gerou ao infrator.

E, por outro lado, no tocante às diferenciações: **(a)** os direitos morais de autor prevalecem em relação aos direitos patrimoniais e, portanto, no plano indenizatório, não devem ser mitigados em relação a estes, e **(b)** a gravidade da violação de dano moral de autor, pela sua natureza (*mutilação da obra, apropriação da paternidade, etc.*), é, normalmente, mais acentuada do que a violação de direitos patrimoniais (*que poderá ser uma utilização de obra intelectual íntegra, mas sem a autorização do autor*).

A criteriosa utilização desses elementos resultará na justa aferição do *"quantum"* indenizatório correspondente à violação de direitos morais de autor para cada caso concreto.

Nesse caminho, destaque-se a judiciosidade de recente acórdão do STJ – *Superior Tribunal de Justiça* – de relatoria do Ministro Moura Ribeiro que, após consignar a melhor trilha doutrinária e jurisprudencial aplicável na fixação de critérios para a valoração da reparação dos danos decorrentes de violação de direitos morais de autor, conclui com inegável acerto:

> *"Feitas essas considerações, é de se ressaltar que os critérios para o arbitramento dos danos morais serão apreciados nas instâncias inferiores de acordo com a legislação de regência, observados os elementos orientadores para a reparação integral do dano, abrangendo a efetiva penalização dos infratores, com o objetivo de desestimular a prática ilícita, bem como a adequação do montante indenizatório de acordo com o volume econômico da atividade em que a utilização indevida da obra foi inserida"*[25].

Com base em todos esses parâmetros, e tendo em vista as peculiaridades do caso concreto, justifica-se a majoração e fixação do valor indenizatório em danos morais no quíntuplo do valor do dano patrimonial, ou seja, R$59.080,00.

[25] Acórdão de 16.05.2017, proferido por votação unânime da Terceira Turma do STJ nos Embargos de Declaração no Resp nº 1.558.683/SP, relator Ministro Paulo Dias de Moura Ribeiro (grifado)

Referida quantia revela-se adequada frente à conduta ilícita da ré, atuando como fator desestimulante e sancionatório, mas sem implicar em enriquecimento ilícito do autor.

Exatamente, a respeito desse tema, este Magistrado teve a oportunidade de atuar como relator, em acórdão proferido por votação unânime, em 16.08.2016, pela 9ª Câmara de Direito Privado, do Tribunal e Justiça do Estado de São Paulo (*Apelação Cível nº 0187707-59.2010.8.26.0100*), onde ficou consignado:

> "No concernente aos danos morais, a doutrina anota que a reparação dos danos deve pautar-se pela observância das funções da responsabilidade civil, classicamente: reparatórias ou compensatórias (*esta quando se tratar em dano moral*), sancionatória ou punitiva e dissuasória ou preventiva.
> Corrobora esse entendimento, o Superior Tribunal de Justiça, no REsp nº 1.317.861 PR (2012/0068814-2), em recente acórdão proferido pelo Ministro João Otávio de Noronha, publicado em 11.05.2016. (Terceira Turma, j.11/5/2016)
> Na hipótese vertente, a quantificação reparatória frente à violação dos direitos morais praticados, especialmente quando envolve, como neste caso, atividades empresariais e comerciais ilícitas, deve se relacionar estreitamente com a abrangência da operação ilícita que consiste, basicamente, na repercussão econômica da violação para o ofendido, ou seja, o seu prejuízo, tanto na esfera dos danos emergentes quanto na dos lucros cessantes sofridos. Nesse caminho, mais adequado do que se buscar um valor fixo, aleatório, a título de indenização por dano moral, será vincular essa quantificação reparatória ao âmbito de tais prejuízos, estabelecendo-se dentro de critérios compensatórios à vítima e penalizadores ao ofensor, com razoabilidade, um agravante percentual (*como o fez escorreitamente a r. sentença recorrida*) ou multiplicador, conforme as nuances do caso concreto."

Por outro lado, não prospera o pedido de aplicação de indenização pela perda de uma chance, por não ficar caracterizada a subtração de uma chance séria, real e a certeza de que o autor dela pudesse desfrutar.

Nas palavras de Rafael Peteffi da Silva[26], a chance perdida "deve representar muito mais do que uma simples esperança subjetiva."

No caso, os argumentos não passam de hipóteses e divagações de um possível "reconhecimento, prestígio e fama no mercado, com expressivos resultados nas vendas."

Da mesma forma, afasta-se o pedido de indenização por danos morais pelos supostos problemas de saúde que o autor sofreu.

No caso, não se pode atribuir a ré os problemas de saúde enfrentados pelo autor e, tampouco seu agravamento, o que afasta o deferimento do aludido pleito.

Juros

Rebela-se o autor no tocante ao termo inicial dos juros de mora, pleiteando a sua incidência a partir do evento danoso.

De fato, merece reparo a sentença. No tocante aos juros de mora, devem ser computados a partir do evento danoso, nos termos do enunciado n. 54 da Súmula/STJ, nos termos da jurisprudência do STJ. Confira-se:

> RECURSO ESPECIAL. DIREITO AUTORAL. ECAD. PRESCRIÇÃO. INCIDÊNCIA DO PRAZO PREVISTO NO ART. 206, §3º, V, DO CPC. JUROS DE MORA. 1. "O Código Civil de 2002 não trouxe previsão específica quanto ao prazo prescricional incidente em caso de violação de direitos do autor, sendo de se aplicar o prazo de 03 anos (artigo 206, § 3º, V) quando tiver havido ilícito Documento: 1555866 – Inteiro Teor do Acórdão – Site certificado – DJe: 08/02/2017 Página 13 de 5 Superior Tribunal de Justiça extracontratual ou então o prazo de 10 anos (artigo artigo 205), quando a ofensa ao direito autoral se assemelhar a um descumprimento contratual, como na hipótese." (REsp 1159317/SP, Rel. Ministro SIDNEI BENETI, TERCEIRA TURMA, julgado em 11/03/2014, DJe 18/03/2014) **2. Jurisprudência do**

[26] SILVA, Rafael Peteffi da. A responsabilidade civil pela perda de uma chance. São Paulo. Atlas, 2007, p.134/135.

> **STJ no sentido de que os juros de mora, nas hipóteses de violação a direitos autorais, devem remontar à data em que cometida a infração ao direito.** 3. Aplicação dessa orientação aos interesses perseguidos pelo ECAD, ante a clareza da Lei de Direitos Autorais (art. 68), prevendo que aquele que de obra autoral se utiliza deve providenciar a expressa e prévia autorização do titular, estando, em regra, em mora desde o momento em que a utiliza sem a autorização do autor. 4. O reconhecimento da sucumbência recíproca, pois ligado diretamente a fatos e provas, atrai o óbice da 7/STJ. 5. Caso concreto em que a pretensão de cobrança formulada pelo ECAD foi quase 'in totum' acolhida. 6. RECURSO ESPECIAL DESPROVIDO. (REsp 1313786/MS, Rel. Ministro PAULO DE TARSO SANSEVERINO, TERCEIRA TURMA, julgado em 28/04/2015, DJe 08/05/2015

Deste modo, ausente outros elementos de prova, o documento de fls.104 aponta para a data de 16.12.2019, data que deve incidir os juros de mora, no presente caso.

Resumindo

Deste modo, deve ser mantida a parcial procedência da ação para, contudo, condenar a ré ao pagamento dos danos materiais no valor de R$11.816,06, a ser atualizado desde a propositura da ação, conforme disposto na sentença, com juros de mora de 1% ao mês, a contar do evento danoso – 16.12.2019, bem como ao pagamento de indenização por violação aos direitos morais de autor, que equivalem ao quíntuplo do valor indenizatório relativo à violação do direito patrimonial de autor objeto da condenação, totalizando R$59.080,00, a ser atualizado a partir da publicação do presente acórdão, a acrescidos de juros moratórios de 1% ao mês contados do evento danoso, mantida a obrigação de a ré veicular em seu site e página oficial na rede social Instagram, por três dias consecutivos, comunicação de que as obras objeto da lide são de autoria do demandante – direito aos créditos -, no prazo de 15 (quinze) dias contados de sua intimação para cumprimento da sentença, sob pena de multa diária a ser arbitrada na fase de cumprimento de sentença (Súmula 410 do

STJ), abstendo-se da utilização da obra do autor, conforme fundamentação supramencionada.

Ante a interposição do presente recurso, conforme expresso no art. 85, § 1º, do Código de Processo Civil, e considerando que a sentença já havia condenado a requerida ao pagamento de honorários advocatícios de 10% do valor da causa, vencida em maior parte a ré, majoram-se os honorários devidos ao patrono do autor para 15% do valor da condenação, o que atende a contento ao disposto no artigo 85, § 11, do CPC/2015.

Pelo exposto, **dá-se parcial provimento aos recursos do autor e da ré, nos termos expostos.**

JOSÉ CARLOS COSTA NETTO
Relator